Reichsgesetz, betreffend die

Erwerbs- und Wirtschaftsgenossenschaften

vom 1. Mai 1889.

In der Fassung der Bekanntmachung vom 20. Mai 1898.

Mit Erläuterungen und Sachregister

herausgegeben von

Friedrich Bauschab,
Direktor der Bayer. Landwirtschaftsbank.

2. neubearbeitete Auflage.

1910.
München und Berlin.
J. Schweitzer Verlag (Arthur Sellier).

Inhaltsverzeichnis.

	Seite
Abkürzungen und Literatur	IX
Einleitung	XIII
Gesetz, betr. die Erwerbs- u. Wirtschaftsgenossenschaften.	
1. Abschnitt. Errichtung der Genossenschaft. §§ 1—16	1
2. Abschnitt. Rechtsverhältnisse der Genossenschaft und der Genossen. §§ 17—23	49
3. Abschnitt. Vertretung und Geschäftsführung. §§ 24-52	65
4. Abschnitt. Revision. §§ 53—64	131
5. Abschnitt. Ausscheiden einzelner Genossen. §§ 65—77	141
6. Abschnitt. Auflösung und Nichtigkeit der Genossenschaft. §§ 78—97	167
7. Abschnitt. Konkursverfahren und Haftpflicht der Genossen. §§ 98—118	197
8. Abschnitt. Besondere Bestimmungen. §§ 119 bis 145	219
I. Für Genossenschaften mit unbeschränkter Haftpflicht. §§ 119-125	219
II. Für Genossenschaften mit unbeschränkter Nachschußpflicht. §§ 126—130	226
III. Für Genossenschaften mit beschränkter Haftpflicht. §§ 131—142	228
IV. Für die Umwandlung von Genossenschaften. §§ 143—145	237
9. Abschnitt. Strafbestimmungen. §§ 146—154	240
10. Abschnitt. Schlußbestimmungen. §§ 155—161	245

	Seite
Übergangsbestimmungen	251
Gesetz, betr. den Geschäftsbetrieb von Konsumanstalten	256
Bekanntmachung, betr. die Führung des Genossenschaftsregisters und die Anmeldungen zu diesem Register, vom 11. Juli 1889	257
Desgl. vom 1. Juli 1899	258
Sachregister	280

Abkürzungen und Literatur

(soweit nicht im Text ausführlich angegeben).

AG. = Aktiengesellschaft.

ArchBürgR. = Archiv für bürgerliches Recht.

AB. = Bekanntmachung des Bundesrats betr. die Führung des Genossenschaftsregisters und die Anmeldungen zu diesem Register vom 1. Juli 1889.

BayZfNot. = Zeitschrift für das Notariat und die freiwillige Rechtspflege der Gerichte in Bayern.

BayZfR. = Zeitschrift für Rechtspflege in Bayern.

Begr. II = Begründung zum Entwurf eines Genossenschaftsgesetzes 1888/89, 4. Bd., 1. Anlageband 4. Session, Nr. 28.

Behrend = Behrend, Lehrbuch des Handelsrechts, Berlin.

BGB. = Bürgerliches Gesetzbuch.

Bleyer = Bleyer, J., Das bayer. Fischereigesetz, München 1910.

BlfGw. = Blätter für Genossenschaftswesen.

BlfRA. = Blätter für Rechtsanwendung.

Cohn = Cohn, Das Handels- und Genossenschaftsregister, 3. Aufl., Berlin 1910.

Deybeck = Deybeck, K., Reichsgesetz über die privaten Versicherungsunternehmungen, Leipzig 1902.

DJZ. = Deutsche Juristenzeitung.

DLGPr. = Deutsche Landw. Genossenschaftspresse (Darmstadt).

EG. = eingetragene Genossenschaft.

EGzBGB. = Einführungsgesetz zum Bürgerl. Gesetzbuch.

EGzHGB. = Einführungsgesetz zum Handelsgesetzbuch.

Entsch. d. Bayr. ObLG. = Entscheidungen des bayerischen obersten Landesgerichts.

FGG. = Reichsgesetz über die Angelegenheiten der freiwilligen Gerichtsbarkeit.

Gaupp-Stein = Zivilprozeßordnung f. d. Deutsche Reich, Kommentar, bearbeitet von Fr. Stein, 8./9. Aufl., Tübingen 1908.
GebG. = Bayerisches Gebührengesetz.
GenG. = Reichsgesetz betr. die Erwerbs- und Wirtschaftsgenossenschaften.
GewO. = Reichsgewerbeordnung.
GmbHG. = Reichsgesetz betr. die Gesellschaften mit beschränkter Haftung.
GoldschmidtsZ. = Zeitschrift für das gesamte Handelsrecht, begr. von Goldschmidt.
Göppert = Göppert, H., Das Hypothekenbank-Gesetz, Berlin 1900.
GruchotsBeitr. = Beiträge zur Erläuterung des deutschen Rechts, begr. von Gruchot.
GVG. = Gerichtsverfassungsgesetz.
HGB. = Handelsgesetzbuch.
Holdh. = Monatsschrift für Handelsrecht und Bankwesen, begr. von Holdheim.
Jaeger = Jaeger, E., Kommentar zur Konkursordnung, 3./4. Aufl. (soweit erschienen), Berlin 1908/9.
JMBl. = Bayer. Justizministerialblatt.
Joël = Joël, Das Gesetz betr. die Erwerbs- und Wirtschaftsgenossenschaften (vgl. auch Annalen des Deutschen Reichs 1890).
JW. = Juristische Wochenschrift.
Kaiser = Kaiser, Die zivilrechtliche Haftung des Vorstands und Aufsichtsrats der Aktiengesellschaften und Genossenschaften.
KG. = Jahrbuch für Entscheidungen des Kammergerichts in Sachen der freiw. Gerichtsbarkeit.
KgG. = Reichsgesetz betr. Kaufmannsgerichte vom 6. Juli 1904.
Landmann = Landmann, R., Gewerbeordnung, 5. Aufl., München 1906/1909.
Leist = Leist, Untersuchungen zum Vereinsrecht, 4. Aufl., Jena 1904.
Lessing = Lessing, H., Scheckgesetz vom 11. März 1908, München 1909.
Löhr = Löhr, J., Hypothekenbankgesetz, Leipzig 1906.

LZ. = Leipziger Zeitschrift für Handels-, Konkurs- und Versicherungsrecht.
MB. = Maurer-Birkenbihl, Kommentar zum Genossenschaftsgesetz 2. Aufl. 1898.
Merzbacher = Merzbacher, S., Gesetz betr. die Erwerbs- und Wirtschaftsgenossenschaften, 2. Aufl., München 1907.
Motive = Motive des Entwurfs des Genossenschaftsgesetzes, amtliche Ausgabe 1888.
Neukamp = Neukamp, E., Das Reichsgesetz über die Gesellschaften mit beschränkter Haftung, 3. und 4. Aufl., Berlin 1907.
NotG. = Bayerisches Notariatsgesetz,
Nußbaum = Nußbaum, Arth., Kommentar zum Börsengesetz für das Deutsche Reich. München 1909.
ObLG. (bayer.) = Bayerisches Oberstes Landesgericht.
PC. = Parisius-Crüger, Kommentar zum Genossenschaftsgesetz, 6. Aufl., Berlin 1908.
Pinner = Pinner, A., Das deutsche Aktienrecht, Berlin 1899.
Proebst = Proebst, Das Reichsgesetz vom 1. Mai 1889 über die Erwerbs- und Wirtschaftsgenossenschaften.
Recht = Recht, Rundschau für den deutschen Juristenstand.
Rehbein = Rehbein, Das BGB. für das Deutsche Reich, Bd. 1 u. 2.
Rehm = Rehm, H., Die Bilanzen der Aktiengesellschaften ꝛc., München 1904.
Rießer-Rehm = Kommentar zum Börsengesetz, bearb. von Rehm, Trumpler, Dove, Neukamp, Schmidt, Ernsthausen, Breit, mit einem Vorwort von Rießer, Berlin 1909.
RG. = Entscheidungen des Reichsgerichts in Zivilsachen.
RGStr. = Entscheidungen des Reichsgerichts in Strafsachen.
RJA. = Entscheidungen in Angelegenheiten der freiwilligen Gerichtsbarkeit ꝛc., herausgegeben vom Reichsjustizamt.
Ring = Ring, Ges. betr. die Kommanditgesellschaften auf Aktien und die Aktiengesellschaften, 2. Aufl., 1893.
Ritter = Ritter, C., Handelsgesetzbuch, Berlin 1910.
ROH. = Reichsoberhandelsgericht.

RDLG. = Rechtsprechung der Oberlandesgerichte.

Seuffert = Seuffert, L. v., Kommentar z. ZPO., 10. bzw. 11. Aufl., München 1910.

Sicherer = Sicherer, v., Die Genossenschaftsgesetzgebung in Deutschland, 1876.

Staub = Staubs Kommentar zum HGB. bzw. GmbHG.

Staudinger — Staudingers Kommentar zum Bürgerlichen Gesetzbuch, 5./6. Aufl. (soweit erschienen), München 1910.

UnlWG. = Reichsgesetz gegen den unlauteren Wettbewerb.

WO. = Wechselordnung.

ZBlFG. = Zentralblatt für freiwillige Gerichtsbarkeit und Notariat, von Lobe.

ZHR. = GoldschmidtsZ. (siehe dort).

ZPO. = Zivilprozeßordnung.

ZVG. = Gesetz über die Zwangsversteigerung und Zwangsverwaltung vom 24. März 1897.

Einleitung.

Das Genossenschaftswesen erhielt für den Umfang des Norddeutschen Bundes seine erste gesetzliche Regelung durch das Gesetz vom 4. Juli 1868 „betreffend die privatrechtliche Stellung der Erwerbs- und Wirtschaftsgenossenschaften“, das am 1. Januar 1869 in Kraft trat. Bereits vorher wurde für Preußen das Gesetz vom 27. März 1867 erlassen; in Bayern erging das Gesetz vom 29. April 1869 betreffend die privatrechtliche Stellung der Erwerbs- und Wirtschaftsgesellschaften (Gesetzblatt 1868/9 S. 1153), das am 28. Mai 1869 für das rechtsrheinische Bayern, am 10. Juni 1869 für die Pfalz in Kraft trat. Durch das Reichsgesetz vom 23. Juni 1873 (RGBl. S. 146) wurde das Bundesgesetz vom 4. Juli 1868 mit Wirkung ab 1. August 1873 in Bayern eingeführt. Durch die Versailler Verträge wurde dieses Bundesgesetz ab 1. Januar 1871 in Württemberg, Baden und Hessen als Reichsgesetz eingeführt, in Elsaß-Lothringen trat dasselbe am 1. Oktober 1872 in Kraft, in Sachsen mit Gesetz vom 21. März 1874.

In § 2 des Reichsgesetzes vom 23. Juni 1873 wurde bestimmt, daß für die rechtlichen Verhältnisse der auf Grund des bayerischen Gesetzes vor dem 1. Aug. 1873 eingetragenen „registrierten Gesellschaften mit beschränkter Haftung“ die Vorschriften des bayerischen

Gesetzes vom 29. April 1869*) in Geltung bleiben; dies wurde aufrecht erhalten durch Art. 165 EGzBGB. in Ansehung derjenigen registrierten Gesellschaften, welche auf Grund des Gesetzes vom 29. April 1869 vor dem 1. August 1873 sich gebildet haben, hierauf beziehen sich auch § 6 EGzKO. und § 153 des Genossenschaftsgesetzes vom 1. Mai 1889. (Vgl. hiezu weiter Art. 161 bayer. AGzBGB.)

Da bald die Mängel des Gesetzes vom 4. Juli 1868 sich fühlbar machten, wurde insbesondere von Schulze-Delitzsch eine Revision desselben betrieben; nach langen Verhandlungen erschien im Jahre 1888 die amtliche Ausgabe des Entwurfs eines Gesetzes, betreffend die Erwerbs- und Wirtschaftsgenossenschaften nebst Begründung.

Nach Beratung im Bundesrat wurde der Entwurf am 27. November 1888 dem Reichstag zur Beschlußfassung vorgelegt, dort einer Kommission überwiesen, dann in der Sitzung vom 4. April 1889 im Reichstage angenommen. Der Bundesrat erteilte am 11. April 1889 die Zustimmung, am 1. Mai 1889 wurde das Gesetz vom Kaiser vollzogen und in Nr. 11 des Reichsgesetzblattes vom 10. Mai 1889 (S. 55 ff.) publiziert.

In der Folge erging auf Grund der Klagen des Handels- und Handwerkerstands über die Konkurrenz der Konsumvereine das Gesetz vom 12. August 1896, die Abänderung des Gesetzes über die Erwerbs- und Wirtschaftsgenossenschaften vom 1. Mai 1889, sowie den Geschäftsbetrieb von Konsumanstalten betreffend (RGBl. Nr. 29 vom 18. August 1896 S. 695 ff.).

*) Abdruck des Gesetzes bei Schmitt, Bayer. Justizgesetze S. 587 ff.

Weitere Änderungen brachte Art. 10 des Einführungsgesetzes zum Handelsgesetzbuch vom 10. Mai 1897, welcher eine Reihe von Bestimmungen des Genossenschaftsgesetzes in Übereinstimmung mit den Vorschriften des Handelsgesetzbuchs über die Aktiengesellschaften brachte und insbesondere die Grundsätze des Handelsgesetzbuchs hinsichtlich der Nichtigkeitserklärung und der Heilung wesentlicher Mängel des Statuts auf die Genossenschaften übertrug.

Durch Art. 13 des genannten Einführungsgesetzes wurde der Reichskanzler ermächtigt, den Text des Gesetzes, wie er sich aus den in Art. 10 vorgesehenen Änderungen ergibt, unter fortlaufender Nummernfolge der Paragraphen und Abschnitte durch das Reichs-Gesetzblatt bekannt zu machen.

Diese Bekanntmachung erfolgte unterm 20. Mai 1898 (RGBl. 1898 Nr. 25 S. 810 ff.); hiebei wurden die in §§ 153—170 des Gesetzes vom 1. Mai 1889 enthaltenen Schluß- und Übergangsbestimmungen weggelassen.

Diese Auslassung erscheint jedoch mangels einer gesetzlichen Aufhebung der genannten Bestimmungen nicht gerechtfertigt. Die Bestimmungen wurden daher am Schlusse des Gesetzes wiedergegeben; es wird hiebei auch auf die Ausführungen zu § 159 S. 248 verwiesen.

Eine Abänderung erfahren die folgenden Erläuterungen insbesondere, soweit sich dieselben mit dem Rechtsmittel der Beschwerde befassen, durch das Gesetz vom 22. Mai 1910, betreffend die Zuständigkeit des Reichsgerichts; hiedurch ist gemäß Art. III Ziff. 9 dieses Gesetzes

Gesetz,

betreffend

die Erwerbs- und Wirtschaftsgenossenschaften

in der Fassung vom 20. Mai 1898.

(RGBl. 1898 S. 810 ff.)

Erster Abschnitt.

Errichtung der Genossenschaft.[1]

§ 1.

Gesellschaften von nicht geschlossener Mitgliederzahl,[1][2] welche die Förderung des Erwerbes oder der Wirtschaft ihrer Mitglieder mittels gemeinschaftlichen Geschäftsbetriebes bezwecken (Genossenschaften),[3] namentlich:[4]

1. Vorschuß- und Kreditvereine,
2. Rohstoffvereine,
3. Vereine zum gemeinschaftlichen Verkaufe landwirtschaftlicher oder gewerblicher Erzeugnisse (Absatzgenossenschaften, Magazinvereine),
4. Vereine zur Herstellung von Gegenständen und zum Verkaufe derselben auf gemeinschaftliche Rechnung (Produktivgenossenschaften),
5. Vereine zum gemeinschaftlichen Einkaufe von Lebens- oder Wirtschaftsbedürfnissen im großen und Ablaß im kleinen (Konsumvereine),

6. Vereine zur Beschaffung von Gegenständen des landwirtschaftlichen oder gewerblichen Betriebes und zur Benutzung derselben auf gemeinschaftliche Rechnung,

7. Vereine zur Herstellung von Wohnungen,

erwerben die Rechte einer „eingetragenen Genossenschaft" nach Maßgabe dieses Gesetzes. [II])

I. § 1 erläutert den Begriff der „Genossenschaft" im Sinne des gegenwärtigen Gesetzes.

1. Darnach ist dieselbe zunächst eine Gesellschaft von nicht geschlossener Mitgliederzahl, d. h. eine Vereinigung von einzelnen Personen zu gemeinsamer wirtschaftlicher Tätigkeit.

Eine solche Vereinigung kann verschiedene rechtliche Gestaltung annehmen (vgl. Staudinger, Vorbem. zu § 21 BGB.).

Die Genossenschaft im Sinne des gegenwärtigen Gesetzes ist privatrechtliche juristische Person auf Grund direkter reichsgesetzlicher Bestimmung (§ 17 dieses Gesetzes); hiezu Art. 32 EG. z. BGB. und Art. 22 BGB.

Das Wort „Gesellschaft" ist nicht im technischen Sinne gebraucht, sondern in der Bedeutung, welche ihm der allgemeine Sprachgebrauch verliehen hat und in welcher es gleichbedeutend ist mit „Verein"; so gebraucht § 1 selbst ohne Unterschied die Bezeichnung „Gesellschaft", „Verein" (Staudinger, Vorbem. zu § 21); im Sinne des Sprachgebrauchs des BGB. fällt die Genossenschaft nicht unter den Begriff der „Gesellschaft", sondern unter den des „Vereins".

Über die Rechtsverhältnisse der Eintragung s. zu § 17.

2. Maßgebend für den Begriff der Genossenschaft ist der Umstand, daß die Anzahl der Mitglieder nicht geschlossen sein darf; das ist sie nicht, wenn eine Mindestzahl und eine Höchstzahl im Statut festgesetzt ist; denn hiedurch ist ein Wechsel der Genossen durch Tod oder Aufkündigung nicht ausgeschlossen; nur muß

die Mindestzahl mindestens 7 betragen (§ 4). Die Zahl ist aber dann geschlossen, wenn der Gesellschaftsvertrag z. B. bestimmte Firmen als Genossen bezeichnet und anordnet, daß andere Personen als die Geschäftsnachfolger dieser Firmen nicht Mitglieder der Genossenschaft werden sollen (DJZ. 5 S. 236).

3. Ein weiteres Kriterium für die Bestimmung einer Gesellschaft als Genossenschaft ist der Zweck derselben, den Erwerb oder die Wirtschaft ihrer Mitglieder mittels gemeinschaftlichen Geschäftsbetriebs zu fördern.

a) Die Förderung des Erwerbs oder der Wirtschaft der Mitglieder muß unmittelbar und direkt bezweckt sein; dieses muß der Hauptzweck sein und dieser allein entscheidet darüber, ob die Vereinigung die Form der „e. G." annehmen kann (ebenso v. Sicherer S. 145, 151; MB. S. 32, Rehbein I S. 42; vgl. hiezu DJZ. 5, 311); damit sind einerseits für die Form der „e. G." ungeeignet Vereinigungen mit wirtschaftlichen Zwecken für Dritte (hierunter fallen die gemeinnützigen Vereine), andererseits solche mit idealen Zwecken (d. s. Bildungsvereine u. ä.); ebenso ist die Form der „e. G." ausgeschlossen für Gesellschaften mit sog. „gemischten Tendenzen" (vgl. Staudinger I 147, 148).

b) Notwendig ist weiter ein gemeinschaftlicher Geschäftsbetrieb. Während der Zweck einer „e. G." durch das Gesetz unabänderlich bestimmt ist, bildet der gemeinschaftliche Geschäftsbetrieb das Mittel zum Zweck und die Art und Weise, wie dieser Zweck erreicht wird, den Gegenstand des Unternehmens, der durch Statut nach dem Ermessen der Beteiligten bestimmt wird. (Gegen die Unterscheidung zwischen Zweck der Genossenschaft und Gegenstand ihres Unternehmens RG. 14, 46). Die Gemeinschaftlichkeit des Geschäftsbetriebs besteht darin, daß die einzelnen auf den Zweck bezüglichen Geschäfte und der Erfolg derselben unmittelbar und direkt dem Interesse der gegenseitigen und gemeinschaftlichen Beteiligung der Mitglieder dienen.

Ein Geschäftsbetrieb, der an sich mit dem Erwerb und der Wirtschaft der Mitglieder nichts zu tun hat, sondern selbständig einen Vermögenserwerb erzielen will, der den

Mitgliedern demnächst zufließen soll, bedeutet eine mittelbare Förderung und hat daher nicht den nötigen inneren Zusammenhang zwischen dem gemeinschaftlichen Geschäftsbetrieb und dem als anderweit bestehend vorausgesetzten Erwerbsberuf oder der Wirtschaft der Mitglieder; daher Ablehnung der Eintragung einer „e. G.", welche den Betrieb einer Druckerei und eines Zeitungsverlags zur Förderung des Erwerbs oder der Wirtschaft ihrer Mitglieder als Gegenstand des Unternehmens bezeichnet (KG. 37, 168; ZBlFG. 9, 552).

Dagegen muß nicht notwendig die Wirtschaft durch die Genossenschaft gefördert werden; es genügt, daß die Genossenschaft grundsätzlich dazu bestimmt und geeignet ist, ihre Mitglieder zu fördern und es ist unerheblich, daß bei dem einen oder anderen Genossen eine derartige unmittelbare wirtschaftliche Förderung nicht ohne weiteres ersichtlich ist. (DLGPr. 1910 S. 2).

Gemeinschaftlicher Betrieb ist nicht der gemeinschaftliche Abschluß von Rechtsgeschäften (unrichtig v. Sicherer S. 155).

c) Solange sich der Geschäftsbetrieb einer distributiven Genossenschaft (Kredit-, Rohstoff-, Werk-, Bau-, Magazin-, Konsumgenossenschaft) auf die Mitglieder beschränkt, betreibt sie kein Gewerbe und unterliegt nicht den Bestimmungen der Gewerbeordnung (s. Landmann I S. 39 und die Zitate in Anm. 1); insoweit aber bei diesen Genossenschaften ein Gewerbebetrieb vorhanden ist, finden auch die Bestimmungen der Gewerbeordnung Anwendung.

Dagegen finden ungeachtet dieser Einschränkung die Bestimmungen z. B. der §§ 105 b—h über die Sonntagsruhe auf den Geschäftsbetrieb von Konsum- und anderen Vereinen Anwendung (§ 41 a GewO.); ebenso allgemein auf Genossenschaften die Bestimmungen der §§ 126 ff. über die Lehrlingsverhältnisse; ebenso auf Konsumvereine die Vorschriften der Maß- und Gewichtsordnung nach § 22 des Gesetzes vom 30. Mai 1908.

Für den Betrieb von Gewerben, bei welchen das Gesetz gewisse persönliche Eigenschaften des Konzessionsinhabers fordert, kann den Genossenschaften eine Konzession nicht verliehen werden (Landmann I S. 54 und die dort zitierten), insbesondere nicht nach § 33 GewO.; in diesen Fällen hat der gesetzliche Vertreter für seine Person die Erlaubnis zu erwirken (Landmann I S. 304; vgl. hiezu BlfGw. 1907 S. 267). Die Steuerpflicht der Genossenschaft ist nach den Entwürfen zur Reform der direkten Steuern in Bayern bzw. den bisherigen Landtagsverhandlungen im allgemeinen dahin geregelt, daß die Genossenschaften von der Einkommen- und Gewerbesteuer befreit sind, die ausschließlich und unmittelbar der land- und forstwirtschaftlichen oder der gewerblichen Produktion oder der besseren Verwertung der eigenen Erzeugnisse ihrer Mitglieder dienen, einschließlich der Vorschuß- und Kreditgenossenschaften, wenn diese Genossenschaften die ihren Zweck entsprechende Tätigkeit auf den Kreis ihrer Mitglieder beschränken, ferner die übergeordneten Verbände solcher Genossenschaften, die gemeinnützigen Bau-Genossenschaften. Vorschuß- und Kredit-Genossenschaften mit ausgedehntem Betriebe und sonstige Genossenschaften, die einen gewerblichen Gewinn anstreben, fallen nicht unter diese Befreiung.

4. Die Formen, in welchen der gesetzlich vorgesehene Zweck der Genossenschaften erreicht werden kann, sind in Ziffer 1—7 als Beispiele der wichtigsten Arten von Genossenschaften aufgeführt, nämlich

a) Vorschuß- und Kreditvereine. Sie dienen der Vermittlung und Gewährung des Personalkredits an ihre Mitglieder, indem sie die Beschaffung fremder Kapitalien und die Hingabe verzinslicher Vorschüsse an ihre Mitglieder betätigen. (S. hiezu Vorschuß- und Kreditvereine als Volksbanken, 6. Aufl. v. Dr. Crüger.)

b) Rohstoffvereine beschaffen die für ihre Mitglieder erforderlichen Rohmaterialien im großen unter Ausnützung des hiedurch gebotenen Vorteils hinsichtlich Preis und Qualität und geben dieselben im kleinen an ihre Mitglieder ab; hiezu gehören auch die sog. landwirtschaftlichen Konsumvereine, die künstliche Düngemittel, Saatfrüchte u. a. gemeinsam beziehen. (Näheres bei § 8; vgl. PC. S. 51.)

c) Absatzgenossenschaften und Magazinvereine beschäftigen sich mit dem Verkauf der von den Mitgliedern gelieferten landwirtschaftlichen bzw. gewerblichen Erzeugnisse an Dritte; die Magazinvereine halten in der Regel ein gemeinschaftliches Verkaufslokal, die Absatzgenossenschaften nicht (daher die Trennung der im Gesetzentwurfe bei Ziffer 2 aufgeführt gewesenen Magazinvereine und Aufführung in Z. 3 als Unterart der Absatzgenossenschaften). Die Geschäfte dieser Genossenschaften sind in der Regel Kommissionsgeschäfte im Sinne des § 388 ff. HGB. (vgl. v. Sicherer S. 157), aber nicht ausschließlich (MB. S. 39); es kommt auch der direkte Ankauf durch die Genossenschaft und Verkauf für gemeinsame Rechnung vor (so auch Merzbacher S. 5 ff.), wegen Absatzes durch Versteigerung vgl. Art. 261 Bayer. GebG. und BlfGw. 1907 S. 457; über Magazingenossenschaften s. BlfGw. 1907 S. 133 ff.

d) Produktivgenossenschaften; dies waren nach dem Gesetze von 1868 Vereine zur Anfertigung von Gegenständen; mit Rücksicht auf die ländlichen Genossenschaften (Winzervereine, Molkereigenossenschaften wurde der Ausdruck „Herstellung" gewählt, weil derselbe auch die Bearbeitung umfaßt.

Von den Produktiv-Genossenschaften sind streng zu unterscheiden die Werkgenossenschaften (Z. 6), soweit es sich bei den letzteren lediglich um die Übernahme der Verarbeitung und Zurichtung von Stoffen für ein Gewerbe (genossenschaftliche Lohnmühle, Färberei) handelt, während wesentlich für die Produktiv-Genossenschaften Verkauf der Produkte ist; so auch PC. S. 69, MB. S. 40; a. A. Proebst S. 16. Über die verschiedenen Arten der Produktiv-Genossenschaften nach der Ausdehnung des Geschäftsbetriebs auf Nichtmitglieder s. PC. S. 62.

e) Neben den Vorschuß- und Kreditvereinen haben die Konsumvereine die stärkste Ausdehnung; ähnlich wie bei ersteren besteht ein Verbot des Geschäftsbetriebs mit Nichtmitgliedern; s. hierüber zu § 8 und 31; selten mehr sind die Markenkonsumvereine; ihre Mitglieder erhalten gegen Nachweis von Marken, die der Verein ausstellt, von Geschäften, mit denen der Verein entsprechende Verträge abgeschlossen hat, bei Bezug von Waren Rabatt. Richtiger Ansicht nach sind dies aber keine Genossenschaften im Sinne dieses Gesetzes (ebenso PC. S. 61, MB. S. 42; dagegen s. BlfGw. 1905 S. 314).

f) Die in Z. 6 genannten Genossenschaften werden nach den Motiven z. GenG. als Werkgenossenschaften bezeichnet; hiezu gehören die Dreschmaschinen-, Zuchtgenossenschaften.

g) Maßgebend ist die Herstellung von Wohnungen „für die Mitglieder"; dieser Zusatz ist nach der Begründung z. GenG. weggelassen, weil das Prinzip, „daß die Vereine ihre Geschäftstätigkeit im Interesse ihrer Mitglieder auszuüben haben, für alle Arten von Genossenschaften gilt"; hiedurch ist aber nach § 8 Abs. 1 Z. 5 für diese Genossenschaften die Herstellung von Wohnungen für Nichtmitglieder ermöglicht; hiebei kann sie, wenn sie Häuser an Nichtmitglieder vermietet oder verkauft, den Charakter der Produktiv-Genossenschaft annehmen (MB. S. 43). Über die rechtliche Möglichkeit, ein Grundstück zugunsten einer e. G. zur Herstellung von Wohnungen mit einer beschränkten persönlichen Dienstbarkeit zu belasten, über Zahl der Wohnungsberechtigten und Ausschluß von Kost- und Schlafgängern RJA. 10, 72; ZBlFG. 10, 118.

Nicht als „e. G." könnten die in Art. 15 Abs. 2 Z. a des bayer. Ges. die Landeskultur-Rentenanstalt betr. vom 31. März 1908 vorgesehenen Baugenossenschaften entstehen; ihnen fehlt das wesentliche Moment der Förderung des Erwerbs ihrer Mitglieder, sie sind rein gemeinnützig; anders, wenn die dort unter lit. b bezeichneten landwirtschaftlichen Grundbesitzer zur Ansiedlung von landwirtschaftlichen Arbeitern eine Genossenschaft zur Herstellung von Kleinwohnungen bilden; diese ist eintragungsfähig (analog für ähnliche Fälle PC. S. 58, 72). Vgl. hiezu Gesetz über die Sicherung von Bauforderungen vom 1. Juni 1909 (RGBl. S. 449).

II. 1. **Wie erwähnt, ist die Aufzählung der Arten von Genossenschaften nur eine beispielsweise.**

Die Bedürfnisse des Wirtschaftslebens führen zu den verschiedensten Arten von Genossenschaften (über die Anwendungsmöglichkeit der genossenschaftlichen Organisation im allgemeinen s. Crüger, Kritische Bemerkungen zu den Entwicklungstendenzen im deutschen Genossenschaftswesen, in „Genossenschaftliche Zeit- und Streitfragen" Heft 8); so z. B. Auswanderungs-Genossenschaften § 3 RG. vom 9. Juni 1897 das Auswanderungswesen betreffend; das Gesetz vom 22. Juni 1899 betr. das Flaggenrecht der Kauffahrteischiffe § 2 sieht vor, daß die Kauffahrteischiffe im ausschließlichen Eigentum von „eingetragenen Genossenschaften" mit dem Sitze im Inland die Reichsflagge zu führen verpflichtet und berechtigt sind.

Die Rechtsform der „e. G." ist weiterhin zulässig z. B. zum Betrieb der Binnenschiffahrt (RG. vom 15. Juni 1895 die privatrechtlichen Verhältnisse der Binnenschiffahrt betr. § 121 Abs. 2), ferner für Genossenschaftsmühlen nach § 32 Brausteuergesetz vom 15. Juli 1909 (RGBl. 773), als Brennereigenossenschaften (§§ 10, 45 Z. 3 Branntweinsteuergesetz vom 15. Juli 1909), als Winzergenossenschaften (Weingesetz vom 7. April 1909). über Ackerbau-Genossenschaften s. PC. S. 65 und über landwirtschaftliche Genossenschaften überhaupt s. Buchenberger, Agrarwesen und Agrarpolitik II S. 503 ff., ferner Schmollers Jahrbücher 28. Jahrg. 2. Heft S. 285 ff.

2. Hinwiederum ist die Form der „e. G." für einzelne Geschäftszweige direkt durch Gesetz ausgeschlossen; dahin gehören:

a) Das Hypothekenbankgeschäft. Diese Verbotsbestimmung findet keine Anwendung auf die beim Inkrafttreten des HBG. (d. i. 1. Januar 1900) in das Genossenschafts-Register eingetragenen Genossenschaften, sofern sie vor dem 1. Mai 1898 satzungsmäßig die in § 1 HBG. bezeichneten Geschäfte betrieben haben (§ 45 HBG.).

Eine solche „e. G.“ untersteht aber nicht den Vorschriften des HGB. (ebenso Löhr S. 120, Göppert § 45 Anm. 2, Bonschab § 45 Z. II, RKB. S. 954; unrichtig PC. S. 65).

b) Die verschiedenen Arten des Versicherungsgeschäfts (Lebens-, Unfall-, Haftpflicht-, Feuer- oder Hagelversicherung, RG. über die privaten Versicherungsunternehmungen vom 12. Mai 1901 § 6 Abs. 1 und 2, vgl. RJA. 7, 109); dagegen sind diejenigen „e. G. welche bereits bei Inkrafttreten dieses Gesetzes die Versicherung ihrer Mitglieder nach dem Grundsatze der Gegenseitigkeit betrieben, zur Weiterführung ihrer Geschäfte befugt, ohne die Form der Versicherungs-Vereine auf Gegenseitigkeit annehmen zu müssen (§ 102 Abs. 1 a. a. O., vgl. Deybeck S. 23 und 166).

c) Über Kartelle in Form einer „e. G.“ s. Holdh. 8, 143, BlfGw. 1907 S. 585.

d) Zentral-Genossenschaften bilden sich als Kreditvermittlungsstelle oder behufs leichteren gemeinsamen Bezugs der von den einzelnen Genossenschaften benötigten Wirtschaftsbedürfnisse (s. § 7).

3. Der Natur der Sache nach fallen nicht unter die e. G. im Sinne dieses Gesetzes die öffentlich-rechtlichen Genossenschaften, mögen diese als freiwillige oder Zwangs-Genossenschaften errichtet werden, s. z. B. die Genossenschaften des bayer. Fischereigesetzes vom 15. August 1908 (Art. 38) und des Wassergesetzes für das Königreich Bayern vom 23. März 1907. Fischereiverkaufsgenossenschaften mit dem ausschließlichen Zweck der Förderung des Erwerbs ihrer Mitglieder können dagegen nur als privatrechtliche Genossenschaften nach dem GenG. errichtet werden (vgl. Bleyer S. 85 und die dort zitierten Motive).

4. Für Moorkultur-Genossenschaften ist öffentlich-rechtliche Organisation nicht vorgesehen; sie sind als privatrechtliche Genossenschaften bei Vereinigung mehrerer Grundbesitzer für Kultivierung ihrer Moorflächen zulässig (vgl. bayer. MABl. 1905 S. 276).

5. a) Alle die Vereinigungen, die sich nach den Begriffsbestimmungen des § 1 bilden, erwerben die Rechte einer „eingetragenen Genossenschaft“ nach Maßgabe der Vorschriften dieses Gesetzes und insbesondere nach Erfüllung der Vorschriften über Gründung und Eintragung; s. zu §§ 10 und 13.

b) Die vor Inkrafttreten dieses Gesetzes, d. i. 1. Oktober 1889 (§ 172) bestehenden eingetragenen Genossenschaften unterliegen von da ab den Vorschriften dieses Gesetzes (§ 154ff.).

c) Nach Art. 165 EGzBGB. bleiben in Kraft die Vorschriften des bayer. Gesetzes, die privatrechtliche Stellung der Erwerbs- und Wirtschaftsgesellschaften betr. vom 29. April 1869 in Ansehung der registrierten Gesellschaften, welche auf Grund dieses Gesetzes zur Zeit des Inkrafttretens des BGB. bestehen; im übrigen ist es bereits aufgehoben durch das Reichsgesetz vom 23. Juni 1873 (RGBl. S. 146), durch welches das Bundesgesetz vom 4. Juni 1868 über die privatrechtliche Stellung der Erwerbs- und Wirtschafts-Genossenschaften mit Wirkung ab 1. August 1873 in Bayern eingeführt wurde; vgl. hiezu Art. 160 bayer. AG. z. BGB.; Schmitt S. 587. — Über Führung der Statistik des Genossenschaftswesens vgl. JMBl. 1903 S. 100; über staatliche Unterstützung der gewerblichen Genossenschaften MABl. 1905 S. 47.

§ 2.

Die Genossenschaften können errichtet werden:[1])

1. dergestalt, daß die einzelnen Mitglieder (Genossen) für die Verbindlichkeiten der Genossenschaft dieser sowie unmittelbar den Gläubigern derselben mit ihrem ganzen Vermögen haften (eingetragene Genossenschaft mit unbeschränkter Haftpflicht);[2])
2. dergestalt, daß die Genossen zwar mit ihrem ganzen Vermögen, aber nicht unmittelbar den Gläubigern der Genossenschaft verhaftet, viel-

mehr nur verpflichtet sind, der letzteren die zur Befriedigung der Gläubiger erforderlichen Nachschüsse zu leisten (eingetragene Genossenschaft mit unbeschränkter Nachschußpflicht); [3])

3. dergestalt, daß die Haftpflicht der Genossen für die Verbindlichkeiten der Genossenschaft sowohl dieser wie unmittelbar den Gläubigern gegenüber im Voraus auf eine bestimmte Summe beschränkt ist (eingetragene Genossenschaft mit beschränkter Haftpflicht). [4])

1. a) § 2 bestimmt die Arten der Genossenschaften im Hinblick auf den Umfang der Haftpflicht ihrer Mitglieder; die technische Bezeichnung für letztere ist „Genosse"; der im Gesetz vom 4. Juli 1868 getroffene Ausdruck „Genossenschafter" ist hiedurch ersetzt.

b) Allen Genossenschaften gemeinsam ist das Prinzip der Solidarhaft der Genossen (vgl. hiezu GoldschmidtsZ. 27 S. 1 ff.; Dr. Kraus, Die Solidarhaft bei den Erwerbs- und Wirtschaftsgenossenschaften 1878); die Solidarhaft tritt aber nur subsidiär ein (§ 105).

2. Bei der e. G. m. unb. H. erstreckt sich die Haftpflicht der Genossen auf ihr ganzes Vermögen; sie haften sowohl der Genossenschaft sowie unmittelbar den Gläubigern derselben.

3. Die Haftung bei der e. G. m. unb. Nachschußpflicht erstreckt sich ebenfalls auf das ganze Vermögen, aber nicht unmittelbar den Gläubigern gegenüber; der Genosse tritt in keine rechtlichen Beziehungen zu den Gläubigern der Genossenschaft und der Einzelangriff dieser gegen den Genossen ist ausgeschlossen. Diese Art der G. wurde erst durch die Reichstagsverhandlungen anläßlich der Beratung des Genossenschafts-Gesetzes geschaffen (s. hierüber bei PC. Einleitung S. 36 ff.).

4. Bei der e. G. m. b. H. besteht hinwiederum die direkte Haftung gegenüber der Genossenschaft wie gegenüber den Gläubigern aber nur bis zu der im voraus bestimmten Summe. Geschaffen wurde diese Art der Genossenschaft durch den Entwurf z. GenG. (vgl. hiezu die Motive; Amtliche Ausgabe des Entwurfs Berlin 1888 Bahlen S. 44ff.).

Die besonderen Bestimmungen für die verschiedenen Arten der Genossenschaft sind enthalten für die G. m. unb. H. in §§ 119—125, für die G. m. unb. Nachschußpflicht in §§ 126—130, für die G. m. b. H. in § 131—142.

§ 3.

Die Firma der Genossenschaft[1]) muß vom Gegenstande des Unternehmens[2]) entlehnt sein und entsprechend der im § 2 vorgesehenen Art der Genossenschaft die daselbst bestimmte zusätzliche Bezeichnung[3]) enthalten.

Der Name von Genossen oder anderen Personen darf in die Firma nicht aufgenommen werden.[4]) Jede neue Firma muß sich von allen an demselben Orte oder in derselben Gemeinde bereits bestehenden Firmen eingetragener Genossenschaften deutlich unterscheiden.[5])

1. Die Genossenschaften gelten nach § 17 Abs. 2 GenG. als Kaufleute im Sinne des HGB. Die Firma eines Kaufmanns ist der Name, unter dem er im Handel seine Geschäfte betreibt und die Unterschrift abgibt (§ 17 Abs. 1 HGB.). Für die Firma muß der ausschließliche Gebrauch der deutschen Sprache gefordert werden, nicht bloß für den Firmenzusatz (für letzteren allein PC. S. 76 unter Bezugnahme auf KG. 8, 23. Wenn aber die Bestimmungen der deutschen Sprache für den Gerichtsverkehr nach § 8 FGG., § 186 GVG. lediglich auf den Inhalt der Mitteilungen sich beziehen soll, welche an die Behörden gelangen, so ist zu bemerken, daß sich diese Mitteilung auch auf die Firma erstreckt, die angemeldet werden soll.

2. Die Vorschrift der Entlehnung der Firma vom Gegenstand des Unternehmens bringt den zwingenden

Grundsatz der Firmenwahrheit (anders §§ 18, 33 HGB.) und der Sachfirma zum Ausdruck; unzulässig allegorische Firmen, z. B. Phönix, dagegen zulässig ein allegorischer Zusatz zu der eigentlichen vom Gegenstand des Unternehmens entlehnten Firma, z. B. Konsumverein „Eintracht" usw. (v. Sicherer S. 164, PC. S. 76).

Umfaßt der Gegenstand des Unternehmens mehrere selbständige Geschäftszweige, so muß das in der Firma zum Ausdruck kommen; überwiegt von mehreren einer und gibt dieser der Genossenschaft das charakteristische Gepräge, so genügt die vom Hauptgegenstand entlehnte Firma. (RDLG. 9 S. 268).

Zulässig der Gebrauch der Bezeichnung „Bank" (RDLG. 16, 82), aber nicht allein, sondern mit einem individualisierenden Zusatz (Volksbank) KG. 37, 172, ZBlFG. 10 S. 352. Erwirbt eine „e. G." ein bestehendes Handelsgeschäft und will sie hiernach ihre Firma ändern (§ 22 HGB.), so muß diese Firma Sachfirma und dem Gegenstand des Unternehmens entlehnt sein. Ritter Anm. 6 zu § 22; ähnlich für G. m. b. H. DJZ. 7, 202, Neukamp S. 14).

3. Der Zusatz nach Art der Haftung ist wesentlicher Bestandteil der Firma (darf also auch z. B. bei Grundbucheintragungen, Vollstreckungsklauseln in der Firma nicht fehlen), hat sich unmittelbar an die Firma anzuschließen und darf, wenn Formalakte in Betracht kommen, nicht abgekürzt werden (Anmeldung zum Registergericht, Wechselzeichnung); zulässig ist aber die Abkürzung (e. G. m. unb. H. u. ä. im Handel und Wandel des täglichen Lebens (so die sehr zutreffende Entscheidung des KG. vom 12. Juni 1908 in ZBlFG. 9, 545 für G. m. b. H., deren Begründung ohne weiteres für „e. G." zutrifft; vgl. hieher DLGPr. 1906 S. 474, 1907 S. 114); dies gilt insbesondere für Telegrammadressen; vgl. auch Entsch. d. Bayer. ObLG. 10, 268. Abkürzung der Firma in rechtsgeschäftlichen Erklärungen macht dieselben keinesfalls ungültig (vgl. Staub-Stranz WO. Art. 21 Anm. 6). Allgemein für Abkürzung LZ. 4, 83 ff.

4. Das Verbot der Personennamen erstreckt sich nach allgemeiner Ansicht nur auf die Namen von Mitgliedern und lebender Personen, bezüglich welcher an eine Mitgliedschaft und damit Haftung derselben gedacht werden könnte; die Namen verstorbener oder historischer Persönlichkeiten können in die Firma aufgenommen werden (so MB. S. 48; PC. S. 78; Joël S. 452).

5. Die Bestimmung ist nachgebildet dem früheren Art. 20 (nun § 30) HGB.; sie beschränkt aber das Erfordernis der Unterscheidung nur gegenüber andern bereits bestehenden, eingetragenen Genossenschaften an demselben Ort oder in derselben Gemeinde (ähnlich § 57 Abs. 2 BGB.), dies aber zwingend; § 57 Abs. 2 BGB. „soll". ZHR. 49 S. 96. Zu Unrecht eingetragene (ROH. 6, 248) oder zu Unrecht noch nicht gelöschte Firmen (RG. 29, 69) zählen nicht hieher.

Ort als Mittelpunkt des gemeinschaftlichen Geschäftsbetriebs (v. Sicherer S. 169) ist die handelsgeographische Bezeichnung der Ortschaft (Ritter zu § 29); Gemeinde ist die politische Gemeinde (MB. S. 50).

Über Firmenrecht und über Kollision von Firmen s. ZHR. 49, 90 ff. Staub zu § 30, 37 HGB.; § 1 und 8 UnlWG., § 14 Warenzeichengesetz.

Ladenschild haben die Genossenschaften nicht zu führen, s. § 15a GewO. (vgl. hiezu PC. S. 64, Staub Exkurs zu § 37 HGB.).

§ 4.

Die Zahl [1]) der Genossen [2]) muß mindestens sieben betragen.

1. Die hier vorgeschriebene Mindestzahl (gegen 5 nach § 182 HGB.) muß bei Entstehung der Genossenschaft vorhanden und das einzureichende Statut (§ 11) muß von dieser Mindestzahl unterschrieben sein. Sinkt diese Zahl unter sieben, so tritt die Auflösung der Genossenschaft nach § 80 ein. (Nach § 56 BGB. Mindestzahl von 7 nur instruktionell, vgl. Staudinger zu § 56.)

„Eine juristische Person gilt nur dann als solche, wenn sie sich aus einer Mehrheit von physischen Personen zusammensetzt“, s. LZ. 3, 418.

2. Die Genossen können a) physische oder b) juristische Personen sein (vgl. RG. 60, 411).

Zu a) 1. Selbstverständlich volljährige oder für volljährig erklärte, in ihrer Geschäftsfähigkeit nicht beschränkte Personen für sich. Die Erklärung muß Vor- und Familiennamen, Beruf und Wohnort angeben. (AB. § 29).

Zulässig ist die Erklärung des Beitritts (s. § 15) durch einen Bevollmächtigten (ROLG. 4, 477); Beitrittserklärung durch einen mündlich beauftragten Stellvertreter ist gültig. JW. 1906 S. 39. Unterzeichnung mit dem Namen des Vertretenen zulässig, RG. 50, 51, Staudinger § 126 S. 441, so jetzt auch PC. S. 170. Dagegen DJZ. 12 S. 54 ff.

Die Ehefrau bedarf nicht der Genehmigung des Ehemannes, ZBlFG. 5 S. 715, Staudinger § 1399 2d, BlfGw. 1904 S. 510; keinesfalls notwendig ausdrückliche Zustimmung, ROLG. 1, 64; vgl. RsprOLG. 11, 401, Anm. 1 und am Ende. Die Beisetzung ihres Geburtsnamens ist unnötig (anders PC. S. 169). — Änderung des Namens infolge Verheiratung macht Anmeldung zum Genossenschafts-Register notwendig, DLGPr. 1900 S. 70; s. ferner Recht 10, 1150.

2. Für geschäftsunfähige (§ 104 BGB.) oder beschränkt geschäftsfähige Personen (§ 106, 114, 1906 BGB.) ist der Beitritt zu erklären durch den gesetzlichen Vertreter oder Vormund; beide bedürfen mit Rücksicht auf die Haftung für fremde Verbindlichkeiten der Genehmigung des Vormundschaftsgerichts (§§ 1643, 1686, 1822 Z. 10 1897, 1915 BGB.; Holdh. 7, 282, Recht 1905, 681 Nr. 2833, ROLG. 11, 401, RJA. 6, 132).

Mangel der Legitimation ist heilbar nach § 177, 182 BGB., LZ. 3, 250.

Die Beitrittserklärung kann natürlich nur immer von und für eine Person abgegeben werden, nicht aber z. B., wie es öfters geschieht, durch den Vormund für mehrere Mündel.

Zu b) Hieher zählen die rechtsfähigen Vereine (§§ 21—25 BGB.); ein nicht rechtsfähiger Verein kann die Mitgliedschaft nicht erwerben, LZ. 2, 476; ZBlFG. 9, 547 und die dort zitierte Literatur und Rechtsprechung, ROLG. 19, 354); weiter zählen hieher Korporationen, juristische Personen des Handelsrechts, eingetragene Genossenschaften (vgl. § 9, 43 GenG.), offene Handelsgesellschaften als solche (RG. 14, 53), Gesellschaften mit beschränkter Haftung (BlfGw. 1906 S. 348); nicht minder öffentlich-rechtliche juristische Personen, z. B. politische Gemeinden; letztere bedürfen nicht der behördlichen Genehmigung (für Preußen KG. 34, 193; DLGPr. 1903, 29; 1907, 403; 1908, 55, 353, 419; das gleiche gilt für Bayern Art. 159 GemO.).

Ein Einzelkaufmann kann nur mit seinem bürgerlichen Namen, nicht mit seiner Firma den Beitritt erklären, BlfGw. 1906, 254. Weiteres s. zu § 15.

§ 5.

Das Statut [1]) der Genossenschaft bedarf der schriftlichen Form. [2])

1. Das Statut (Satzung des § 58 BGB., Gesellschaftsvertrag des § 182 BGB.) enthält die Vereinbarung der bei der Entstehung beteiligten Personen über die Gründung einer Gesellschaft, welche die Rechte einer e. G. erwerben soll, also einen rechtsgeschäftlichen Akt und ist nicht Ausfluß einer Körperschafts-Autonomie (s. hierüber v. Sicherer S. 160ff. und die dortigen Zitate, Staudinger Anm. 5ff. zu § 25; ebenso PC. S. 81 gegen MB. S. 52, dagegen Staub § 182, Anm. 2; anders Ritter zu § 182, 2a und Neukamp § 11 S. 37); es ist in erster Linie entscheidend für die Rechtsverhältnisse der Genossenschaft (RG. 65, 91). Bevollmächtigung eines Gründungsmitgliedes durch ein anderes zulässig (so für AG. Holdh. 7 S. 312, vgl. hiezu RG. 56, 104ff. und insbesondere 67 S. 51, Staudinger zu § 181 Entsch. d. ObLG. 1 n. F. S. 394).

2. Gegenüber § 182 HGB., § 2 G. m. b. H. ist die privatschriftliche Abfassung und Form ausreichend, aber als solche auch wesentlich; die Herstellung kann handschriftlich durch Druck jeder Art, Maschinenschrift erfolgen; hieraus folgt für die in § 11 Abs. 2 Z. 1 geforderte Unterzeichnung die Anwendung von §§ 125, 126 BGB., s. zu § 11.

§ 6.

Das Statut muß [1]) enthalten:

1. die Firma [2]) und den Sitz [3]) der Genossenschaft;
2. den Gegenstand des Unternehmens; [4])
3. Bestimmungen über die Form für die Berufung der Generalversammlung [5]) der Genossen, sowie für die Beurkundung ihrer Beschlüsse [6]) und über den Vorsitz [7]) in der Versammlung;
4. Bestimmungen über die Form, in welcher die von der Genossenschaft ausgehenden Bekanntmachungen erfolgen, [8]) sowie über die öffentlichen Blätter, in welche dieselben aufzunehmen sind. [9])

1. § 6 zählt die wesentlichen Erfordernisse des Inhalts des Statuts auf und wird ergänzt durch die Vorschriften des § 7; fehlt eine dieser Bestimmungen, so kommen die §§ 94, 95 dieses Gesetzes zur Anwendung. Über das Prüfungsrecht des Registerrichters s. zu § 10.

2. Über die Firma s. zu § 3.

3. Als Sitz gilt nur der Ort, der durch das Statut als solcher bestimmt ist (so für AG. RG. 59 S. 106); derselbe ist nicht notwendig identisch mit dem Orte, an welchem die Verwaltung geführt wird (wichtig für den Gerichtsstand § 17 Abs. 1 ZPO.), aber auch dann liegt nur ein Sitz vor; möglich ist nur ein durch § 17 Abs. 3 ZPO. zugelassener im Statut vorgesehener anderweitiger allgemeiner Gerichtsstand. Der

Sitz ist nur zulässig im Inland; Verlegung bedingt eine Statutenänderung (RG. 44, 10; ROLG. 2, 336; s. hiezu Holdh. 10 S. 157 ff.); es handelt sich dabei nur um einen Wechsel in der Registerführung, RJA. 2, 29. Verlegung des Sitzes in das Ausland s. § 96 Anm. 3. Nicht als Ausland gilt außer deutschem Reichsgebiet deutsches Schutzgebiet: § 2 Abs. 2, § 19 Konsulargerichtsbarkeitsgesetz vom 7. April 1900, § 3 Schutzgebietsgesetz vom 25. Juli 1900.

4. Über den Gegenstand des Unternehmens s. zu § 1 S. 3; über Abänderung desselben s. zu § 16. RG. 62, 96 erklärt für G. m. b. H. allgemein Angabe des Gegenstandes des Unternehmens für zulässig (die verschiedenen Ansichten hierüber s. die dortigen Zitate; für e. G. muß mit Rücksicht auf § 1 bestimmte und individualisierende Angabe gefordert werden; so auch Merzbacher S. 16; ähnlich PC. S. 90.

5. Die Vorschrift umfaßt die Bestimmung, wer die Generalversammlung einzuberufen hat, innerhalb welcher Zeit (§ 49), den Ort der Versammlung, Festsetzung der Tagesordnung.

Die Einberufung der Generalversammlung erfolgt im allgemeinen durch den Aufsichtsrat (für außerordentliche Generalversammlungen s. § 38 Abs. 2); sonst ist nach § 44 der Vorstand hiezu verpflichtet; Einberufung durch Genossen s. § 45. Als Ort der Generalversammlung kann nur ihr Sitz bestimmt werden (so für AG. RG. 44, 10); innerhalb des Sitzes steht die Wahl des Versammlungslokals frei. Über Festsetzung der Tagesordnung s. § 46.

6. Die Beurkundung der Beschlüsse der Generalversammlung erfolgt nach § 47; gegenber § 259 HGB. ist notarielle oder gerichtliche Beurkundung nicht vorgeschrieben und nicht erforderlich. Notwendig ist die Bestimmung der Form, in welcher die Niederschrift der Beschlüsse erfolgt und von wem das Protokoll unterzeichnet wird, um „je nach den Verhältnissen eine gewisse Gewähr für eine zuverlässige Feststellung der Beschlüsse zu bieten". RJA. 9, 168; ZBlFG. 9, 259; ROLG. 19, 358.

7. Das Statut muß über die Leitung der Verhandlung bestimmen; in Betracht kommt entweder ein Vorstandsmitglied oder der Vorsitzende des Aufsichtsrats oder Dritte (letztere selbstverständlich nicht stimmberechtigt).

8. Es handelt sich hier um Bekanntmachungen der Genossenschaft, welche die rechtlichen Beziehungen zwischen derselben und den Genossen betreffen, und zwar die durch das Gesetz vorgesehenen (§§ 31, 33, 38, 46 Abs. 2, 48 Abs. 2, 51 Abs. 4, 80, 82 Abs. 2, 87, 89, 114, 127, 133, 137, 139) und auf Grund der Geschäfte notwendige Bekanntmachungen. Rein geschäftliche Ankündigungen, Preisofferten usw. fallen natürlich nicht hierunter.

9. Die notwendigen Bekanntmachungen müssen in öffentlichen Blättern aufgenommen und diese letzteren müssen im Statut bestimmt sein. Bekanntgabe durch „eingeschriebenen Brief" wäre also unzulässig.

Öffentliche Blätter sind solche, welche einem unbestimmten Personenkreis zugänglich sind; hört eines von mehreren zur Veröffentlichung bestimmten Blättern auf zu erscheinen, so genügt Bekanntmachung in den übrigen.

Änderung der Publikationsorgane oder Ersatz für ein eingehendes Organ kann nur durch Statutenänderung erfolgen; so auch MB. S. 62, PC. S. 93.

Für die Veröffentlichung muß die deutsche Sprache verlangt werden (vgl. hiezu PC. S. 93 und MB. S. 61). Die Veröffentlichung der Bekanntmachung dieser Ziffer hat — anders wie nach § 182 HGB. — nicht im „Deutschen Reichsanzeiger" zu geschehen.

§ 7.

Das Statut muß ferner bestimmen:

1. ob die Genossen der unbeschränkten Haftpflicht oder nur der unbeschränkten Nachschußpflicht oder der beschränkten Haftpflicht unterliegen sollen;[1])

2. den Betrag, bis zu welchem sich die einzelnen Genossen mit Einlagen beteiligen können (Geschäftsanteil), [2])

sowie die Einzahlungen [3]) auf den Geschäftsanteil, zu welchen jeder Genosse verpflichtet ist; dieselben müssen bis zu einem Gesamtbetrage von mindestens einem Zehnteile des Geschäftsanteils nach Betrag und Zeit bestimmt sein; [4])

3. die Grundsätze für die Aufstellung und die Prüfung der Bilanz; [5])

4. die Bildung eines Reservefonds, welcher zur Deckung eines aus der Bilanz sich ergebenden Verlustes zu dienen hat, sowie die Art dieser Bildung, insbesondere den Teil des jährlichen Reingewinns, welcher in den Reservefonds einzustellen ist, und den Mindestbetrag des letzteren, bis zu dessen Erreichung die Einstellung zu erfolgen hat. [6])

Während § 6 Fragen organisatorischer Natur regelt, beziehen sich die Bestimmungen des § 7 auf die notwendigen Grundlagen der Kredit- und Vermögensverhältnisse der Genossenschaften (Motive S. 90); auch ihre Aufnahme in das Statut ist wesentlich und unumgänglich nötig.

1. Die Bestimmung der Ziffer 1 ist notwendige Folge der Vorschriften in §§ 2 und 3; eine andere Art der Haftung zu bestimmen, ist ungesetzlich und hätte die Ablehnung der Eintragung des Statuts, bei dennoch erfolgter Eintragung Nichtigkeitsklage bzw. Nichtigkeitserklärung zur Folge (§ 94, 95 GenG., § 147 Abs. 2 ff. FGG.; PC. S. 98; MB. S. 63).

2. „Geschäftsanteil" bedeutet den Höchstbetrag der statthaften Mitgliedereinlagen; „der wirkliche Kapitalanteil eines Genossen wird dargestellt durch das jeweilig nach Maßgabe des von ihm Eingezahlten und etwaiger Gewinnzuschreibungen und Verlustabschreibungen ihm zustehende „Geschäftsguthaben" (so RG. 47, 141; 64, 193); vgl. hierüber ArchBürgR. 28 S. 223ff. Das Geschäftsguthaben ist eine Forderung des Genossen an die Genossenschaft, bedingt durch sein Ausscheiden, PC. S. 99; in der Bilanz der Genossenschaft bildet dasselbe daher einen Passivposten.

Während des Bestehens des Mitgliedverhältnisses kann der Genosse das Geschäftsguthaben verpfänden (nicht aber an die Genossenschaft § 22 Abs. 2), es kann nach § 829ff. ZPO. gepfändet werden, es kann nach § 398 Abs. 2 vorbehaltlich § 399 BGB. übertragen werden, eine Realisierung ist aber seitens des Genossen wie dritten Gläubiger nur möglich nach erfolgtem Austritt; s. hierüber zu §§ 22 und 73 wie 76, PC. S. 100, vgl. ZBlFG. 10 Nr. 502.

Die Geschäftsanteile müssen für jeden Genossen gleich hoch und genau festgesetzt sein, RG. 64, 193; Umfang des Grundsatzes der gleichen Behandlung aller Genossen, s. RG. 62, 308. Bei e. G. mit unbeschränkter Haftpflicht und unbeschränkter Nachschußpflicht ist Beteiligung nur mit **einem** Geschäftsanteil möglich und zulässig (§ 119, 126); bei e. G. mit beschränkter Haftpflicht ist die Beteiligung auf mehrere Anteile zugelassen (§ 134).

Die Einzahlungen auf den Geschäftsanteil verjähren in 30 Jahren, § 195 BGB., vgl. BlfGw. 1908 S. 384.

3. Der Geschäftsanteil kann nur durch **Einzahlung** gebildet werden und zwar entweder durch bare Zahlung oder einer dieser gleichwerten Leistung (so für G. m. b. H. RG. 41 S. 120 durch Scheck, wenn Einlösung gesichert); ein Wechsel kann nicht als bare Einzahlung gelten (vgl. BlfGw. 1908 S. 65). Zahlung durch Aufrechnung ist für G. m. b. H. zugelassen, vgl. LZ. 3, 944. Der Geschäftsanteil kann daher nicht in einer Sacheinlage bestehen und aus einer solchen gebildet werden (RG. 65, 223).

Zulässig ist die statutarische Festsetzung eines Beitrittsgeldes: eine **besondere Auflage** kann mit

Wirksamkeit gegen die schon vorhandenen Genossen durch späteren Mehrheitsbeschluß der Generalversammlung nicht eingeführt werden, außer nach § 105 und 73 Abs. 2 (RG. 62, 312). Hat der Genosse den statutenmäßigen Geschäftsanteil einbezahlt, so ist ein Generalversammlungsbeschluß, welcher ohne Erhöhung der Geschäftsanteile den Genossen weitere bare Einzahlungen zur Deckung von Geschäftsverlusten auferlegt, ungesetzlich (LZ. 1, 443, RG. 68, 93, LZ. 2, 304, Recht 1907 S. 1019, dagegen BlfGw. 1908 S. 251).

Über Zuschreibung des Gewinns s. zu § 19. Rückständige Einlagen sind zu verzinsen ab Fälligkeit. Verjährungsfrist 30 Jahre (PC. S. 106).

4. a) Die Einzahlungen müssen für mindestens $^1/_{10}$ des Geschäftsanteils nach Betrag und Zeit bestimmt sein; weitergehende Erfordernisse brauchen im Statut nicht berücksichtigt zu werden, KG. 26, 228; es muß also mindestens der zehnte Teil des Geschäftsanteils sukzessive zur Einzahlung gelangen, die weiter notwendig werdenden Einzahlungen werden jeweils durch die Generalversammlung festgesetzt (§ 50). Zulässig ist hiebei die sofortige Vollzahlung des Geschäftsanteils.

b) Üblich ist die Ausstellung eines Geschäftsguthabenbuchs oder die Ausstellung einer Aufnahmeerklärung, in welchen die Aufnahme als Genosse und die Einzahlung des oder der Geschäftsanteile bestätigt ist; ein solches Buch oder eine solche Erklärung ist kein Schuldschein oder eine Urkunde, kraft deren eine Leistung gefordert werden kann im Sinne des § 952 BGB. (s. hierüber PC. S. 101); dagegen können dieselben als zum Beweise der Forderung dienende Urkunden nach § 402 BGB. in Betracht kommen, ohne daß sie aber je ein Akzessorium der Forderung bilden (vgl. Staudinger zu § 952 Anm. 1e); ein Geschäftsguthabenbuch ist auch kein Legitimationspapier im Sinne des § 808 BGB.

5. Da Genossenschaften als Kaufleute im Sinne des HGB. gelten (§ 17 Abs. 2), haben sie entsprechend den §§ 38—44 HGB. Bücher zu führen und eine

Bilanz aufzustellen und zwar nach den Bestimmungen des HGB. (ROLG. 8, 261); durch eine statutarische Bestimmung können diese Regeln nicht aufgehoben werden (RG. 43, 125).

„Als Grundsätze für die Aufstellung sind solche Vorschriften zu verstehen, welche bestimmen, welchen Inhalt die Bilanz notwendig haben muß und in welcher Wertberechnung einzelne Aktivposten einzusetzen sind (cf. § 261 HGB.), Grundsätze für die Prüfung sind die, welche anordnen, wer die Bilanz zu prüfen (§§ 38, 48) und wann dies zu geschehen hat" (DJZ. 8, 443), s. auch § 95. — Vgl. weiter § 33.

6. Der gesetzliche Reservefond (s. hiezu § 262 Z. 1 HGB.) „dient nicht bloß dazu, das Genossenschaftsvermögen überhaupt zu vermehren und die Guthaben der Mitglieder vor Abschreibungen wegen jedes geringfügigen Verlustes zu bewahren, sondern er hat auch die Bedeutung, daß der durch ihn gebildete Teil des Genossenschaftsvermögens den mit dem Ausscheiden von Mitgliedern verbundenen Schwankungen entzogen und als Vereinsvermögen im engeren Sinne der Genossenschaft selbst und ihren Gläubigern erhalten bleibt" (Motive S. 92); er darf daher nur zur Deckung eines aus der Bilanz sich ergebenden Verlustes verwendet werden; die Bestimmung ist weder durch Statut noch durch Generalversammlung abänderbar (vgl. RG. 49, 77; 65, 92).

Zulässig ist die Deckung des Verlusts auf anderem Wege, ebenso kann eine Unterbilanz auf das folgende Geschäftsjahr vorgetragen werden.

Die Bildung und Ansammlung des Reservefonds erfolgt in der Regel durch eine Zuführung aus dem jährlichen Reingewinn; das Statut muß bestimmen, welcher Teil des Reingewinns zu der Ansammlung des Reservefonds in denselben einzustellen ist.

Das Statut hat weiter zu bestimmen über den Mindestbetrag des zu bildenden Reservefonds. Diese Bestimmung kann dann wegfallen, wenn demselben der Gewinn ganz und dauernd zugewiesen wird; Festsetzung, daß er so lange anzusammeln sei, bis er als Betriebskapital der Genossenschaft genüge, bezeichnet den Mindestbetrag nicht gehörig (KG. 17, 16, a. A. bezüglich des ersten Satzes MB. S. 70).

Dagegen ist nicht erfordert die Angabe des Mindestbetrags auf eine gewisse Geldsumme; es ist zulässig, den Mindestbetrag des Reservefonds nach Prozenten, „sei es der Geschäftsanteile oder des eigenen Kapitals und aufgenommener Anlehen, sei es des Mitgliedervermögens zu bemessen; ebenso aber nach Prozenten von dem Werte vorhandener Warenlager, Immobilien und Utensilien“, KG. 15, 50. Zweckmäßig ist eine Bemessung nach möglichst feststehenden Werten.

Ist der statutarische Mindestbetrag erreicht, so hindert natürlich nichts die weitere freiwillige Dotierung desselben auf Grund Beschlusses der Generalversammlung, so wenig wie neben Bildung der gesetzlichen Reserve die Bildung anderweitiger Reservefonds zulässig (ROLG. 10, 241), soweit dies nicht statutenmäßig ausgeschlossen ist (RG. 40, 33).

Die weitere Dotierung des Reservefonds kann bei Erreichung der Mindesthöhe unterbleiben; ist aber der Mindestbetrag des gesetzlichen Reservefonds durch weitere Zuwendungen überschritten, so können diese Mehrbeträge nicht wieder dem gesetzlichen Reservefond entnommen werden (so zutreffend Recht 11, 1525, PC. S. 111 gg. RG. 28, 45); ebenso unzulässig Herabsetzung des Mindestbetrages, so lange die Sammlung bis zum Mindestbetrag nicht erreicht ist (Recht a. a. O. gg. PC. S. 111; vgl. DLGPr. 1908 S. 38).

Über Dividendenausgleichreserven s. BlfGw. 1908 S. 530; über Ansammlung eines Stiftungsfonds KG. 14, 43 ff.

§ 8.

Der Aufnahme in das Statut bedürfen[1]) Bestimmungen, nach welchen:

1. die Genossenschaft auf eine bestimmte Zeit beschränkt wird;[2])

2. Erwerb und Fortdauer der Mitgliedschaft an den Wohnsitz innerhalb eines bestimmten Bezirks geknüpft wird;[3])
3. das Geschäftsjahr, insbesondere das erste, auf ein mit dem Kalenderjahre nicht zusammenfallendes Jahr oder auf eine kürzere Dauer, als auf ein Jahr, bemessen wird;[4])
4. über gewisse Gegenstände die Generalversammlung nicht schon durch einfache Stimmenmehrheit, sondern nur durch eine größere Stimmenmehrheit oder nach anderen Erfordernissen Beschluß fassen kann;[5])
5. die Ausdehnung des Geschäftsbetriebes auf Personen, welche nicht Mitglieder der Genossenschaft sind, zugelassen wird.[6])

Genossenschaften, bei welchen die Gewährung von Darlehen Zweck des Unternehmens ist, dürfen ihren Geschäftsbetrieb, soweit er in einer diesen Zweck verfolgenden Darlehnsgewährung besteht, nicht auf andere Personen außer den Mitgliedern ausdehnen. Darlehnsgewährungen, welche nur die Anlegung von Geldbeständen bezwecken, fallen nicht unter dieses Verbot.[7])

Als Ausdehnung des Geschäftsbetriebes gilt nicht der Abschluß von Geschäften mit Personen, welche bereits die Erklärung des Beitritts zur Genossenschaft unterzeichnet haben und von derselben zugelassen sind.[8])

Konsumvereine (§ 1 Nr. 5) dürfen im regelmäßigen Geschäftsverkehr Waren nur an ihre Mitglieder oder deren Vertreter verkaufen.[9]) Diese Beschränkung findet auf landwirtschaftliche Konsumvereine, welche ohne

Haltung eines offenen Ladens die Vermittelung des Bezugs von ihrer Natur nach ausschließlich für den landwirtschaftlichen Betrieb bestimmten Waren besorgen, hinsichtlich dieser Waren keine Anwendung. [10])

1. Die aus Z. 1 mit 5 ersichtlichen Bestimmungen sind dann in das Statut aufzunehmen, wenn und soweit deren Voraussetzungen bei einer Genossenschaft tatsächlich gegeben sind.

Zulässig ist es, genossenschaftliche Verpflichtungen der Mitglieder, welche die Einrichtung, Ausdehnung und Beschränkung des gesamten Betriebs berühren (auch Konventionalstrafe), auf Grund statutarischer Ermächtigung einer späteren Geschäftsordnung vorzubehalten, in welcher diese Punkte bestimmt zu regeln sind, RG. 47, 146.

2. Das Statut braucht eine Zeitdauer für das Bestehen der e. G. überhaupt nicht zu enthalten, dann gilt dieselbe als für unbestimmte Zeit errichtet; soll die Zeitdauer beschränkt sein, so hat das Statut die entsprechende Dauer festzusetzen; diese Dauer kann durch Statutenänderung anderweitig normiert, verkürzt oder verlängert werden (§ 16), letzteres aber vor Ablauf der im Statut vorgesehenen Zeit (RG. 6, 120, JW. 1904, 44); nach Ablauf der Zeit (§ 79) kann die e. G. nicht fortgesetzt werden (KG. 32, 155).

3. Nach dem Grundsatz der Raiffeisenvereine müssen die Mitglieder in demselben Gemeindebezirk oder Pfarrsprengel wohnen, s. hierüber § 67.

4. Das Geschäftsjahr braucht nicht notwendig mit dem Kalenderjahr zusammenzufallen; es kann kürzer sein wie dieses, was bei dem ersten Geschäftsjahr in der Regel zutreffen wird, es darf aber keinesfalls länger sein als das Kalenderjahr (§ 39 Abs. 2 HGB.; ROLG. 4, 463; 7, 1).

Das erste Geschäftsjahr beginnt mit dem Zeitpunkt der Eintragung in das Genossenschaftsregister (so nun auch PC. S. 116); auch dieses kann weder durch Statut noch durch sonstige Bestimmung über die

Dauer von 12 Monaten hinaus erstreckt werden (ROLG. 4, 463). Mangels einer ausdrücklichen Bestimmung im Statut ist das Geschäftsjahr das Kalenderjahr.

Bedeutung des Geschäftsjahrs für Bilanz vgl. § 33, Ausscheiden der Genossen § 65ff.

5. Die Rechte der Genossen in den Angelegenheiten der Genossenschaft werden in der Generalversammlung durch Beschlußfassung der erschienenen Genossen ausgeübt (§ 43 Abs. 1).

Das Genossenschaftsgesetz verlangt hiebei sog. qualifizierte Stimmenmehrheit für Abänderung des Gegenstandes des Unternehmens und Erhöhung des Geschäftsanteils (§ 16 Abs. 2), Widerruf der Bestellung als Aufsichtsratsmitglied (§ 36 Abs. 2), für Auflösung der Genossenschaft (§ 78), Erhöhung der Haftsumme (§ 132) und für Umwandlung der Genossenschaft (§ 144); in anderen Fällen genügt einfache Stimmenmehrheit. Das Statut kann aber freiwillig für solche andere Fälle größere Stimmenmehrheit (Recht 8 S. 608, 9 S. 435) oder andere Erfordernisse statuieren (z. B. Mindestzahl der abzugebenden Stimmen, RG. 26, 231).

Zulässig ist statutarische Bestimmung, wonach bei Wahlen bei Stimmengleichheit das Los entscheidet (BlfGw. 1904 Nr. 16, DLGPr. 1903 S. 278, 1906 S. 466 gg. Recht 7 S. 454).

6. „Der Geschäftsbetrieb der Genossenschaft zerfällt regelmäßig in zwei Teile; den einen bilden die Geschäfte, die im Interesse der Gesamtheit der Genossen bestimmungsgemäß mit dritten Personen (bei Konsumvereinen mit den Lieferanten, bei Magazinvereinen mit den Abnehmern geschlossen werden und von vornherein den Abschluß mit dritten Personen verlangen. Der andere Teil besteht aus Geschäften, durch welche die Genossenschaft ihre Tätigkeit für ihre einzelnen Mitglieder nutzbar macht und hiezu mit diesen selbst kontrahiert" (Motive S. 75). Nur diese letztere Art von Geschäften kommt hier in Frage.

Bereits durch Deklarationsgesetz vom 19. März 1871 (RGBl. S. 415) wurden die diesbezüglichen

Zweifel nach dem Genossenschaftsgesetz vom 4. Juli 1868 dahin entschieden, daß die Genossenschaften ihren rechtlichen Charakter nicht dadurch verlieren, daß ihnen die Ausdehnung ihres Geschäftsbetriebs auf Nichtmitglieder im Statut gestattet wird (Motive a. a. O.).

7. Eine Ausnahme hiervon stellt das Gesetz für Genossenschaften auf, bei welchen die Gewährung von Darlehen Zweck des Unternehmens ist; diese dürfen nur an Mitglieder Darlehen gewähren (Vorschuß- und Kreditverein). Strafbestimmung bei Zuwiderhandlung s. § 160.

Verboten ist aber nur „die gewerbsmäßige Darlehenshingabe an Nichtmitglieder" (MB. S. 76); zulässig sind alle Geschäfte mit Nichtmitgliedern, welche den Zweck haben, flüssige Gelder anzulegen (vgl. hierüber Thorwart BlfGw. 1889 S. 165, PC. S. 124). Gewerbsmäßige Ausdehnung über den Zweck des Unternehmens hinaus begründet an sich die Steuerpflicht, Holdh. 8, 260; z. B. Vermietung von Schrankfächern der Stahlkammern an Nichtmitglieder, BlfGw. 1907 S. 6.

Für die Beurteilung ist die wirtschaftliche Natur des betr. Geschäfts maßgebend, nicht der juristische Begriff des Darlehens (PC. S. 122).

Soweit eine Genossenschaft Hypothekenbankgeschäfte betreiben darf, ist die Gewährung von Darlehen gegen Hypothekbestellung scharf zu scheiden von der Ausgabe von Schuldverschreibungen auf Grund der erworbenen Hypotheken; jene fällt unter das Gebot des Absatz 2. Diese verschafft der Genossenschaft die Mittel zur Gewährung von Darlehen, fällt also nicht darunter, ebenso wenig wie die Anlage von Geldbeständen in Wechseln, in Wertpapieren, die Gewährung von Lombarddarlehen auf eigene oder fremde Effekten (diese aber doch wieder nur, soweit nicht damit ein besonderer Zweig des Darlehensgeschäfts gepflegt werden soll). Im Kontokorrentverkehr ist, soweit es sich um den Verkehr mit den Mitgliedern handelt, den e. G. ein schriftlicher Auszug hierüber erlassen (Wuchergesetz in der Fassung vom 19. Juni 1893 Art. 4).

8. Die Personen, welche die Erklärung des Beitritts zur Genossenschaft unterzeichnet haben und von dieser zugelassen, aber noch nicht im Genossenschaftsregister eingetragen sind, gelten für die Geschäfte des Absatz 2 bereits als Genossen.

9. a) Das Verbot des Absatz 4 ist geschaffen durch das RG. vom 12. August 1896 (RGBl. 1896 S. 695), vgl. §§ 31 und 32; es trifft die in § 1 Z. 5 bezeichneten Konsumvereine für ihren regelmäßigen Geschäftsverkehr.

Regelmäßig besteht der Geschäftsverkehr der Konsumvereine darin, daß sie im großen einkaufen und im kleinen verkaufen; eine andere Art des Geschäftsverkehrs ist unregelmäßig; die Definition von PC. S. 128, daß unregelmäßiger Geschäftsverkehr ein solcher ist, welcher von Zeit zu Zeit unterbrochen ist, erscheint nicht zutreffend. Es muß daher für unzulässig erachtet werden, daß ein Konsumverein bei besonderen Festen oder Veranstaltungen den Verkehr mit Nichtmitgliedern aufnehmen darf (so auch BlfGw. 1903 S. 475 Urteil des OLG. Marienwerder). Hat ein Konsumverein über den Bedarf der Mitglieder Waren (Kartoffeln usw.) eingekauft und verkauft er dieselben an Nichtmitglieder, weil die Waren im Kleinverkauf an die Mitglieder Absatz nicht finden und verderben würden, so liegt die oben gegebene Definition des unregelmäßigen Geschäftsverkehrs vor; der Verkauf ist also zulässig. (Wie PC. auch MB. S. 81). Über anderweitige praktische Fälle s. PC. S. 131).

Stellt ein Konsumverein selbst Waren her, so ist er gleichzeitig eine Produktivgenossenschaft nach § 1 Z. 4; bezüglich dieser Waren besteht eine Beschränkung nicht.

Warenproben fallen nicht unter das Verbot.

b) § 33 Abs. 1 GewO. fordert die Erlaubnis zum Betriebe der Gast- und Schankwirtschaft oder des Kleinhandels mit Branntwein und Spiritus; mit Rücksicht hierauf bestimmt Abs. 5 des § 33, daß die Bestimmungen von Abs. 1—4 auf Vereine, welche den gemeinschaftlichen Einkauf von Lebens- und Wirtschaftsbedürfnissen im großen und deren Absatz im kleinen zum ausschließlichen oder hauptsächlichen Zweck haben, auch dann Anwendung finden, wenn der Betrieb auf den Kreis der Mitglieder beschränkt ist; vgl. hiezu Landmann I § 33 Anm. 15.

c) Über Mitglieder und deren Vertreter s. § 31.

10. Landwirtschaftliche Konsumvereine, d. s. Rohstoffvereine im Sinne des § 1 Z. 2, welche keinen offenen Laden halten, dürfen ausschließlich für den landwirtschaftlichen Betrieb bestimmte und vermittelte Waren an Nichtmitglieder abgeben.

a) „Offener Laden" ist ein frei zugängliches, erkennbar zum Warenverkauf oder zu sonstigen Geschäften im Kleinverkehr dauernd oder vorübergehend bestimmtes Lokal, JW. 1908, 720; s. auch Landmann I S. 384, II S. 420, 426/7; BlfRA. 68 S. 446; vgl. Holdh. 8 S. 260 und Fuld in Bayer. Handelszeitung 1901 S. 61; PC. S. 130; DJZ. 1901 S. 278.

b) Gestattet ist der Verkauf an Nichtmitglieder von Samen und Saatgetreide, Futtermittel, Kunstdünger, Waldpflanzen usw.; nicht aber von Brennmaterialien, Baumaterialien (Zement) u. ä. — Strafbestimmung § 152.

§ 9.

Die Genossenschaft muß einen Vorstand und einen Aufsichtsrat haben. [1])

Die Mitglieder des Vorstandes und des Aufsichtsrats müssen Genossen sein. [2]) Gehören der Genossenschaft einzelne eingetragene Genossenschaften als Mitglieder an, oder besteht die Genossenschaft ausschließlich aus solchen, so können Mitglieder der letzteren in den Vorstand und den Aufsichtsrat berufen werden. [3])

1. Vorstand und Aufsichtsrat sind neben der Generalversammlung die notwendigen Organe einer e. G.

Das Statut darf diesen Organen keine anderweitige Bezeichnung geben (PC. S. 137). Über den Vorstand s. §§ 24—35, über den Aufsichtsrat §§ 36—39.

2. Als „wirksames Moment für das Interesse an der richtigen Leitung der Genossenschaftsgeschäfte" ist die Zugehörigkeit zur Genossenschaft der Mitglieder von Vorstand und Aufsichtsrat gefordert; es genügt aber deren Beitritt nach erfolgter Wahl (RG. 18, 32).

3. Zulässig ist nicht nur die Mitgliedschaft physischer Personen, sondern auch eingetragener Genossenschaften (vgl. im übrigen § 7), ja es kann eine Genossenschaft ausschließlich aus eingetragenen Genossenschaften als Mitgliedern bestehen (Zentralgenossenschaften).

Die einzelnen Mitglieder solcher können in den Vorstand und den Aufsichtsrat berufen werden, ohne daß sie für ihre Person Mitglieder der Haupt-Genossenschaft werden müßten; e. G. als solche können aber nicht den Vorstand oder Aufsichtsrat bilden. Vgl. hiezu LZ. 1908 1 ff., insbesondere S. 11 Anm. 23.

Eine eingetragene Genossenschaft m. unbeschr. Haft- oder Nachschußpflicht als Mitglied einer anderen eingetragenen Genossenschaft haftet mit ihrem ganzen Vermögen für die Verbindlichkeiten der Hauptgenossenschaft (Zentralgenossenschaft); PC. S. 138; MB. S. 84.

§ 10.

Das Statut, sowie die Mitglieder des Vorstandes sind in das Genossenschaftsregister bei dem Gerichte einzutragen, in dessen Bezirke die Genossenschaft ihren Sitz hat. [1])

Das Genossenschaftsregister wird bei dem zur Führung des Handelsregisters zuständigen Gerichte geführt. [2])

1. a) Die Eintragung der e. G. in das Genossenschaftsregister ist Voraussetzung für die rechtliche Existenz derselben (s. hierüber zu § 13).

b) Das Statut ist nicht wörtlich und seinem ganzen Inhalt nach einzutragen, sondern nur durch Aufnahme eines Auszugs (hierüber und den Inhalt desselben s. § 15 Abs. 2 AV.); einzutragen sind weiter nur die Vorstandsmitglieder mit ihrem Namen und Wohnort; nicht ein beigelegter Titel (RJLG. 1, 358) oder die Dauer des Bestellungsverhältnisses, Holdh. 4, 204.

c) Prüfungsrecht des Registergerichts.

Nach § 15 AV. ist dem Gerichte zunächst der Umfang der Prüfung vorgeschrieben dahin, ob das Statut den Vorschriften des Gesetzes genügt, insbesondere ob die in dem Statute bezeichneten Zwecke der Genossenschaft den Voraussetzungen des § 1 entsprechen und ob dasselbe die erforderlichen Bestimmungen (§§ 6, 7, 36 Abs. 1 Satz 2, § 131 Abs. 2 Satz 1) enthält. Das Prüfungsrecht ist also nicht nur ein formelles, sondern auch ein materielles.

Die Prüfung erstreckt sich hiernach darauf, ob das Statut den gesetzlich notwendigen Inhalt hat und auch die anderweitigen Bestimmungen nicht ungesetzlich sind; ist eine einzelne Bestimmung gesetzwidrig, so kann der Registerrichter nicht diese Bestimmung streichen und den übrigen Teil eintragen (Entsch. d. Bayer. ObLG. 1 n. F. 508, RJLG. 1 S. 487 Nr. 39); ferner ist zu prüfen, ob der Geschäftsbetrieb staatlicher Genehmigung bedarf, und dieser Nachweis beizubringen (RJLG. 5, 34 gg. PC. S. 67, MB. S. 37).

Zu prüfen ist ferner die Ordnungsmäßigkeit der Bestellung der Mitglieder des Vorstands, die Einhaltung der Vorschriften der §§ 24 Abs. 2, 36 Abs. 1. Die Gültigkeit der Wahl der Aufsichtsratsmitglieder unterliegt nicht der Prüfung, da diese nicht einzutragen sind (BlfGw. 1895 S. 153).

2. a) Zur Führung des Handelsregisters — und damit des Genossenschaftsregisters — sind nach § 125 FGG. die Amtsgerichte zuständig (§ 8 HGB.). In Konsulargerichtsbezirken sind die Konsuln (§ 7 Konsulargerichtsbarkeitsgesetz), in Schutzgebieten die zur

Ausübung der Gerichtsbarkeit ermächtigten Beamten (§ 2 Schutzgebietsgesetz).

Das Genossenschaftsregister ist ein selbständiges Register neben dem Handelsregister, § 1 AV. vom 11. Juli 1889. Zuständig ist das Amtsgericht des Sitzes der Genossenschaft, ROLG. 2, 336; s. zu § 6.

Die Obliegenheiten des Richters und Gerichtsschreibers bei Führung des Genossenschaftsregisters sind im besonderen in §§ 1 ff. AV. geregelt; für Bayern, wo bis 1. Januar 1900 die Landgerichte zuständig waren, sind zu deren Ausführung und Ergänzung in der Bekanntmachung vom 24. Dezember 1899 die entsprechenden Bestimmungen getroffen (JMBl. 1899 S. 789 und sw. 959).

Nach § 147 FGG. finden die Vorschriften der §§ 127 bis 131, 142, 143 auf die Eintragungen in das Genossenschaftsregister entsprechende Anwendung. § 126 FGG. bezüglich der Mitwirkung der Organe des Handelsstandes ist nicht für anwendbar erklärt (s. hiezu Recht 6 S. 66).

b) Die Liste der Genossen wird als besondere Beilage zum Genossenschaftsregister geführt (§ 27 AV.); über sie trifft die AV. in §§ 26 mit 37 ausführliche Bestimmungen. Die Liste hat öffentlichen Glauben und ihr Inhalt ist entscheidend im Verhältnis der Genossenschaft zu ihren Gläubigern und zu den Genossen (RG. 57, 292; 68, 92; DLGPr. 1910 S. 35).

§ 11.

Die Anmeldung behufs der Eintragung liegt dem Vorstande ob.[1])

Der Anmeldung sind beizufügen:

1. das Statut, welches von den Genossen unterzeichnet sein muß, und eine Abschrift desselben;

2. eine Liste der Genossen;

3. eine Abschrift der Urkunden über die Bestellung des Vorstandes und des Aufsichtsrats.[2])

Die Mitglieder des Vorstandes haben zugleich ihre Unterschrift vor dem Gerichte zu zeichnen oder die Zeichnung in beglaubigter Form einzureichen. [3])

Die Abschrift des Statuts wird von dem Gerichte beglaubigt und, mit der Bescheinigung der erfolgten Eintragung versehen, zurückgegeben. Die übrigen Schriftstücke werden bei dem Gerichte aufbewahrt. [4])

1. Im Gegensatz zu § 195 HGB. obliegt die Anmeldung dem Vorstand allein; dieselbe hat gemäß § 157 Abs. 1 durch sämtliche Mitglieder des Vorstands persönlich zu erfolgen oder ist in beglaubigter Form einzureichen (vgl. ZBlFG. 8, 439; ROLG. 3, 38).

Die Beglaubigung kann außer durch Notare und den sonst zuständigen Behörden und Beamten auch durch den Gemeindevorsteher sowie durch die Polizeibehörde erfolgen (§ 8 Abs. 1 AV.) Die Anmeldung durch einen Bevollmächtigten ist ausgeschlossen (§ 6 Abs. 3 AV.); ist aber die Anmeldung, was an und für sich nicht erforderlich, von einem Notar beurkundet oder beglaubigt, so gilt dieser nach § 147 im Zusammenhalt mit § 129 FGG. als ermächtigt, im Namen der zur Anmeldung Verpflichteten die Eintragung zu beantragen; Form s. ROLG. 1, 266. Nach § 147 mit § 128 FGG. kann die Anmeldung auch zum Protokolle des Gerichtsschreibers des Registergerichts erfolgen; gegenüber § 11 FGG. ist dieser allein zuständig, nicht auch der Gerichtsschreiber eines anderen Amtsgerichts. Über wissentlich falsche Anmeldung s. § 147.

Keiner Anmeldung im Sinne des § 10 und 11 bedarf es bei Verlegung des Sitzes, nur eines Antrags auf Übernahme in das Register des neuen Registergerichts, ROLG. 2, 336.

2. Die in Absatz 2 vorgesehenen Beilagen sind notwendige Bestandteile der Anmeldung; es sind dies

a) Das Statut; dasselbe muß von allen Personen unterzeichnet sein, aus denen die Genossenschaft zur Zeit der Anmeldung besteht; denn bis dahin wird die Mitgliedschaft nur durch Unterzeichnung des Statuts erworben. Auch die vom Registergerichte angeregte und hienach berücksichtigte Abänderung statutarischer Bestimmungen muß von allen Genossen unterzeichnet sein, JHR. 54, 279. Behauptet ein in die Liste eingetragener Genosse, er habe das Statut nicht unterzeichnet und sei zu Unrecht eingetragen, so trifft ihn, nicht die Genossenschaft, die Beweislast, RG. 68, 90.

Das Statut ist im Original und in einfacher Abschrift (§ 8 Abs. 2 AV.) einzureichen.

b) eine Liste der Genossen: dieselbe ist auf Grund der Unterschriften unter das Statut herzustellen.

c) eine Abschrift der Urkunden über die Bestellung des Vorstands und Aufsichtsrats.

Diese Bestellung erfolgt in der Regel in der Gründungsversammlung, über welche ein Protokoll zu führen ist; es ist daher die Abschrift dieses Protokolls vorzulegen; es kann dort aber auch bestimmt werden, daß der Vorstand durch den Aufsichtsrat gewählt wird, dann ist der betreffende Beschluß des Aufsichtsrats über die Bestellung des Vorstands vorzulegen.

Die §§ 24 und 36 sind hiebei nicht maßgebend; die Bestimmungen des Statuts können beschlußmäßig, müssen aber nicht auf diese Wahl angewendet werden (ähnlich MB. S. 98, PC. S. 153).

3. Die Zeichnung der Unterschrift in Person oder durch Einreichung in beglaubigter Form erstreckt sich nur auf die Namen der einzelnen Vorstandsmitglieder, PC. S. 155, MB. 99 (nur Schreibname, nicht Vorname); für die Beglaubigung gilt § 8 Abs. 1 AV. Bei der Anmeldung muß der Wohnort der Vorstandsmitglieder angegeben sein, vgl. § 12 Abs. 2 Z. 7.

4. S. hiezu § 2 und 3 AV.; die übrigen Schriftstücke gehören zu den Registerakten (§ 13 AV.).

§ 12.

Das eingetragene Statut ist von dem Gerichte im Auszuge zu veröffentlichen. [1])

Die Veröffentlichung muß enthalten:
1. das Datum des Statuts;
2. die Firma und den Sitz der Genossenschaft;
3. den Gegenstand des Unternehmens;
4. die Form, in welcher die von der Genossenschaft ausgehenden Bekanntmachungen erfolgen, sowie die öffentlichen Blätter, in welche dieselben aufzunehmen sind;
5. die Zeitdauer der Genossenschaft, falls dieselbe auf eine bestimmte Zeit beschränkt ist;
6. das Geschäftsjahr, falls es, abgesehen von dem ersten, auf ein mit dem Kalenderjahre nicht zusammenfallendes Jahr oder auf eine kürzere Dauer, als auf ein Jahr, bemessen ist;
7. die Namen und den Wohnort der Mitglieder des Vorstandes. [2])

Zugleich ist bekannt zu machen, daß die Einsicht der Liste der Genossen während der Dienststunden des Gerichts jedem gestattet ist. [3])

Ist in dem Statute bestimmt, in welcher Form der Vorstand seine Willenserklärungen kundgibt und für die Genossenschaft zeichnet, so ist auch diese Bestimmung zu veröffentlichen. [4])

1. Die Eintragung des Statuts erfolgt nach vorhergegangener Prüfung der Vorlagen durch das Registergericht, s. hierüber zu § 10, ihr folgt die Veröffentlichung desselben im Auszug.

Bei unrichtiger Eintragung und Veröffentlichung seitens des Registergerichts keine Haftung des Anmelders, s. ROLG. 19 S. 293.

Wegen Veröffentlichung s. zu § 156.

2. Die in Ziffer 1 mit 7 bezeichneten Angaben bilden den notwendigen Inhalt des Auszugs; nicht vorgeschrieben ist die Veröffentlichung des Aufsichtsrats (gegen § 199 Abs. 1 Z. 4 HGB.).

Die Kosten einer Veröffentlichung, die mehr als vorgeschrieben enthält, hat nach einem Beschluß des LG. Hamburg vom 13. März 1901 das Amtsgericht zu tragen (Holdh. 10 S. 179); nach Beschluß des KG. vom 13. Januar 1902 besteht eine solche Kostentragungspflicht nicht (vgl. DLGPr. 1902 S. 67, PC. S. 156).

3. Die Bedeutung der Liste geht dahin, daß der Beitretende erst durch die Eintragung Mitglied wird. Die Eintragung in die Liste des Registergerichts bewirkt andererseits die Vermutung, daß der Eingetragene Mitglied der Genossenschaft ist; vgl. JW. 1908 Nr. 6, RG. 68, 314. Die Liste ist öffentlich; vgl. § 9 HGB. Interesse braucht nicht glaubhaft gemacht werden; vgl. hiezu § 26 ff. AV.

4. Die Bestimmung bezieht sich auf § 25; sieht das Statut hierüber nichts vor, so ist zu veröffentlichen, daß die Erklärung und Zeichnung durch sämtliche Mitglieder des Vorstands erfolgt.

§ 13.[1])

Vor der Eintragung in das Genossenschaftsregister ihres Sitzes[2]) hat die Genossenschaft die Rechte[3]) einer eingetragenen Genossenschaft nicht.

1. Im Gesetze vom 1. Mai 1889 lautete die Fassung: „Vor erfolgter Eintragung in das Genossenschaftsregister hat die Genossenschaft die Rechte einer „e. G." nicht; die jetzige Fassung beruht auf Art. 10 Z. I EGzHGB. und ist damit begründet:

„Soweit rechtliche Vorgänge in Betracht kommen, deren Wirksamkeit schlechthin von der Eintragung in das Handelsregister abhängt, wie die Errichtung einer Aktiengesellschaft oder die Änderung des Statuts einer solchen, ist ausschließlich der Inhalt des Registers der Hauptniederlassung maßgebend"; dieser Grundsatz wollte auch gegenüber den Eintragungen in das Genossenschaftsregister zur Geltung gebracht werden, daher die materiell übrigens belanglose Änderung des § 13. Damit entfällt auch Absatz 3 des früheren § 148, nun § 157 dieses Gesetzes (vgl. Motive z. HGB. S. 312).

Es besteht für eine Genossenschaft kein Zwang zur Eintragung; will sie aber die Rechte einer e. G. erwerben, so ist ihre Eintragung notwendig; vor der Eintragung können aber Rechte und Verbindlichkeiten begründet werden, die beim Entstehen der G. auf diese übergehen (s. RG. 64, 187 und die dortigen Zitate; RG. 39 S. 25, vgl. ZBlFG. 10, 505 ff., ferner Entsch. d. Bayer. ObLG. 9, 378; 6, 729); nach dem Aufbau der Genossenschaft sind bis zur Eintragung die Grundsätze über die Gesellschaft nach § 705 BGB. maßgebend (so PC. S. 82; s. auch DJZ. 10 S. 809, MB. S. 108 ff.; dagegen s. S. 2 zu § 1, ROLG. 4, 256, vgl. hierüber Staudinger I S. 142).

2. S. hierüber zu § 6 Anm. 1.

3. Die Rechte bestimmen sich mit der Eintragung nach dem gegenwärtigen Gesetze; dieses ist das Obergesetz, subsidiär kommen die Vorschriften des BGB. zur Anwendung (umgekehrt Holdh. 9, 274, wie hier PC. S. 160, mit Rücksicht auf Art. 2 EGzHGB. und ROLG. 4, 256; vgl. ZHR. 49, 55, DJZ. 5, 132 Anm. 1, RG. 57, 95.

§ 14.

Jede Zweigniederlassung muß bei dem Gerichte, in dessen Bezirke sie sich befindet, behufs Eintragung in das Genossenschaftsregister angemeldet werden. [1])

Die Anmeldung hat die im § 12 vorgeschriebenen Angaben zu enthalten. [2]) Derselben sind zwei beglaubigte Abschriften des Statuts und eine durch das Gericht der Hauptniederlassung beglaubigte Abschrift der Liste der Genossen beizufügen. [3]) Die Bestimmung im § 11 Absatz 3 findet Anwendung. [4])

Das Gericht hat die eine Abschrift des Statuts, mit der Bescheinigung der erfolgten Eintragung versehen, zurückzugeben[5]) und von der Eintragung zu dem Genossenschaftsregister bei dem Gerichte der Hauptniederlassung Mitteilung zu machen.[6])[7])

1. a) Eine Zweigniederlassung ist nach ständiger Rechtsprechung dann vorhanden, „wenn ein Kaufmann außerhalb des Ortes seines Hauptgeschäftes einen auf die Dauer berechneten Mittelpunkt wenigstens für einen bestimmten Kreis seiner geschäftlichen Beziehungen eingerichtet hat, von dem aus selbständige, für das Unternehmen wesentliche Geschäfte mit einer gewissen Freiheit der Entschließung für die Leiter der Filiale gemacht werden; es muß eine äußerlich selbständige Leitung vorhanden sein, ein nach innen gesondertes Geschäftsvermögen und eine besondere Buchführung. Die Organisation muß somit im ganzen eine derartige sein, daß das Nebengeschäft auf Grund seines Geschäftsbetriebs beim Wegfall der Hauptniederlassung als eigene Handelsniederlassung fortbestehen könnte" (so ROLG. 14, 332 im Anschluß an ebendort 11, 375; RG. 42, 380; 50, 398 und 429, RJA. 4, 159; 5, 56; KG. 22, 91; 27, 211; 28, 212, ROLG. 2, 91; 6, 507. Entsch. d. Bayer. ObLG. 8 n. F. 272, 7 n. F. 65; Gruchot 33, 223, Busch, Archiv 46, 15; Staub, Ritter usw. zu § 13 HGB.; vgl. PC. S. 161 ff., MB. 58).

b) Die Vorschriften des § 14 beziehen sich nur auf Zweigniederlassungen in einem anderen Gerichtsbezirk, s. § 19 AB., für eine Zweigniederlassung im Gerichtsbezirk der Hauptniederlassung erübrigen sich besondere Vorschriften, da dieselbe mit der Hauptniederlassung zur Anmeldung zu bringen ist. Keine Zweigniederlassung ist daher eine bloße Verkaufsstelle (ROLG. 2, 198).

c) Die Vertretungsbefugnis des Vorstands gilt auch gegenüber Zweigniederlassungen (RG. 22, 70). Die Anmeldung der Zweigniederlassung erfolgt nur bei dem Gerichte derselben; letzteres hat nach § 147 mit

§ 131 FGG. die Eintragung der Zweigniederlassung von Amts wegen dem Registergerichte der Hauptniederlassung mitzuteilen (vgl. § 19 Abs. 2 AV.). Wegen Anmeldungen s. § 157 Abs. 2 GenG.

d) Klagen, welche auf den Geschäftsbetrieb der Zweigniederlassung Bezug haben, können gegen dieselbe bei dem Gerichte des Ortes erhoben werden, wo die Niederlassung sich befindet, ZPO. § 21; ROLG. 19, 131; auch Klagen aus dem Rechtsverhältnisse zwischen Handlungsgehilfen gegen den Geschäftsherrn, RG. 42, 379; zwischen der Klage selbst und dem Gerichtsstande der Niederlassung muß eine unmittelbare Beziehung stehen, RG. 44, 355.

e) Eine besondere Parteifähigkeit der Niederlassung als solcher wird durch § 21 ZPO. nicht begründet (Seuffert, Gaupp zu § 21).

f) Die Firma der Zweigniederlassung muß die gleiche sein wie die der Hauptniederlassung; eine Abweichung ist nur soweit gestattet, als ihr ein Zusatz hinzugefügt wird, der die Eigenschaft des Geschäfts als einer Zweigniederlassung sowie seine örtlichen Beziehungen zum Ausdruck bringt (ROLG. 2, 516; 13, 38, hier auch die verschiedenen Schriftsteller und Entscheidungen; Entsch. d. Bayer. ObLG. 7 n. F. 63 („ein weiterer Zusatz, der daran nichts ändert, daß die Firma die Zweigniederlassung als Zweigniederlassung der Aktiengesellschaft kennzeichnet, ist hienach zulässig"); für e. G. kann diese Ausdehnung, soferne es sich um eine Namensangabe handelt, insoweit zugestanden werden, als deutlich zum Ausdruck gelangt, daß die Mitgliedschaft der betreffenden Person nicht in Frage kommt (z. B. vormals Josef Maier).

Eintragungen im Grundbuch, wenn z. B. die Zweigniederlassung unter ihrer Firma eine Hypothek erwirbt, haben auf die Firma der Zweigniederlassung zu geschehen (so RG. 62, 7 gegen Entsch. d. Bayer. ObLG. 6 n. F. S. 523 und die zitierten Entscheidungen).

2. Auch die Anmeldung zur Zweigniederlassung muß durch sämtliche Vorstandsmitglieder erfolgen nach § 157

und § 6 Abs. 2 Z. 3 AB.; s. zu § 11; die Anmeldung beschränkt sich aber auf die in § 12 vorgesehenen Bestimmungen.

3. Die Beglaubigung der zwei Abschriften des Statuts kann nur durch eine zuständige Behörde oder einen zuständigen Beamten oder Notar erfolgen (§ 8 Abs. 2 AB.), die Abschrift der Liste der Genossen muß dagegen vom Gericht der Hauptniederlassung beglaubigt sein.

4. Die Mitglieder des Vorstands haben ihre Unterschrift vor dem Gerichte der Zweigniederlassung zu zeichnen oder in beglaubigter Form einzureichen (Beglaubigung nach § 8 Z. 1 AB.).

5. Auch das Gericht der Zweigniederlassung hat ein selbständiges Prüfungsrecht, soweit die besonderen Erfordernisse der Eintragungsfähigkeit der Zweigniederlassung in Betracht kommen; findet es hiebei, daß die Eintragung in das Register der Hauptniederlassung mangels einer wesentlichen Voraussetzung nichtig ist, so kann es bei diesem die Löschung von Amts wegen beantragen; beim Vorliegen besonderer gesetzlicher Vorschriften, welche die Anmeldung für die Haupt- und Zweigniederlassung besonders regeln, tritt eine Beschränkung des Prüfungsrechts ein. Anders KG. 33, 117: Die Prüfung des Gesellschaftsvertrags und seiner Änderung obliegt nur dem Gericht der Hauptniederlassung (vgl. RJA. 3, 23; 8, 110; 4, 159; 6, 108; 8, 109).

6. S. hiezu § 131 FGG., § 19 AB.; die Eintragung ist vom Gericht der Zweigniederlassung zu veröffentlichen; § 156 GenG., § 4 AB.

7. Der Anmeldung unterliegt auch die Aufhebung einer Zweigniederlassung (§ 6 Abs. 1 und Abs. 2 Z. 3 AB.); weitere Bestimmungen darüber fehlen im Gesetze, s. PC. S. 164.

§ 15.

Nach der Anmeldung des Statuts zum Genossenschaftsregister bedarf es zum Erwerbe der Mitgliedschaft einer von dem Beitretenden zu unterzeichnenden, unbedingten Erklärung des Beitritts. [1])

Der Vorstand hat die Erklärung im Falle der Zulassung des Beitretenden behufs Eintragung desselben in die Liste der Genossen dem Gerichte (§ 10) einzureichen. Die Eintragung ist unverzüglich vorzunehmen. [2])

Durch die Eintragung, welche auf Grund der Erklärung und deren Einreichung stattfindet, entsteht die Mitgliedschaft des Beitretenden. [3])

Von der Eintragung hat das Gericht den Genossen und den Vorstand zu benachrichtigen. [4]) Die Beitrittserklärung wird in Urschrift bei dem Gerichte aufbewahrt. [5]) Wird die Eintragung versagt, so hat das Gericht hiervon den Antragsteller unter Rückgabe der Beitrittserklärung und den Vorstand in Kenntnis zu setzen. [6])

1. a) Vor der Anmeldung des Statuts zum Genossenschaftsregister erfolgt der Beitritt durch Unterzeichnung des Statuts (§ 11 Abs. 2 Z. 1), nach der Anmeldung wird die Mitgliedschaft gemäß Abs. 1 erworben.

Eine formlose mündliche oder aus schlüssigen Handlungen abzuleitende Zusage ist ungültig; aus rechtswirksam abgegebenem schriftlichem Versprechen kann aber ein Zwang zum Beitritt hergeleitet werden, RG. 14, 93; 40, 46; Holdh. 8, 169.

Der Beitritt erfolgt auch seitens solcher Personen, die nur ihren Namen schreiben oder lesen können oder der Sprache, in der das Schriftstück abgefaßt ist (also der deutschen Sprache) nicht kundig sind, gültig durch Unterzeichnung; sonst ist Beglaubigung nach § 126 BGB. erforderlich, RG. 45, 139, Holdh. 9, 108.

Unzulässig sind Beitrittserklärungen in fremder Sprache oder derart, daß die Erklärung in deutscher und der fremden Sprache abgefaßt ist, während die Unterschrift beide Texte deckt, DJZ. 13, 1163.

Die Genossenschaft hat keine Verpflichtung zur Aufnahme von Genossen, soweit sie sich nicht selbst eine solche auferlegt (z. B. im Fall der Errichtung eines öffentlichen Schlachthauses (§ 23 GewO., Landmann I S. 196), in welchem Fall die Gebühren für Benützung für die Genossen und die ihr nicht angehörenden Metzger gleich sein müssen, RG. 47, 76 ff.); Anspruch auf Ersatz der Nachteile, die dem zur Aufnahme Berechtigten aus der zu Unrecht erfolgten Verweigerung der Aufnahme erwachsen sind, Holdh. 12, 46.

Die Genossenschaft kann daher die Aufnahme von beliebigen Bedingungen, wenn diese nur an sich erlaubt sind, abhängig machen (Beitrittsgeld, RG. 62, 308); ein besonderer Aufnahmevertrag ist nicht erforderlich und ebensowenig eine besondere Nachweisung der Aufnahme gegenüber dem Registergericht; die Aufnahme ergibt sich aus der Einreichung der Beitrittserklärung bei demselben, damit ist der Aufnahmevertrag stillschweigend zum Abschluß gebracht (§ 151 BGB.); hierauf findet § 26 GenG. Anwendung (RG. 60, 412); über nachträgliche Genehmigung des Beitritts s. Recht 12 Nr. 3486. Die Erklärung des Beitretenden muß wörtlich zum Ausdruck bringen, daß sein Beitritt unbedingt erfolgt (s. § 120, 127).

2. Beitritts- und Annahmeerklärung begründen ein obligatorisches Verhältnis (ROLG. 1, 58).

Mit Rücksicht auf die Notwendigkeit der Einreichung der Beitrittserklärung zum Registergericht richtet sich diese Erklärung an den Vorstand nicht als Vertragsantrag, sondern als Aufforderung zu der ihm vorbehaltenen organschaftlichen Mitwirkung durch Einreichung an das Registergericht; daher ist diese Einreichung nicht lediglich Vollzugsakt eines Aufnahmevertrages oder Annahme eines in der Beitrittserklärung enthaltenen Vertragsangebotes und die Wirksamkeit der Beitrittserklärung nicht abhängig von dem Zustandekommen oder Fortbestehen eines Aufnahmevertrags zwischen der Genossenschaft und den Genossen (RG. 68, 351).

Die Einreichung der Beitrittserklärung muß nicht sofort nach Zulassung des Beitritts erfolgen, der Vorstand darf aber die Einreichung nicht in schuldhafter Weise verzögern; die Eintragung durch das Registergericht muß aber unverzüglich nach Einreichung erfolgen (vgl. ROLG. 1, 58).

3. Während für den Erwerb der Mitgliedschaft die Aufnahme materielle Voraussetzung ist, ist die Eintragung die formelle Voraussetzung (RG. 60, 412); alle Mängel des Vertrags, welche durch die gesetzliche Vertretungsmacht des Vorstands gedeckt werden können, sind mit Einreichung der Beitrittserklärung gedeckt; es entsteht also auch die Mitgliedschaft durch die Eintragung, wenn der Beitretende die vom Statut für die Aufnahme geforderten Eigenschaften nicht besitzt (RG. 60, 409 ff.).

Daher hat der Registerrichter sich lediglich auf die formelle Prüfung der Beitrittserklärung zu beschränken, nicht erstreckt sich sein Prüfungsrecht auf die Echtheit oder Richtigkeit der Unterschrift und die Wirksamkeit der Beitrittserklärung, sofern sich dieselbe nicht aus den dem Gerichte bekannten Tatsachen als zweifellos ungültig ergibt (§ 29 AV. Abs. 3 und 4; DJZ. 1902, 324, ROLG. 11, 401, KG. 32, 163; RJA. 1, 152; nach ROLG. 2, 90; 10, 44 keine Prüfung der Vertretungsmacht des Vorstands einer beitretenden Genossenschaft; keine Prüfung der rechtswirksamen Annahme des Beitritts RJA. 8, 105.

Die Anfechtung der Eintragung auf Grund von Willensmängeln hinsichtlich der Beitrittserklärung ist den Gläubigern wie der Genossenschaft gegenüber unzulässig; gegenüber einem schuldhaften Verhalten des Vorstands besteht nur ein Schadensersatzanspruch des Genossen gegen die Vorstandsmitglieder (RG. 57, 292; 68, 344 und 349); nur mangelnde Geschäftsfähigkeit, physischer Zwang bei Ausstellung oder Aushändigung der Beitrittserklärung, Irrtum über den Inhalt der Erklärung sind als materiellrechtliche Anfechtungsgründe auch gegenüber der Genossenschaft und gegenüber Dritten zuzulassen, RG. 68, 352.

Nach Eröffnung des Konkursverfahrens über die Genossenschaft ist eine Eintragung in die Liste der Genossen nicht mehr zulässig und ist, wenn sie trotzdem vorgenommen wird, wirkungslos, RG. 50, 127.

Die Anfechtung der Eintragung kann im Wege der Klage oder Einrede erfolgen, LZ. 3, 250. Der die Eintragung Anfechtende hat seine Behauptung zu beweisen, JW. 1908, 214. — Wegen Heilung unwirksamer und wegen unrichtiger Eintragungen seitens des Registergerichts s. § 36 AV.

4. Vgl. wegen Benachrichtigung AV. § 3; keine Schreibgebühren (PC. S. 179).

5. Die Beitrittserklärungen kommen nicht zu den Registerakten, sondern werden in Urschrift nach Maßgabe des § 27 Abs. 4 AV. gesondert nach Jahrgängen gesammelt und mit der laufenden Nummer, unter welcher der Genosse in die Liste eingetragen ist, aufbewahrt. Über die Behandlung der Liste der Genossen bei dem Registergericht der Zweigniederlassung s. § 28 AV.

Für die Genossenschaft selbst empfiehlt es sich, statt Abschriften der Beitrittserklärungen zu nehmen, ein Geschäftsanteilkontenbuch vorzulegen, in welchem die Genossenschaft auf Grund der erfolgten Eintragungsbenachrichtigung die Genossen einträgt und für jeden gleichzeitig das Konto führt.

6. Wie jede Eintragung einer Beitrittserklärung, so ist auch jede Ablehnung der Eintragung einer solchen dem Genossen wie dem Vorstand mitzuteilen; dem ersteren ist die Beitrittserklärung zurückzugeben; die Ablehnung ist mit Gründen zu versehen (§ 3 AV.).

Gegen die Ablehnung ist nach § 19 FGG. das Rechtsmittel der Beschwerde zulässig; gegen die Entscheidung des Beschwerdegerichts findet das Rechtsmittel der weiteren Beschwerde (§ 27 FGG.) statt, wenn die Entscheidung auf einer Verletzung des Gesetzes beruht; für letztere ist in Bayern nach § 199 FGG. mit Art. 42 Abs. 3 AGzGVG. in der Fassung nach Art. 167 AGzBGB. vom 9. Juni 1899 das oberste Landesgericht zuständig, unbeschadet der Zuständigkeit des Reichsgerichts.

§ 16.[1])

Eine Abänderung des Statuts[2]) oder die Fortsetzung einer auf bestimmte Zeit beschränkten Genossenschaft[3]) kann nur durch die Generalversammlung beschlossen werden.[4])

Zu einer Abänderung des Gegenstandes des Unternehmens,[5]) sowie zur Erhöhung des Geschäftsanteils[6]) bedarf es einer Mehrheit von drei Vierteilen der erschienenen Genossen. Das Statut kann noch andere Erfordernisse aufstellen.[7]) Zu sonstigen Änderungen des Statuts bedarf es einer Mehrheit von drei Vierteilen der erschienenen Genossen, sofern nicht das Statut andere Erfordernisse aufstellt.[8])

Auf die Anmeldung und Eintragung des Beschlusses finden die Vorschriften des § 11 mit der Maßgabe entsprechende Anwendung, daß der Anmeldung zwei Abschriften des Beschlusses beizufügen sind.[9]) Die Veröffentlichung des Beschlusses findet nur insoweit statt, als derselbe eine der im § 12 Absatz 2 und 4 bezeichneten Bestimmungen zum Gegenstande hat.[10])

Der Beschluß hat keine rechtliche Wirkung, bevor er in das Genossenschaftsregister des Sitzes der Genossenschaft eingetragen ist.[11])

1. Absatz 1 setzt die ausschließliche Zuständigkeit der Generalversammlung zu einer Änderung des Statuts oder der Fortsetzung einer Genossenschaft bei Zeitablauf fest; Absatz 2 trifft Vorschriften über die Abstimmungsverhältnisse.

2. Statutenänderung ist auch die Verlegung des Sitzes der Genossenschaft (vgl. RG. 44, 8); ebenso die Abänderung der Haftsumme bei e. G. m. b. H. (§ 131 Abs. 2), Abänderung der Beteiligung mit mehreren Geschäftsanteilen oder Festsetzung der Höchstzahl dabei (§ 134 Abs. 2).

3. Über Fortsetzung einer auf bestimmte Zeit beschränkten Genossenschaft s. zu § 95.

4. Nur die Generalversammlung ist zuständig; sie kann nicht beschließen, daß ein anderes Organ das Statut ändern kann, RG. 14, 23; 15, 20.

Eine dem § 274 Abs. 1 Satz 2 HGB. entsprechende Bestimmung findet sich im GenG. nicht.

5. Es ist keine Änderung des Gegenstandes des Unternehmens, wenn ein Konsumverein beschließt, daß der Reingewinn oder ein Teil desselben zur Sammlung eines Dispositionsfonds verwendet wird, aus welchem an die Mitglieder Unterstützungen und an die Hinterbliebenen Sterbegelder bezahlt werden, LZ. 1 S. 758.

Die Änderung des Gegenstandes des Unternehmens darf natürlich nicht aus den in § 1 GenG. bestimmten Grundlagen heraustreten (vgl. für AG. DJZ. 8, 106).

Zulässig ist die Erstreckung des Geschäftsbetriebs bei landwirtschaftlichen Genossenschaften auf Maßnahmen, durch die die Genossen abgehalten werden sollen, beim Ankauf und Verkauf von Grundstücken den Güterhandel zu fördern (BlfRA. 74 S. 740; Entsch. d. Bayer. ObLG. 10, 289, s. zu § 43).

6. Bei **Erhöhung des Geschäftsanteils** handelt es sich nicht um ein Sonderrecht der Genossen, sondern um eine genossenschaftliche Duldungspflicht, RG. 60, 414, Holdh. 17, 254; keine Erhöhung des Geschäftsanteils ist die bloße Hinaufsetzung der zu leistenden Einzahlungen oder eine Abkürzung der Einzahlungsfristen.

Eine Bestimmung des Statuts, wonach zwar die Höchstzahl der Geschäftsanteile bestimmt, die Zahl der zu erwerbenden Geschäftsanteile aber durch die Geschäftsordnung oder auf Grund derselben von der Generalversammlung zu bestimmen ist, ist mangels hinreichend bestimmten Inhalts ungültig, RG. 47, 153.

7. 75 Prozent der Stimmen sind als Mindestmaß gefordert; das Statut kann aber erschwerende Erfordernisse aufstellen (Einstimmigkeit, wiederholte Beschlüsse, Mindestzahl der erschienenen Genossen).

8. Sonstige Änderungen bedürfen ebenfalls einer Dreiviertelmehrheit, aber das Statut kann hiefür wie erschwerende, so erleichternde Erfordernisse aufstellen (einfache Stimmenmehrheit), vgl. § 8 Z. 4.

9. a) Die Anmeldung einer Statutenänderung obliegt sämtlichen Mitgliedern des Vorstands (§ 157; § 6 AV.; vgl. RJA. 9, 42; ihr sind zwei einfache Abschriften des Beschlusses beizulegen (§ 8 Abs. 2; § 16 AV.); vorzulegen ist also nicht das Protokoll der Generalversammlung.

b) Die Eintragung erfolgt nach vorhergehender Prüfung des Registerrichters über die Legitimation der Anmeldenden und darüber, ob der Beschluß dem Gesetz und Statut entspricht; ein weitergehendes Prüfungsrecht hat der Richter nicht, insbesondere nicht, ob der Beschluß mit der notwendigen Stimmenzahl gefaßt ist (s. hierüber ausführlich PC. S. 183 ff. und ZBlFG. 10, 239 ff; vgl. BlfRA. 74 S. 741, RG. 60, 414; dagegen ZBlFG. 8 S. 797 Nr. 898, RJA. 9, 34). Das Registergericht ist nicht befugt, die in einem einheitlichen Beschlusse der Generalversammlung enthaltenen und untereinander in sachlichem Zusammenhang stehenden Änderungen des Statuts voneinander zu trennen — den gültigen Teil des Beschlusses einzutragen, den ungültigen Teil abzulehnen; die Entscheidung darüber, ob die eine Änderung ohne die andere stattfinden soll, obliegt der Generalversammlung, Entsch. d. Bayer. ObLG. 9, 39; 1, 508. Über Notwendigkeit des Nachweises der Zustimmung aller Genossen ebendort 10, 289 bes. 293.

10. Über Eintragung und Veröffentlichung s. § 16 AV.

11. Absatz 4 (früher lautend: „Der Beschluß hat keine rechtliche Wirkung, bevor er in das Genossenschaftsregister eingetragen ist") beruht auf der Fassung des Art. 10 Z. II EGzHGB. und den bei § 13 angeführten Erwägungen.

Die Beschlüsse sind ihrem ganzen Wortlaut nach bzw. nur unter allgemeiner Bezeichnung des Gegenstandes einzutragen (§ 16 Abs. 1 AV.) und erlangen damit die Rechtswirksamkeit (vgl. RG. 47, 140).

Die Wirksamkeit tritt damit Dritten wie den Genossen gegenüber ein, Holdh. 5, 201; vgl. RG. 8, 11; 24, 58.

Statutenänderungen haben jedoch keine rückwirkende Kraft (RG. 8, 11), s. § 43 S. 108.

Dagegen können schon vor Eintragung Beschlüsse ausgeführt werden, welche die Eintragung zur Voraussetzung haben (so Staub Anm. 4 zu § 277 HGB., PC. S. 188; RJA. 5, 67).

Wegen Notwendigkeit der Anmeldung zum Register einer jeden Zweigniederlassung s. § 157.

Nach erfolgter Auflösung können Statutenänderungen beschlossen werden, soweit sie mit den Zwecken des Liquidationsverfahrens im Zusammenhang stehen; vgl. § 83.

Zweiter Abschnitt.

Rechtsverhältnisse der Genossenschaft und der Genossen.

§ 17.

Die eingetragene Genossenschaft als solche hat selbständig ihre Rechte und Pflichten; [1]) sie kann Eigentum und andere dingliche Rechte an Grundstücken erwerben, [2]) vor Gericht klagen und verklagt werden. [3])

Genossenschaften gelten als Kaufleute im Sinne des Handelsgesetzbuchs, soweit dieses Gesetz keine abweichenden Vorschriften enthält. [4])

Vgl. § 210 HGB., § 13 GmbHG.

Die Streitfrage, ob die eingetr. Genossenschaft eine juristische Person ist oder nicht, ist von der Theorie und Praxis überwiegend in bejahendem Sinne entschieden. Über die Literatur vgl. bei Staudinger, Vorbemerkungen zu § 21 S. 125ff.

Nach den Gesetzgebungsverhandlungen zum GenG. soll durch die Bestimmung des jetzigen § 17 klargelegt werden, daß der Gesetzgeber der e. G. den Charakter der juristischen Person zugestehe; dieselbe entspricht der Fassung des § 210 HG.

1. Eine e. G. ist ein von den natürlichen Personen ihrer Mitglieder verschiedenes Rechtssubjekt, JW. 1897 S. 15 Nr. 40; sie hat daher selbständig ihre Rechten und Pflichten; sie kann selbst dingliche und persönliche Vermögensrechte haben und Schuldnerin sein (vgl. Mandry S. 183); hieraus folgt, daß ihr ebenso das Recht auf die Firma, Zeichenrechte, Urheber- und Erfinderrechte zustehen; sie ist unbeschränkt erbfähig und kann mit Vermächtnissen bedacht werden (vgl. Staudinger § 1923 Anm. 7, § 2149 Anm. 1; vgl. § 2101 Abs. 2).

Sie kann aber nicht Gesellschafter bei einer offenen Handelsgesellschaft (Holdh. 2 S. 99), nicht persönlich haftender Gesellschafter bei einer Kommanditgesellschaft sein (RG. 11, 19), da hier eine natürliche Person Träger der bezüglichen Rechte sein muß; dagegen kann sie Aktionär oder Gesellschafter einer „G. m. b. H." sein, auch Gesellschafter bei einer Gesellschaft nach § 705 ff. BGB.; über die Fähigkeit juristischer Personen als Aufsichtsratsmitglieder vgl. LZ. 2 S. 1 ff. und 365, als Mitglieder eines Gläubigerausschusses im Konkurs ebenda und DJZ. 7, 98; als Testamentsvollstrecker Staudinger Bd. 5, III 2b zu §§ 2197 ff.; vgl. Holdh. 17, 97.

Eintragung als Gläubiger in das Reichsschuldbuch, Gesetz vom 31. Mai 1891 und 28. Juni 1904, § 4 Nr. 3.

Die e. G. ist zivilrechtlich deliktsfähig vgl. § 31 BGB.; vgl. RG. 10, 301; 15, 121; 17, 93; 19, 348; 20, 190; 32, 35; 53, 27; Ausschluß der Haftung RG. 54, 128; 57, 292; vgl. RG. 62, 29; 68, 344; Holdh. 10, 133; 12, 159; vgl. Literatur b. Staudinger I S. 130 Anm. Kaiser, Die zivilrechtliche Haftung usw.; Haftung für fremde Schuld nach § 278, 831 BGB., RG. 39, 184; 45, 168; 47, 241.

„E. G." sind der Anwendung der in §§ 888, 890 ZPO. geregelten Zwangsvollstreckung ausgesetzt, RG. 43, 405.

Die e. G. kann aber nicht Subjekt strafbarer Handlungen sein, RG. 16, 123, auch nicht Objekt solcher außer nach § 187 StGB. wegen Beleidigung einer Personenmehrheit, welche durch einen Kollektivbegriff bezeichnet ist, RGStr. 18, 167; 31, 189; vgl. ferner § 824 BGB.; s. aber § 81 GenG.

Für Hinterziehung von Stempelabgaben haften die Vorstandsmitglieder nur in einmaligem Betrage, aber als Gesamtschuldner, § 20 Wechselstempelgesetz vom 4. März 1909; ebenso § 96 Reichsstempelgesetz vom 15. Juli 1909; vgl. RG. 66, 32; ebenso haften die Vorstandsmitglieder für die nach § 146 GewO. zu verhängenden Strafen, vgl. DJZ. 2 S. 146; s. Branntweinsteuergesetz, Weingesetz; ferner § 12 Depotgesetz; sie sind der Gewerbetreibende im Sinne des § 151 GewO. und hienach strafrechtlich für die Erfüllung der Pflichten der Angestellten verantwortlich, DJZ. 5, 442.

2. Bezüglich des Erwerbs von Grundstücken durch juristische Personen bestehen in Bayern keinerlei Beschränkungen außer Art. 8—10 AGzBGB. für geistliche Gesellschaften u. ä. Nach Art. 7 § 2 preuß. AGzBGB. und Art. 6 Verordnung z. Ausf. d. BGB. vom 16. November 1899 bedürfen juristische Personen, die in einem anderen Bundesstaat ihren Sitz haben, zum Erwerb von Grundstücken im Werte von mehr als 5000 Mark der Genehmigung des zuständigen Ministeriums. S. hiezu § 71 ZBG.; DJZ. 13, 821. Der Erwerb umfaßt alle Arten des privatrechtlichen Eigentumserwerbs. Haben die Gründer einer e. G. ein Grundstück zwar für die G., aber in eigenem Namen gekauft und sind dieselben als Eigentümer eingetragen, so bedarf es zum Übergang des Eigentums auf die Genossenschaft der Auflassung, JW. 1906, 773; dagegen nicht bei Erwerb durch Umwandlung der verschiedenen Arten von Genossenschaften, ROLG. 6, 114; vgl. hieher ZBlFG. 10, 507.

3. Die e. G. ist parteifähig (§ 50 ZPO.) ist aber auch prozeßfähig, vgl. § 52 ZPO.; Seuffert Anm. 4 zu § 52, MB. S. 126 (Vorstand ist Organ des Vereins, Hachenburg, Das BGB., Vorträge S. 211; dagegen Gaupp § 51 Anm. III A 1; PC. S. 196). Die für geset-

liche Vertreter geltenden Vorschriften der ZPO. sind auch auf die Organe der e. G. anzuwenden. Seuffert ebendort.

Vertretung der e. G. durch den Vorstand nach § 24 und 26 Abs. 2. — Über Zustellung in der Zwangsvollstreckung an Zustellungsvertreter s. § 6 Abs. 3 ZVG.

Die e. G. kann ein selbständiges Steuerobjekt bilden (so auch Ritter s. AG. bei § 210 HGB.).

4. a) „E. G." sind als solche Kaufleute, und zwar Vollkaufleute, ohne Rücksicht darauf, ob ihr Betrieb ein Handelsgewerbe nach § 1 HGB. darstellt. Sie sind daher börsenterminsgeschäftsfähig: §§ 53, 67 Börsengesetz; wegen Zulassung zum Terminhandel: § 67 Börsengesetz (s. Nußbaum S. 255 und 317, Rießer-Rehm S. 224 Anm. 4, 261 Anm. 10, 276 Anm. 7).

Die Geschäfte der e. G. sind ohne weiters Handelsgeschäfte im Sinne des § 343 HGB. (vgl. über die zur Anwendung kommenden Bestimmungen des HGB. MB. S. 128/29, Merzbacher S. 68 ff.).

Die e. G. sind aber (anders als nach § 210 Abs. 2 HGB. die Aktiengesellschaften und nach § 13 Gesetz betr. die Gesellschaften m. b. H.) keine Handelsgesellschaften. Rechtsstreitigkeiten aus dem Rechtsverhältnisse zwischen den Mitgliedern einer e. G. oder zwischen dieser und ihren Mitgliedern, aus dem Rechtsverhältnisse zwischen den Vorstehern oder Liquidatoren einer e. G. und der e. G. oder deren Mitgliedern sind daher nicht Handelssachen im Sinne des GVG.; § 101 Nr. 3a GVG. vom 1. Juni 1909 (ebenso MB. S. 128, PC. S. 198). Die Zuständigkeit der Handelskammer ist aber gegeben für Rechtsstreitigkeiten gegen die e. G. aus Geschäften, welche für beide Teile Handelsgeschäfte sind.

b) Nur im Sinne des HGB. gelten e. G. als Kaufleute, nicht im Sinne anderer Gesetze.

Die einzelnen Genossen werden als solche nicht Kaufleute. Dagegen gelten alle anderen Gesetze, die für Kaufleute nach HGB. Bestimmung treffen.

§ 1 Ges. über die Kaufmannsgerichte findet auch auf „e. G." Anwendung (so auch PC. S. 198).

Die Mitglieder des Vorstands einer e. G. gelten als Kaufleute nach § 14 KgG., sie sind zum Handelsrichter ernennbar, § 113 Abs. 1 GVG. in der Fassung des Gesetzes vom 20. März 1905. — Verhältnis der e. G. zum Rechner, LZ. 2, 864; RG. 65, 292.

c) Aus der Kaufmannseigenschaft der e. G. folgt, daß die Vorschriften des HGB. über die Firmen und über die Handelsbücher Anwendung finden § 4 Abs. 1, § 6 Abs. 2, § 30, §§ 38 ff. HGB.; dagegen kann die e. G. nicht Prokuristen oder Handlungsbevollmächtigte zum gesamten Geschäftsbetrieb bestellen, § 42 GenG.

Insbesondere hat die e. G. für jedes Geschäftsjahr eine Bilanz aufzustellen, s. § 33.

Das RG. (RGStr. 40, 242) hat auch für „e. G." die Aufstellung einer „Eröffnungsbilanz" gefordert, u. E. mit Recht; dagegen PC. S. 262; vgl. hiezu BlfGw. 1907 S. 615; DLGPr. 1907 S. 387 und 418 ff., 1908, 19.

Die Notwendigkeit einer solchen folgt aus §§ 39 ff. HGB. mit § 17 Abs. 2 GenG.; auf Grund ersterer Bestimmungen ist allgemein anerkannt, daß die Aktiengesellschaft eine Eröffnungsbilanz aufzustellen hat, obwohl auch für diese eine ausdrückliche Bestimmung hiefür nicht besteht; wenn bei Aktiengesellschaften das Vorhandensein eines bestimmten Kapitals Voraussetzung für die Eintragung ist (PC. a. a. O.), so stehen der „e. G." mindestens Forderungsrechte nach § 7 Z. 2 GenG. zu, die einen Teil des Genossenschaftsvermögens nach § 22 bilden; übrigens bildet auch das Fehlen von aktivem oder passivem Vermögen keinen Grund hiegegen; vgl. auch BayZfR. 2 S. 123; RG. 4, 316.

Maßgebend für die Aufstellung der Eröffnungsbilanz ist der Tag der Eintragung in das Genossenschaftsregister (so auch Merzbacher zu § 17).

Die e. G. hat als Kaufmann aktive Scheckfähigkeit; durch § 2 des Scheckgesetzes ist denjenigen „e. G.", welche sich nach den für ihren Geschäftsbetrieb maßgebenden Bestimmungen mit der Annahme von Geld und der Leistung von Zahlungen für fremde Rechnungen befassen, auch die passive Scheckfähigkeit zuerkannt; vgl. hierüber Lessing S. 39. Kreditgenossenschaften sind an sich zum Quittungsstempel verpflichtet, außer für wirkliche Spargutbaben; vgl. DLGPr. 1910, 77 ff.

Die Bestimmungen des Depotgesetzes vom 5. Juli 1896 finden auch auf e. G. Anwendung.

„E. G.“ sind, soferne sie zur Gewerbesteuer veranlagt sind, zu den Handelskammern wahlberechtigt, mit Ausnahme der landwirtschaftlichen und Handwerker-Genossenschaften, § 21 Z. 2 der bayer. Allerh. Verordnung vom 25. Februar 1908 (GVBl. 1908 S. 69 ff.); vgl. über den Begriff der landwirtschaftlichen Genossenschaften DJZ. 10 S. 77.

§ 18.

Das Rechtsverhältnis der Genossenschaft und der Genossen richtet sich zunächst nach dem Statut. Letzteres darf von den Bestimmungen dieses Gesetzes nur insoweit abweichen, als dies ausdrücklich für zulässig erklärt ist.[1][2][3]

1. Das Statut der Genossenschaft ist maßgebend für die rechtlichen Beziehungen zwischen ihr und ihren Mitgliedern. Die Regelung dieser Beziehungen durch Statut ist aber nur soweit der Genossenschaft freigegeben, als das Gesetz selbst in gewissen, genau festgesetzten Punkten abweichende Bestimmungen zuläßt, ROLG. 14, 360. Steht daher im Einzelfalle die Zulässigkeit einer bezüglichen Statutenbestimmung in Frage, so ist zunächst zu prüfen, ob sie einen Gegenstand betrifft, der im GenG. geregelt ist und wenn dies zutrifft, ist weiter zu untersuchen, ob sie mit der gesetzlichen Regelung im Einklang steht oder aber, soweit letzteres nicht der Fall ist, ob im Gesetze eine Abweichung ausdrücklich zugelassen ist (RG. 13, 26). Eine Abweichung kommt z. B. in Frage, wenn das Statut ein Umlageverfahren vorsieht, ROLG. 6, 193.

Diese Regel beschränkt sich nicht nur auf den zweiten Abschnitt des Gesetzes, sondern auch für seinen sonstigen Inhalt, soweit er diese Rechtsverhältnisse behandelt (so im Anschluß an RG. 30, 81; 33, 66; ROLG. 14, 360; vgl. RG. 28, 72). Über die Anwendung des BGB. auf diese Rechtsverhältnisse RG. 72, 8.

Innerhalb dieser Zulässigkeit kann die Genossenschaft mit einzelnen Genossen über die Regelung ihrer genossenschaftlichen Verpflichtungen bindende Verträge schließen und andere Leistungen als Geldleistungen den Genossen auflegen (Holdh. 15, 19; Leist S. 32).

Das Statut kann die Regelung dieser Leistungen der Generalversammlung oder einer Geschäftsordnung überlassen. Leist S. 32, RG. 47, 146.

2. Das Gesetz selbst läßt in folgenden Fällen Abweichungen von seinen Bestimmungen zu:

1. Erfordernisse für Beschlüsse über Abänderung des Gegenstandes des Unternehmens und Erhöhung des Geschäftsanteils oder sonstiger Änderungen des Statuts (§ 16 Abs. 2).
2. Maßstab für die Verteilung von Gewinn und Verlust und Auszahlung des Gewinnes vor Erreichung des Geschäftsanteils (§ 19 Abs. 2).
3. Zuschreibung des Gewinnes an den Reservefond statt Verteilung (§ 20).
4. Festsetzung der Zahl und Bestellung der Vorstandsmitglieder (§ 24 Abs. 2).
5. Form der Kundgebung der Willenserklärungen des Vorstands (§ 25 Abs. 1).
6. Beschränkung der Befugnisse des Vorstands (§ 27 Abs. 1).
7. Festsetzung der Zahl der Aufsichtsratsmitglieder (§ 36 Abs. 1).
8. Besondere Obliegenheiten des Aufsichtsrats (§ 38 Abs. 3).
9. Voraussetzungen der Kreditgewährung an Vorstandsmitglieder (§ 39 Abs. 2).
10. Ausschließung der Teilnahme von Frauen an der Generalversammlung (§ 43 Abs. 4).
11. Berufung der Generalversammlung (§ 44, 45 Abs. 1, 46).
12. Festsetzung der Kündigungsfrist der Genossen (§ 65 Abs. 2).
13. Festsetzung sonstiger Gründe der Ausschließung (§ 68 Abs. 2).

14. Festsetzung des Anteils der ausscheidenden Genossen am Fehlbetrage (§ 73 Abs. 2).
15. Ausschließung oder Erschwerung der Übertragung des Geschäftsguthabens (§ 76 Abs. 1).
16. Erschwerung für den Beschluß über Auflösung (§ 78).
17. Bestimmung der Liquidatoren (§ 83 Abs. 1).
18. Zeichnung der Liquidatoren (§ 85 Abs. 1).
19. Bestimmungen über Verteilung des Vermögens (§ 91 Abs. 3, 92).
20. Bestimmungen über Verwahrung der Bücher und Schriften einer aufgelösten Genossenschaft (§ 93).
21. Beitragsverhältnis für Nachschüsse (§ 105 Abs. 2, § 128).
22. Erfordernisse für Erhöhung der Haftsumme.
23. Beteiligung auf mehrere Anteile (§ 134).
24. Erfordernisse für den Beschluß auf Umwandlung einer Genossenschaft (§ 144).

3. Durch das Genossenschaftsstatut begründete Ansprüche können durch dieses rechtswirksam auch für unveräußerlich und für unverpfändbar erklärt werden (Unterstützungsanspruch der Witwe eines Genossen, Holdh. 14, 292).

§ 19.

Der bei Genehmigung der Bilanz für die Genossen sich ergebende Gewinn oder Verlust des Geschäftsjahres ist auf diese zu verteilen.[1]) Die Verteilung geschieht für das erste Geschäftsjahr nach dem Verhältnis ihrer auf den Geschäftsanteil geleisteten Einzahlungen, für jedes folgende nach dem Verhältnis ihrer durch die Zuschreibung von Gewinn oder die Abschreibung von Verlust zum Schlusse des vorhergegangenen Geschäftsjahres ermittelten Geschäftsguthaben.[2]) Die Zuschreibung des Gewinns erfolgt solange, als nicht der Geschäftsanteil erreicht ist.[3])

Das Statut kann einen anderen Maßstab für die Verteilung von Gewinn und Verlust aufstellen,[4]) sowie Bestimmung darüber treffen, inwieweit der Gewinn vor Erreichung des Geschäftsanteils an die Genossen auszuzahlen ist. Bis zur Wiederergänzung eines durch Verlust verminderten Guthabens findet eine Auszahlung des Gewinns nicht statt.[5])

1. § 19 antizipiert die Bestimmung des § 48, wonach die Generalversammlung über die Genehmigung der Bilanz zu beschließen und von dem Gewinn oder Verlust den auf die Genossen fallenden Betrag festzusetzen hat.

Hieraus ist nicht der Rechtssatz zu entnehmen, daß den Genossen ein unbedingter Anspruch auf den unverkürzten bilanzmäßigen Gewinn zusteht, vielmehr ist unter dem „für die Genossen sich ergebenden Gewinn" der Betrag des Gewinns zu verstehen, der nach dem Beschlusse der Generalversammlung unter die Genossen verteilt werden soll; RG. 37, 18, Leist S. 86. Eine notwendige Kürzung des Jahresgewinns schreibt § 7 Z. 4 hinsichtlich des gesetzlichen Reservefonds vor.

2. Die Verteilung geschieht, sofern nicht das Statut einen anderen Maßstab aufstellt, in folgender Art:

a) Für das erste Geschäftsjahr sind maßgebend die auf den Geschäftsanteil geleisteten Einzahlungen. Die Verteilung von Gewinn oder Verlust geschieht nach dem Verhältnis dieser Einzahlungen.

b) Für jedes folgende Geschäftsjahr sind maßgebend die durch die Zuschreibung von Gewinn oder die Abschreibung von Verlust bestehenden Geschäftsguthaben nach dem Stande am Schlusse des vorhergegangenen Geschäftsjahrs; nach dem Verhältnis des Standes des so ermittelten Geschäftsguthabens geschieht die weitere Verteilung.

Unzulässig ist eine Satzungsbestimmung, wonach der Vorstand zur Auszahlung einer Abschlagsdividende im Laufe des Geschäftsjahres auf den zu erwartenden Gewinn ermächtigt wird. Recht 1909 RsprBeil. 152, ROLG. 19, 347.

3. Die Zuschreibung des Gewinns erfolgt so lange, bis der Geschäftsanteil erreicht ist.

Ist dies der Fall, so ist der Maximalbetrag der statthaften Mitgliedereinlagen erreicht; das Geschäftsguthaben kann also den Geschäftsanteil begrifflich nicht übersteigen; hieraus folgt, daß weder im Statut noch durch Beschlüsse der Generalversammlung den Genossen die Verpflichtung zu Mitgliedereinlagen über den Betrag des Geschäftsanteils hinaus auferlegt werden kann; JW. 1901, 83, RG. 62, 312, s. Anm. 5 Abs. 2 dieses Paragraphen.

Einlagen (Einzahlungen oder gutgeschriebene Gewinnanteile) eines Genossen, welche den im Statut festgesetzten Betrag des Geschäftsanteils überschreiten, sind nicht „Geschäftsguthaben" im Sinne des GenG.; dieser Überschuß bildet eine Schuld der Genossenschaft und eine Forderung des Genossen wie die jedes dritten Gläubigers.

Dieser Mehrbetrag kommt mithin nicht in Betracht bei Berechnung des Gewinnanteils (§ 19); er unterliegt nicht den Beschränkungen des § 22 Abs. 2, er dient nicht als Unterlage bei der Auseinandersetzung nach § 73 und bei Verteilung des Vermögens der aufgelösten Genossenschaft nach § 91 (so KG. in RJA. 8, 202; ZBlFG. 8, 101).

4. Ein „anderer Maßstab" liegt vor, wenn, was zulässig, das Statut nicht für alle Genossen gleiche Verteilungsgrundsätze festsetzt; nicht zulässig wäre aber eine Bestimmung, wonach die Gewinnverteilung auf einen Teil der Genossen beschränkt würde (Leist S. 89, PC. S. 205).

Nach der Vorschrift in Satz 2 des 1. Absatzes würden im Laufe eines Geschäftsjahres neu eintretende Genossen an dem Gewinne für dieses Jahr nicht teilnehmen können (so Motive a. a. O. S. 107: „Das Gesetz gewährt neu beitretenden Genossen keinen Gewinnanspruch für das Jahr ihres Beitritts"; ebenso

Merzbacher zu § 19; durch die Vorschrift des Absatz 2 kann auch von diesem Ergebnis abgewichen werden).

5. Das Statut kann bestimmen, daß der Gewinn vor Erreichung des Geschäftsanteils ausbezahlt wird; eine Auszahlung ist aber verboten, wenn das Guthaben durch Verlustabschreibung gemindert und bis es wieder auf den vorgeschriebenen und früheren Höchststand gekommen ist; es lebt die ursprüngliche Einzahlungspflicht wieder auf (RG. 68, 93; ZBlFG. 10, 418).

Ist der Geschäftsanteil aber erreicht, so können den Mitgliedern zur Deckung von Geschäftsverlusten weitere Einzahlungen auf den Geschäftsanteil nicht auferlegt werden (also kein Umlageverfahren); es ist nur eine Erhöhung des Geschäftsanteils nach § 16 möglich und zulässig (RG. 68, 93; DLGPr. 1910 S. 19).

§ 20.

Durch das Statut kann festgesetzt werden, daß der Gewinn nicht verteilt, sondern dem Reservefonds zugeschrieben wird.

§ 20 lautete ursprünglich: „Durch das Statut kann für einen bestimmten Zeitraum, welcher zehn Jahre nicht überschreiten darf, festgesetzt werden, daß der Gewinn nicht verteilt, sondern dem Reservefonds zugeschrieben wird. Bei Ablauf des Zeitraums kann die Festsetzung wiederholt werden; für den Beschluß genügt, sofern das Statut nicht andere Erfordernisse aufstellt, einfache Stimmenmehrheit."

Diese Bestimmung war im Interesse der Raiffeisenschen Darlehenskassenvereine eingeführt, welche zur Stärkung ihrer finanziellen Verhältnisse den Gewinn in der Regel nicht zur Verteilung brachten.

Die neue durch das Gesetz vom 12. August 1896 geschaffene Fassung entspringt der Erwägung, „daß nach Ablauf der zehn Jahre, sobald ein größeres Kapital angesammelt ist, der Egoismus siegt und das, was zum Teil andere aus idealen Gründen für die Zwecke der

Gemeinnützigkeit erspart haben, zur Verteilung gebracht wird", welcher Gefahr durch die nunmehrige Fassung entgegengetreten werden sollte.

Ist die hier vorgesehene Bestimmung getroffen, so entfällt die Notwendigkeit einer besonderen Disposition nach § 7 Z. 4; es kann aber unbeschadet der Vorschrift in § 7 Z. 4 der Reingewinn auch zur Bildung anderer Fonds verwendet werden (Dispositionsfond LZ. 1, 758; Ansammlung eines Stiftungsfonds, KG. 14, 43). Die Bestimmung des § 20 kann auch bei bestehender Genossenschaft im Wege der Statutenänderung geschaffen, eine in dieser Hinsicht bestehende Bestimmung ebenso wieder abgeändert werden, aber nur unter Berücksichtigung des § 7 Z. 4 GenG. (PC. S. 210, MB. S. 70).

§ 21.

Für das Geschäftsguthaben werden Zinsen von bestimmter Höhe nicht vergütet,[1]) auch wenn der Genosse Einzahlungen in höheren als den geschuldeten Beträgen geleistet hat.[2])

Auch können Genossen, welche mehr als die geschuldeten Einzahlungen geleistet haben, im Falle eines Verlustes andere Genossen nicht aus dem Grunde in Anspruch nehmen, daß von letzteren nur diese Einzahlungen geleistet sind.[3])

1. Die Bestimmung untersagt die Zusicherung und Auszahlung von festen, vom Reingewinn unabhängigen Zinsen auf das Geschäftsguthaben; entgegenstehende Bestimmungen sind nach § 134 BGB. ungültig und unterliegen der Anfechtung nach § 51 (ähnlich § 215 HGB., § 30, 31 GmbHG.). Unzulässigkeit einer Abschlagsdividende, ROLG. 19, 347; Haftung des Vorstands und Aufsichtsrats s. § 34 und 41.

2. Auch für höhere als statutmäßig fällige Einzahlungen (vgl. § 7 Z. 2) können keine besonderen Vergütungen vereinbart werden; für sie ist § 19 Abs. 1 maßgebend; ausgeschlossen ist also auch irgendwelche Garantie von Zinsen überhaupt und z. B. für den Fall des Beitritts zur e. G. (so für AG. ROHG. 17, 381; vgl. ROLG. 12, 429).

Über die Fälle von Rentabilitäts- und Dividendengarantie für eine Aktiengesellschaft vgl. ZHR. 56, 250 und die dortigen Zitate; ROLG. 6, 28.

3. Das Äquivalent des höheren Gewinns für Guthaben des stärker Beteiligten schließt eine Sicherung desselben gegen die Gefahr von Verlusten durch einen Regreßanspruch gegen die Minderbeteiligten aus (Motive a. a. O. S. 108); die Zulassung des Rückgriffs würde zur Folge haben, daß die in Anspruch genommenen Mitglieder schon während bestehender Gefahr indirekt zu höheren, als den statutenmäßigen Leistungen an die Genossenschaft gezwungen würden.

Sollte aber ein Genosse mit fälligen Leistungen im Rückstande sein, so ist ein Rückgriffsrecht der Genossen, welche höhere als die geschuldeten Einzahlungen geleistet haben, anzuerkennen, sofern nicht im Konkurse die Rückstände eingezogen sind; so auch alle Kommentare.

§ 22.

Eine Herabsetzung des Geschäftsanteils oder der auf denselben zu leistenden Einzahlungen oder eine Verlängerung der für die letzteren festgesetzten Fristen kann nur unter Beobachtung der Bestimmungen erfolgen, welche für die Verteilung des Genossenschaftsvermögens im Falle der Auflösung maßgebend sind. [1])

Das Geschäftsguthaben eines Genossen darf, solange er nicht ausgeschieden ist, [2]) von der Genossenschaft nicht ausgezahlt [3]) oder im geschäftlichen Betriebe zum Pfande genommen, [4]) eine geschuldete Einzahlung darf nicht erlassen werden. [5])

Gegen die letztere kann der Genosse eine Aufrechnung nicht geltend machen.[6])

1. a) Die Geschäftsanteile bilden einen wesentlichen Teil des Genossenschaftsvermögens; eine Herabsetzung des Geschäftsanteils, der auf denselben zu leistenden Einzahlungen, eine Verlängerung der für die Einzahlung festgesetzten Fristen hat daher unmittelbare Bedeutung für die Gläubiger. Mit Rücksicht hierauf unterliegen derartige Maßnahmen den erschwerenden Vorschriften des § 90, welche für die Verteilung des Genossenschaftsvermögens im Falle der Auflösung maßgebend sind.

Der bezügliche Beschluß (Abstimmungsverhältnis s. § 78) ist vom Vorstand zu drei verschiedenen Malen in den für die Bekanntmachungen der Genossenschaft bestimmten Blättern zu veröffentlichen und hat die Aufforderung an die Gläubiger zu enthalten, sich bei der Genossenschaft zu melden.

Der Beschluß wird erst wirksam mit Ablauf des Jahres seit dem Tage des drittmaligen Erscheinens der Aufforderung und der Befriedigung oder Sicherstellung der Gläubiger und kann auch dann erst eingetragen werden (so Proebst S. 112, PC. S. 214, Merzbacher S. 84; a. A. MB. S. 141); einer Versicherung nach § 133 Abs. 2 bedarf es nach dem Wortlaut des Gesetzes nicht. — Soweit das Statut über Höhe und Zeit der Einzahlungen keine Bestimmung enthält, entfällt die Anwendung des § 22 und die entsprechenden Beschlüsse können nach § 50 mit einfacher Stimmenmehrheit gefaßt werden; maßgebend bleibt aber immer die Vorschrift des § 7 Z. 2 für das Mindestmaß der Einzahlungen.

b) Die Erhöhung des Geschäftsanteils erfolgt nach § 16 Abs. 2; s. dort.

2. Wegen Ausscheidens vgl. §§ 73—75.

3. „Das Recht auf das Geschäftsguthaben hat jeder Genosse, das Recht auf Auszahlung aber nur der ausgeschiedene Genosse" (LZ. 2, 626).

An den Einzahlungen auf den Geschäftsanteil besteht auch kein Rückforderungs- oder Zurückbehaltungsrecht seitens der Gründer RG. 64, 192.

4. a) Die Genossenschaft darf das Geschäftsguthaben im geschäftlichen Betriebe nicht zum Pfand nehmen. „Der dem Genossen nur im Falle des Ausscheidens zustehende und dem Betrage nach ungewisse Anspruch auf das Guthaben ist einerseits nicht geeignet, der Genossenschaft eine wirkliche Sicherheit zu bieten, und andererseits liegt in der Beleihung desselben unter Umständen nichts anderes als eine versteckte Rückzahlung des Guthabens selbst" (Motive a. a. O. S. 110).

b) Dieses Verbot gilt aber nur für den Bereich des „geschäftlichen Betriebs". Der Ausdruck ist gleichbedeutend mit dem „regelmäßigen Geschäftsbetrieb" in § 226 HGB.; nicht in den geschäftlichen Betrieb fällt daher die Pfandbestellung oder gerichtliche Pfändung zur Sicherung einer Forderung (so auch MB. S. 143, dagegen PC. 215); ist bei Kreditvereinen oder im Falle Gewährung von Hypothekdarlehen das Schuldverhältnis durch Rückzahlung des Darlehens gelöst oder soll die Schuld im Zwangswege beigetrieben werden, so steht der vertragsmäßigen oder gerichtlichen Verpfändung nichts im Wege, auch wenn der Genosse seinen Austritt nicht erklärt hat, denn es fehlt das Merkmal des regelmäßigen Geschäftsbetriebs; es kommt hiebei aber auch Aufrechnung in Betracht, s. Z. 6.

5. Der Erlaß von geschuldeten Einzahlungen auf Geschäftsanteile ist nichtig; trotz eines eventuellen Erlaßvertrags (§ 397 BGB.) ist Nachforderung der Einziehung durch Vorstand und Konkursverwalter zulässig, JW. 1897 S. 390.

Unzulässig ist daher auch eine Annahme an Erfüllungsstatt nach §§ 364, 365 BGB.; Anweisung ist keine Zahlung, § 788 BGB. Das gilt auch für Zahlung durch Scheck und Wechsel; vgl. Lessing S. 163, Stranz-Staub WO. zu Art. 83 Anm. 25 ff., Staudinger zu § 364, aber auch ROLG. 13, 370; Gefahrtragung bei Zusendung eines Schecks durch Post, RG. 69, 137; s. auch zu § 7 S. 21.

6. Gegen eine auf den Geschäftsanteil geschuldete Einzahlung kann der Genosse nicht mit einer ihm gegen die Genossenschaft zustehenden Forderung aufrechnen; das kann aber nicht ausschließen, daß die Genossenschaft selbst, soferne nicht eine unzulässige verschleierte tatsächliche Befreiung von der geschuldeten Einzahlung sich daraus ergibt, ihrerseits eine Aufrechnung betätigt; so für Ges. m. b. H., Holdh. 13, 255; 14, 142, RG. in DJZ. 8, 345; die in diesen Entscheidungen niedergelegten Gründe treffen sachlich auch auf „e. G." zu. Was dagegen die Aufrechnung der Genossenschaft auf Grund einer ihr anderweit zustehenden Forderung gegen das Geschäftsguthaben anbelangt, so ist diese gleich zu behandeln der in Absatz 2 vorgesehenen Auszahlung des Geschäftsanteils; es finden die Vorschriften der §§ 387 ff. BGB. entsprechend Anwendung; die Aufrechnung ist daher nur zulässig nach dem erfolgten Ausscheiden des Genossen und nach erfolgter Auseinandersetzung mit diesem nach § 73; sie kann nicht erklärt werden nach erfolgter Kündigung und vor Ablauf der Kündigungsfrist (§ 388 BGB.). Vgl. hiezu BlfGw. 1908 S. 125 und S. 607 ff. wegen Aufrechnung gegen die Konkursforderung. Zivilrechtliche Haftung des Vorstands und Aufsichtsrats §§ 34, 41, 142, strafrechtliche Folgen § 47.

§ 23.

Für die Verbindlichkeiten der Genossenschaft haften die Genossen nach Maßgabe dieses Gesetzes.[1])

Wer in die Genossenschaft eintritt, haftet auch für die vor seinem Eintritt eingegangenen Verbindlichkeiten.[2])

Ein den vorstehenden Bestimmungen zuwiderlaufender Vertrag ist ohne rechtliche Wirkung.[3])

1. Absatz 1 bringt im Zusammenhalt mit Absatz 3 zum Ausdruck, daß die Haftung der Genossen für die Verbindlichkeiten der Genossenschaft weder durch Statut noch

durch anderweitige Vereinbarung erweitert oder eingeschränkt werden kann.

Die Haftung für die Verbindlichkeiten der Genossenschaft gehört zum Wesen der Genossenschaft; daher können auch nur solche Rechtssubjekte zur Genossenschaft zugelassen werden, welche eine gewisse subjektive rechtliche Selbständigkeit besitzen und als solche Garantien für die Wahrung dieser wesentlichen Grundlage der Genossenschaften bieten, was bei den nicht rechtsfähigen Vereinen nicht der Fall ist (ZBlFG. 9, 549).

Unzulässig ist auch die Verpflichtung der Genossen zur Leistung von sog. „unkündbaren Kapitaleinlagen" (ZBlFG. 8, 105, vgl. § 7); ebenso die Einführung eines Nachschußverfahrens zur Abwendung des Konkurses, Recht 6 S. 618.

2. „In dem Vertrage, welchen der neu eintretende Genosse mit der Genossenschaft abschließt, ist kraft gesetzlicher Vermutung die Erklärung enthalten, daß er die Haftung für die bereits bestehenden Verbindlichkeiten gleich den bisherigen Genossen übernehme und es erwächst aus einem solchen Vertrage dem Dritten — d. i. dem Genossenschaftsgläubiger — ein Klagerecht (so nach Munzinger, Motive zu dem Entwurf eines schweizerischen Handelsrechts bei v. Sicherer S. 231; vgl. MB. S. 150).

3. Ein Schadlosversprechen, welches der eine Genosse persönlich einem andern erteilt, fällt nicht hierunter (s. bei PC. S. 217).

Dritter Abschnitt.

Vertretung und Geschäftsführung. [1])

§ 24.

Die Genossenschaft wird durch den Vorstand gerichtlich und außergerichtlich vertreten. [2])

Der Vorstand besteht aus zwei Mitgliedern und wird von der Generalversammlung gewählt. Durch das Statut kann eine höhere Mitgliederzahl sowie eine andere Art der Bestellung festgesetzt werden.[3])

Die Mitglieder des Vorstandes können besoldet oder unbesoldet sein. Ihre Bestellung ist zu jeder Zeit widerruflich, unbeschadet der Entschädigungsansprüche aus bestehenden Verträgen.[4])

Vgl. § 231 HGB., § 35 GmbHG.

1. Der 3. Abschnitt des Gesetzes regelt in den §§ 24—52 die Vertretung und Geschäftsführung der e. G.; er schafft hiefür drei Organe: den Vorstand, den Aufsichtsrat und die Generalversammlung.

Der Vorstand ist das Organ der „e. G."; er vertritt dieselbe gerichtlich und außergerichtlich; als dem Vorstand koordiniertes, aber nicht übergeordnetes Organ zum Zwecke der Überwachung der gesamten Geschäftsführung besteht der Aufsichtsrat; die Generalversammlung ist bestimmt zur Geltendmachung der Rechte des Genossen in seinem Verhältnis zur Genossenschaft und Regelung der innern Verhältnisse der Genossenschaft s. RG. 72, 9.

2. a) Die e. G. kann wie die Aktiengesellschaft nur einen Vorstand haben; für die Zweigniederlassung kann kein weiterer Vorstand bestimmt werden (ZHR. 51, 244, RJA. 1, 68). Wesentlich ist die Bezeichnung als Vorstand Holdh. 4, 356; Bezeichnung als „Direktor" vgl. LZ. 2, 871.

b) Der Vorstand hat die Stellung als gesetzlicher Vertreter der Genossenschaft, er ist aber auch ihr oberstes geschäftsführendes Organ (Staub Anm. 1 zu § 231; Staudinger Anm. 7 u. 8 zu § 26).

1. Er ist insbesondere gesetzlicher Vertreter nach § 51 ZPO.; vgl. Seuffert § 51 Anm. 4.

Zustellungen erfolgen an die gesetzlichen Vertreter, bei mehreren an einen derselben (§ 171 ZPO.). Wechselprotest gegenüber einem Vorstandsmitglied vgl. RG. 53, 227. Prüfung der Legitimation des gesetzlichen Vertreters: § 56 ZPO.; Bezeichnung desselben im Urteil § 313. Zur Leistung von Parteieiden sind die Vorstandsmitglieder berufen; RG. 45, 427; 46, 318; § 477 ZPO. In Prozessen der Genossenschaft und gegen dieselbe können Vorstandsmitglieder nicht als Zeugen oder Sachverständige vernommen werden (RG. 2, 400; 45, 427 und 46, 318; vgl. Bd. 14, 20; 17, 367). — Vertretung in der Privatklage § 414 Abs. 3 StPO.

2. Als geschäftsführendes Organ hat er bestimmte unentziehbare Obliegenheiten: Zeichnung § 25, Buchführung und Bilanzaufstellung § 33, Führung der Liste der Genossen § 30, Klagestellung nach § 51, Bestellung des Revisors § 61, Aufnahme und Ausschließung der Genossen §§ 15, 68 ff., (der Vorstand handelt hiebei in seiner Eigenschaft als Vertreter der Genossenschaft, nicht des Gläubigers Entsch. d. ObLG. 5 n. F. S. 63); Beantragung des Konkurses § 99 ꝛc.

Wegen Einschränkung der Befugnisse durch Statut oder Geschäftsordnung s. zu § 27; gesetzliche Beschränkung § 39. Die Bestimmung der Firma der Zweigniederlassung ist eine bloße Verwaltungsmaßregel ROLG. 2, 516.

Der Vorstand ist im Sinne der GewO. (§ 151 Abs. 1) als für die Beachtung der gewerbepolizeilichen Vorschriften verantwortlicher Gewerbetreibender anzusehen.

3. Über Voraussetzung der Erwerbung des Bürgerrechts durch juristische Personen vgl. Art. 15 Bayer. Gem.O.; aktives Wahlrecht Art. 170, 171 ebenda; die Vorstandsmitglieder üben das aktive Wahlrecht aus bei den Wahlen zur Handelskammer (§ 22 Z. 2 bayer. allerh. Verordnung vom 25. Februar 1908), gegebenen Falls durch einfache schriftliche Vollmacht an e i n Mitglied.

4. Die gesetzliche Vertretung obliegt dem Aufsichtsrat bei Abschluß von Verträgen der Genossenschaft mit dem Vorstande und bei Prozessen gegen die Mitglieder desselben.

5. Klagt ein Vorstandsmitglied gegen die Genossenschaft, so kommt § 37 GenG., ev. § 29 BGB. in Anwendung; Zustellungen dürfen nicht an den Kläger erfolgen § 185 ZPO.

3. a) Der Vorstand muß mangels Festsetzung einer höheren Zahl durch das Statut aus mindestens zwei

Personen bestehen; für eine höhere Zahl kann das Statut einen Spielraum gewähren (3—4 Mitglieder) s. BayZfRpfl. 1, 281. Die Bestellung erfolgt durch die Generalversammlung, kann aber durch Statut anderweitig geregelt sein (Bestellung durch Aufsichtsrat, Kooptation, Bestellung durch einen Dritten (RG. 3, 129), vgl. PC. 225).

Der Registerrichter hat nicht das Recht, auf die Vornahme von Ersatzwahlen zu dringen BlfGw. 1907 S. 432.

b) Der Vorstand kann nur aus physischen Personen bestehen; diese müssen Genossen sein, § 9 Abs. 2, sie dürfen nicht geschäftsunfähig, können aber beschränkt geschäftsfähig sein (vgl. § 165 BGB., dag. PC. S. 225; vgl. aber BlfGw. 1907 S. 85).

Männer wie Frauen können Vorstandsmitglieder sein. Das Statut kann besondere Erfordernisse aufstellen; erfolgt eine Bestellung entgegen solchen statutarischen Bestimmungen, so ist die Bestellung ungültig und anfechtbar; erfolgt keine Anfechtung, so wird sie nachträglich gültig (RG. 49, 80; 65, 92). Tritt die Unfähigkeit nach Statut erst nachträglich ein, so endigt damit ohne weiters die Vertretungsbefugnis (PC. S. 227, MB. S. 153, Holdh. 1, 187, Ritter zu § 231 Nr. 3, anders Staub, HGB. § 231 Anm. 12). Reichsbeamte bedürfen zum Eintritt in den Vorstand oder Aufsichtsrat einer auf Erwerb gerichteten Gesellschaft die vorgängige Genehmigung der obersten Reichsbehörde; diese darf nicht erteilt werden, sofern die Stelle mittelbar oder unmittelbar mit einer Remuneration verbunden ist; auf einstweilen in den Ruhestand versetzte Beamte und Wahlkonsuln findet dies keine Anwendung, § 16 Reichsbeamtengesetz in der Fassung vom 18. Mai 1907. Das Verbot findet also nur Anwendung gegenüber Genossen, welche ihren Geschäftsbetrieb auf andere Personen als Mitglieder ausdehnen (so auch PC. S. 226, MB. S. 153).

Artikel 18 des bayerischen Beamtengesetzes vom 15. August 1908 bestimmt:

„Der Beamte darf ein Nebenamt oder ein Nebengeschäft nur übernehmen, soweit dies mit der gewissenhaften Erfüllung seiner Pflichten und mit der Achtung, die sein Beruf erfordert, vereinbar ist.

Ein Beamter, der

... 2. eine ehrenamtliche Stellung in den Verwaltungsorganen ... einer Erwerbsgesellschaft oder Genossenschaft ... übernimmt, hat dies der vorgesetzten Dienstesbehörde anzuzeigen.

Die Erlaubnis der zuständigen Dienstesbehörde ist erforderlich:

... 3. Zur Beteiligung an der Errichtung einer auf Gewinn gerichteten Gesellschaft als Gründer oder zum Eintritt in den Vorstand oder Aufsichtsrat einer solchen Gesellschaft. Als ein auf Gewinn gerichtete Gesellschaft gilt eine Genossenschaft nicht, deren Tätigkeit auf den Kreis ihrer Mitglieder beschränkt ist. Die Erlaubnis kann jederzeit zurückgenommen werden.

In den Fällen des Abs. 3 Z. 3 darf die Erlaubnis nur erteilt werden, wenn mit der Tätigkeit weder unmittelbar noch mittelbar ein Gewinn oder eine Entlohnung verbunden ist."

Nach Art. 13 des bayer. Notariatsgesetzes vom 9. Juni 1899 darf der Notar nicht die Verwaltung einer Handelsgesellschaft oder einer ähnlichen auf Erwerb gerichteten Unternehmung führen. Mitglied des Aufsichtsrats einer solchen Gesellschaft oder Unternehmung darf er nur mit Erlaubnis des Staatsministeriums der Justiz werden; vgl. Art. 68 NotG.; anders in Preußen, s. bei PC. S. 226.

4. a) Die Mitglieder des Vorstands können besoldet oder unbesoldet sein. Die Besoldung richtet sich natürlich nach dem Umfange der Tätigkeit; sie kann in einem festen Gehalt, in Tantiemen am Reingewinn, auf deren Berechnung § 237 HGB. entsprechend Anwendung zu finden hat, oder in beiden Vergütungsarten zugleich bestehen; hiedurch sind besondere Vergütungen, Provision, Reisespesen rc. nicht berührt. Zur Gewährung von Pensionen und Abschluß eines entsprechenden Pensionsvertrags ist der Aufsichtsrat zuständig (PC. S. 228).

Fortentrichtung des Gehalts in Krankheitsfällen rc. s. § 616 BGB.; s. hierüber Staub, HGB. Anm. 22 ff. zu § 231, § 66; anders wegen der Dauer der Vergütung PC. S. 228.

b) Bei Bestellung der Vorstandsmitglieder handelt es sich um einen Dienstvertrag nach § 675 BGB., wenn dieselben besoldet, nach § 662 BGB. wenn dieselben unbesoldet sind (anders Holdh. 17, 119). Der Vorstand einer Genossenschaft steht nur zu der Genossenschaft, die ihn bestellt hat, nicht aber zu den einzelnen Mitgliedern in einem Vertragsverhältnis RG. 28, 71; 59, 50. Das

Rechtsverhältnis zwischen der Genossenschaft und den Vorstandsmitgliedern bildet ein „in dem Erwerbsgeschäfte des Gemeinschuldners" angetretenes Dienstverhältnis im Sinne von § 22 KO., LZ. 3, 689.

Die Vorschriften über Handlungsgehilfen finden keine, auch nicht analoge Anwendung; der Vorstand ist Prinzipal im Sinne der §§ 60 ff. HGB. und Arbeitgeber nach §§ 12, 14 KGG. (vgl. ROLG. 8, 259; LZ. 1, 60). Die freie Widerruflichkeit „folgt aus allgemeinen Rechtsgrundsätzen, da niemandem ein Recht auf die gesetzliche Vertretung eingeräumt werden kann" (PC. S. 230).

Hieraus besteht aber kein Hindernis, Verträge von kürzerer oder längerer Dauer mit den Vorstandsmitgliedern abzuschließen; prinzipiell kann auch ein Dienstvertrag auf Lebenszeit eingegangen werden (so auch PC. S. 225 u. 230); hiebei ist aber auf § 624 BGB. hinzuweisen, wonach der zum Dienst Verpflichtete nach dem Ablauf von 5 Jahren mit sechsmonatlicher Kündigung kündigen kann.

Das Widerrufsrecht steht dem bestellenden Organe und, wenn die Bestellung der Generalversammlung obliegt, dieser zu (vgl. ROLG. 6, 346).

Die Kündigung richtet sich nach dem Anstellungsvertrage, sonst nach § 622 bei festen Bezügen bzw. 671 BGB. bei unbesoldeten Mitgliedern.

Da die Befugnis zur Vertretung und Geschäftsführung jederzeit entzogen werden kann (teilweise Abweichung § 38 Abs. 2 GmbHG.), steht den Vorstandsmitgliedern keine Zurücknahme der Kündigung zu; es kann auch auf den Widerruf nicht verzichtet werden RG. 27 S. 37; Behrend § 124 Anm. 19; Staub § 231 Anm. 14; es kann höchstens der Beschluß der Generalversammlung als rechtsungültig zustande gekommen, aber nicht als sachlich ungerechtfertigt angefochten werden (Staub § 231 Anm. 15, RG. 34, 110).

Hiedurch werden aber die Entschädigungsansprüche aus bestehenden Verträgen nicht berührt; hierin liegt die Korrektur gegen willkürliche, schikanöse Entlassungen. Mit PC. S. 230 ist zu betonen, daß es sich jedoch hiebei nicht um Entschädigungsansprüche wegen ungerechtfertigter Vertragsaufhebung, sondern um den Anspruch auf die vertragsmäßige Vergütung aus den bestehenden Verträgen handelt (wie nach § 231 HGB., § 38 GmbHG.), daher z. B. Vorrecht der Forderung im Konkurs § 61 Z. 1 KO. Beendigung des Dienstverhältnisses im Falle der Auflösung s. § 78 u. 83, im Konkurs s. § 104.

§ 25.

Der Vorstand hat in der durch das Statut bestimmten Form seine Willenserklärungen kundzugeben und für die Genossenschaft zu zeichnen. Ist nichts darüber bestimmt, so muß die Erklärung und Zeichnung durch sämtliche Mitglieder des Vorstandes erfolgen. Weniger als zwei Mitglieder dürfen hierfür nicht bestimmt werden.[1])

Die Zeichnung geschieht in der Weise, daß die Zeichnenden zu der Firma der Genossenschaft oder zu der Benennung des Vorstandes ihre Namensunterschrift beifügen.[2])

Vgl. § 232 HGB., § 35 GmbHG.

1. a) Der Vorstand tritt nach außen hin, wenn es sich um Abgabe von die Genossenschaft verpflichtenden Willenserklärungen handelt, in der Form auf und zeichnet für die Genossenschaft, wie das Statut dies vorschreibt; dieses muß mindestens zwei Mitglieder hiezu bestimmen. Trifft das Statut keine Bestimmung, so ist Erklärung und Zeichnung durch sämtliche Vorstandsmitglieder nötig.

Dies gilt für schriftliche und mündliche Willenserklärungen.

„Es genügt nicht, wenn nur e i n Vorstandsmitglied eine Erklärung abgibt und die Zustimmung der andern zu derselben ein Internum der Kollektivberechtigten bleibt. Es ist aber nicht erforderlich, daß die Vorstandsmitglieder den Rechtsakt in unmittelbarer Gemeinsamkeit vornehmen, es ist vielmehr auch eine nachträgliche Zustimmung eines Vorstandsmitgliedes zu der von einer andern Mitgliede abgegebenen Erklärung ausreichend; notwendig ist nur, daß diese nachträgliche Zustimmung eine wirkliche Mitwirkung bei dem Rechtsakte enthält und daß sie dem andern Kontrahenten gegenüber erklärt wird", so Recht 9, Nr. 1230; RG. 61, 223; JW. 1908 S. 151. Wird diese Form nicht beobachtet, so ist die Erklärung nicht ohne weiters unverbindlich, vgl. § 26 ROHG. 16, 33; 18, 337; RG. 34, 110).

b) Sind durch die Geschäftsordnung die Geschäfte auf die Vorstandsmitglieder verteilt, so kann eines derselben in seiner so geregelten Zuständigkeit verbindliche Erklärungen abgeben; nur die Grundlagen hiefür sind in gemeinsamer Beratung und Beschlußfassung aufzustellen. Eine solche Ermächtigung kann auch in stillschweigender Duldung einer Vornahme von Geschäften durch ein einzelnes Mitglied liegen mit der Wirkung der Haftung der Genossenschaft hiefür Holdh. 7, 283; RG. 48, 56; ROLG. 5, 47; LZ. 2, 864. (Gültigkeit des nur mit einem Namen unterschriebenen Giros einer „e. G.", ROLG. 20, 130.

c) Eine Satzungsbestimmung, wonach unter mindestens drei Vorstandsmitgliedern, welche die Willenserklärung abzugeben haben, sich ein bestimmtes Mitglied befinden muß (Vorsteher oder sein Stellvertreter) ist gültig, vgl. ZBlFG. 9, 696.

d) Zulässig ist die Erteilung einer besonderen Vollmacht an ein Vorstandsmitglied zur Wahrnehmung von Grundbuch- und Zwangsversteigerungsangelegenheiten, Entsch. d. ObLG. 8 n. F. S. 42 (§ 181 BGB. ist hier nicht anwendbar, vgl. ROLG. 11, 395 und RG. 56, 104). Das Grundbuchamt hat die Vertretungsmacht des Vorstandsmitgliedes, dem die Ausführung eines Beschlusses des Vorstands statutengemäß übertragen ist, nicht zu prüfen (BayZfNot. 1909 S. 18; dagegen in einem ähnlich gelagerten Fall (es waren dort zwei Vorstandsmitglieder, hier eines mit der Ausführung beauftragt) Entsch. d. ObLG. vom 8. Oktober 1909, BayZfRpfl. 5 S. 474, Entsch. d. ObLG. 10 n. F. 421; dieselbe erscheint aber gegenüber den Gründen der erstgenannten Entscheidung (Landgericht) unzutreffend, vgl. auch ROLG. 20, 130.

Feststellung der Vollmacht überhaupt in Notariatsurkunden Entsch. d. ObLG. 6 n. F. S. 212. — Für die Zwangsversteigerung gilt § 71 Abs. 2 ZVG. (Offenkundigkeit oder öffentlich beglaubigte Urkunde; letztere ist auch notwendig, wenn zwei Vorstandsmitglieder auftreten. BlfGw. 1907 S. 432.)

e) Willenserklärungen gegenüber der Genossenschaft können wirksam an ein Vorstandsmitglied abgegeben werden (so ausdrücklich für AG. § 232 HGB., GmbHG. § 36); die Kollektivität ist nur im Willen, nicht auch im Wissen erforderlich; vgl. PC. S. 235; Holdh. 4, 233.

f) Vertretung bei grundbuchrechtlichen Geschäften BayZfR. 5, 474.

2. Die Bestimmung wird allgemein als Ordnungsvorschrift aufgefaßt außer in den Fällen des § 7 AV. (PC. S. 235). Zur Vollziehung der öffentlich zu beglaubigenden Erklärung einer Genossenschaft genügt die Unterschrift der Vorstandsmitglieder ohne Beifügung der Firma, ROLG. 2, 89. Unterzeichnung mit Faksimile oder ähnl. ist keine Unterschrift; doch übt der Verkehr hier weitgehende Freiheit.

§ 26.

Die Genossenschaft wird durch die von dem Vorstande in ihrem Namen geschlossenen Rechtsgeschäfte berechtigt und verpflichtet; es ist gleichgültig, ob das Geschäft ausdrücklich im Namen der Genossenschaft geschlossen worden ist, oder ob die Umstände ergeben, daß es nach dem Willen der Vertragschließenden für die Genossenschaft geschlossen werden sollte.[1])

Zur Legitimation des Vorstandes Behörden gegenüber genügt eine Bescheinigung des Gerichts (§ 10), daß die darin zu bezeichnenden Personen als Mitglieder des Vorstandes in das Genossenschaftsregister eingetragen sind.[2])

Vgl. § 36 GmbHG.

1. a) Für die Erfordernisse und Wirksamkeit der Rechtsgeschäfte sind die §§ 104 ff. BGB. maßgebend; s. hierüber bei Staudinger, Einleitung zu § 104.

b) Die Genossenschaft haftet nach § 31 BGB. auch für den (außerkontraktlichen) Schaden, den der Vorstand, ein Mitglied des Vorstands oder ein anderer verfassungsmäßig berufener Vertreter durch eine in Ausführung der ihm zustehenden Verrichtungen begangene, zum Schadensersatz verpflichtende Handlung einem Dritten zufügt; ein gemeinsames Handeln aller Vertreter braucht hiebei nicht vorzuliegen (so für G. m. b. H. RG. 57, 93; ROLG. 14, 368, für AG. Entsch. d. ObLG. 7 n. F. S. 59; dasselbe gilt für Genossenschaften (Organtheorie); vgl. Staudinger zu § 31.

Daneben besteht die Haftung aus § 278 BGB. (JW. 1904 S. 5). Die strafrechtliche Verantwortung für eine Handlung der Genossenschaft trifft das handelnde Organ als Individuum in vollem Umfang, LZ. 2 S. 20 und die dort Zitierten; RGSt. 5, 6.

Über die Tragweite von Schenkungen und Garantieübernahmen aus sozialen Gesichtspunkten vgl. Deutscher Ökonomist 1908 S. 619; zutreffend ist dort Zustimmung der Generalversammlung erfordert; vgl. §§ 34 BGB., § 55 RErbschStG. und RG. 70, 15, Bankarchiv 1909 S. 257.

c) Satz 2 deckt sich inhaltlich mit § 164 BGB., s. hiezu die Kommentare.

2. Als Legitimation gegenüber Behörden genügt die Bescheinigung des Registergerichts über den Eintrag der handelnden Mitglieder in die Genossenliste; Notare oder Grundbuchamt können daher nicht noch weitere Unterlagen für die Legitimation, etwa Vorlage des Statuts, verlangen; BayZfNot. 2 n. F. S. 222; vgl. Entsch. d. ObLG. 3 n. F. S. 1089.

§ 27.

Der Vorstand ist der Genossenschaft gegenüber verpflichtet, die Beschränkungen einzuhalten, welche für den Umfang seiner Befugnis, die Genossenschaft zu vertreten, durch das Statut oder durch Beschlüsse der Generalversammlung festgesetzt sind. [1])

Gegen dritte Personen hat eine Beschränkung der Befugnis des Vorstandes, die Genossenschaft zu vertreten, keine rechtliche Wirkung. Dies gilt insbesondere für den Fall, daß die Vertretung sich nur auf gewisse Geschäfte oder Arten von Geschäften erstrecken oder nur unter gewissen Umständen oder für eine gewisse Zeit oder an einzelnen Orten stattfinden soll oder daß die Zustimmung der Generalversammlung, des Aufsichtsrats oder eines anderen Organs der Genossenschaft für einzelne Geschäfte erfordert ist.

Vgl. § 235 HGB.; § 37 GmbHG.

1. Beschränkungen in der Befugnis der Geschäftsführung gegenüber der Genossenschaft können durch Statut oder Beschlüsse der Generalversammlung erfolgen oder auf Grund der dort enthaltenen Bestimmungen durch die Geschäftsordnung oder Dienstvertrag vorgesehen sein; z. B. Zustimmung zu bestimmten Rechtsgeschäften durch den Aufsichtsrat; Zurückweisung der Milchlieferung gegenüber einem ausgeschlossenen Genossen (RG. 72, 4). Unzulässig sind aber Bestimmungen, welche dem Aufsichtsrat oder der Generalversammlung zustehende Rechte erweitern (vgl. RG. 7, 108, Holdh. 2, 219). Der Registerrichter darf eine Beschränkungsbefugnis nicht in das Genossenschaftsregister eintragen § 18 Abs. 3 AV.

2. Die Vertretungsmacht des Vorstands ist nach außen hin nicht beschränkbar (RG. 60, 413); die Überschreitung der Befugnisse beeinträchtigt nicht die Wirkung des Rechtsgeschäfts gegenüber Dritten, macht aber den Vorstand der Genossenschaft gegenüber haftbar (§ 34 Abs. 2).

Dritte können sich auf eine solche Beschränkung nicht berufen, auch nicht das Prozeßgericht oder das

Grundbuchamt RG. 45, 150. (Anders bei Kenntnis von der Unrichtigkeit der Eintragung s. PC. S. 213.) „Dritte" sind auch die Genossen, die mit der Genossenschaft im geschäftl. Verkehr stehen; vgl. Holdh. 15 S. 19.

Handelt der Vorstand aber hiebei absichtlich zum Nachteile der Genossenschaft und wirkt der Dritte dabei bewußt mit, so hat die Genossenschaft die exceptio doli (RG. 9, 149; 22, 75, vgl. über diese Wendt, Arch. f. d. ziv. Praxis Bd. 100 S. 1 ff., BayZfRpfl. 1, 35 ff. und 6, 105 ff.).

§ 28.

Jede Änderung des Vorstandes, sowie die Beendigung der Vertretungsbefugnis eines Vorstandsmitgliedes[1]) ist durch den Vorstand zur Eintragung in das Genossenschaftsregister anzumelden.[2]) Eine Abschrift der Urkunden über die Bestellung oder über die Beendigung der Vertretungsbefugnis eines Vorstandsmitgliedes ist der Anmeldung beizufügen und wird bei dem Gericht aufbewahrt.[3])

Die Vorstandsmitglieder haben ihre Unterschrift vor dem Gerichte zu zeichnen oder die Zeichnung in beglaubigter Form einzureichen.

Fassung durch Art. 10 Z. IV EGzHGB., s. § 234 HGB., § 39 GmbHG.

1. a) Änderung des Vorstands ist Änderung in den Personen der Mitglieder durch Neuwahl oder Änderung in der Zahl derselben; Wiederwahl eines durch Ablauf seiner Amtsperiode ausscheidenden Vorstandsmitglieds ist nicht anzumelden; auch nicht Änderung des Wohnorts, Namens oder Standes (ROLG. 10, 332; KG. 30, 32).

b) Beendigung der Vertretungsbefugnis tritt ein durch Ausscheiden oder Enthebung nach § 40.

2. Die Anmeldung hat durch sämtliche Vorstandsmitglieder zu geschehen, auch beim Gericht der Zweigniederlassung (§ 157; §§ 6 Abs. 2 Z. 4, 18, 19 Abs. 3 AB.).

3. Die Vorlagen bilden die Unterlagen für die vorzunehmende Eintragung; die Urkunden müssen ordnungsmäßig sein.

Der Richter hat zu prüfen, ob bei der Bestellung etwaige statutarische Vorschriften im besonderen über die Beurkundung der Generalversammlungsbeschlüsse (RJA. 9, 168, ZBlFG. 9, 259) beachtet sind und die Anmeldung in der gesetzlichen Form erfolgt ist. Es genügt daher, daß die Abschrift die Aufzeichnung des sachlichen Endergebnisses der Beschlußfassung enthält; ein weiteres Zurückgehen auf das Zustandekommen oder irgendwelche Angaben über die Art der Beschlußfassung oder über die Einzelheiten der Einberufung der Generalversammlung ist ausgeschlossen RG. 34, 202, RJA. 8, 191, ZBlFG. 8, 93. Der Registerrichter darf die Eintragung der Beendigung der Vertretungsbefugnis nicht ablehnen oder solange verweigern, bis die Ersatzwahl auf die erforderliche Anzahl von Mitgliedern und die Anmeldung der Neuwahl erfolgt ist. BlfGw. 1907 S. 432.

§ 29.

Eine Änderung des Vorstandes, eine Beendigung der Vertretungsbefugnis eines Vorstandsmitgliedes, sowie eine Änderung des Statuts rücksichtlich der Form für Willenserklärungen des Vorstandes kann, solange sie nicht in das Genossenschaftsregister eingetragen und öffentlich bekannt gemacht ist, von der Genossenschaft einem Dritten nicht entgegengesetzt werden, es sei denn, daß dieser von der Änderung oder Beendigung Kenntnis hatte.

Nach der Eintragung und Bekanntmachung muß der Dritte die Änderung oder Beendigung gegen sich gelten lassen, es sei denn, daß er sie weder kannte noch kennen mußte.

Für den Geschäftsverkehr mit einer in das Ge=

nossenschaftsregister eingetragenen Zweigniederlassung ist im Sinne dieser Vorschriften die Eintragung und Bekanntmachung durch das Gericht der Zweigniederlassung entscheidend.

Die Fassung ist gegeben durch Art. 10 Z. IV EG. z. HGB.

Die Änderung schafft inhaltlich Übereinstimmung mit § 15 HGB., s. die Kommentare hiezu.

§ 30.

Der Vorstand hat ein Verzeichnis der Genossen zu führen und dasselbe mit der Liste in Übereinstimmung zu halten.

Wie bereits zu § 15 Anm. 5 hervorgehoben, ist es zweckmäßig, statt Duplikate der Beitrittserklärungen zurückzubehalten oder eine Liste in Analogie der gerichtlichen Liste zu führen, ein Konto für die Genossen zu eröffnen, aus dem sich alle Veränderungen ohne weiters ergeben; selbstverständlich muß die Eintragung auf diesem Konto in der fortlaufenden Nummer erfolgen, wie die Eintragung in die gerichtliche Liste sie ergibt; dieselbe kann daher immer erst nach erfolgter Benachrichtigung gemäß § 3 AV. geschehen, s. hiezu das Beispiel auf Seite 79.

Die Befolgung der Vorschrift des § 30 kann das Gericht nach § 160 durch Ordnungsstrafen erzwingen; dem Gerichte ist damit nicht die Befugnis gegeben, die Einrichtung zu kontrollieren; nur wenn sich aus den Umständen ergibt, daß die Liste nicht oder nicht ordentlich geführt wird, besteht ein Recht zum Einschreiten. Über das hiebei vom Gerichte zu beobachtende Verfahren s. ROLG. 7, 212.

§ 31.[1]

Für Konsumvereine, welche einen offenen Laden[2] haben, hat der Vorstand, um die Beobachtung der

Zu § 30: Beispiel für ein Geschäftsanteilkonto:

Genossen-Liste Nr.	Datum der		Folio	Des Genossen			Einbezahlter Betrag		Ausscheiden		Zurückbezahlt am	Folio	Tage	Zahlen	Gewinn-Anteil*)				Bemerkung
Kapital-Buch Folio	Eintragung	Bezahlung		Name, Stand	Wohnort	Zahl der Geschäfts-Anteile	Mark	per	Zahl der Geschäfts-Anteile	Datum der Eintragung / Grund des Ausscheidens / Datum des Ausscheidens					per 31. Dez.		erhoben resp. gutgeschrieben		
															Jahr	Mark	Datum	Folio	

*) Wird zweckmäßig in mehreren Rubriken geführt.

Bestimmung des § 8 Absatz 4 zu sichern, Anweisung [3]) darüber zu erlassen, auf welche Weise sich die Vereinsmitglieder oder deren Vertreter den Warenverkäufern gegenüber zu legitimieren haben. Abschrift der Anweisung hat er der höheren Verwaltungsbehörde, [4]) in deren Bezirk die Genossenschaft ihren Sitz hat, unverzüglich einzureichen.

Die höhere Verwaltungsbehörde ist befugt, die Mitglieder des Vorstandes zur Einreichung und nötigenfalls zur Abänderung oder Ergänzung der Anweisung durch Geldstrafen bis zum Betrage von je dreihundert Mark anzuhalten.

Gegen die Anordnungen und Straffestsetzungen der höheren Verwaltungsbehörde findet binnen zwei Wochen die Beschwerde an die Landeszentralbehörde statt.

1. Diese Bestimmung wie die des folgenden § 32 ist durch Art. 1 Z. 3 des Gesetzes vom 12. August 1896 die Abänderung des Gesetzes über die Erw. u. WG. (RGBl. 1896 S. 695) geschaffen.

2. Über den Begriff des offenen Ladens vgl. § 8 S. 30.

3. Die Anweisung braucht nur eine Bestimmung darüber zu enthalten, durch welche Mittel sich die Angestellten von der Mitgliedschaft zu überzeugen haben; Beispiel s. PC. S. 251; Einkaufsbücher können als Legitimation dienen, sonst besondere Legitimationskarten; vgl. BlfGw. 1896 S. 390, 501. Strafbestimmungen s. § 152 ff.

4. Höhere Verwaltungsbehörde in Bayern die Distriktsverwaltungsbehörden, in München die Polizeidirektion; Verordnung vom 24. Juli 1889 GVBl. 1889 S. 409.

§ 32.

Von Konsumvereinen oder von Gewerbetreibenden, welche mit solchen wegen Warenabgabe an die Mitglieder in Verbindung stehen, dürfen Marken oder sonstige nicht auf den Namen lautende Anweisungen oder Wertzeichen, welche anstatt baren Geldes die Mitglieder zum Warenbezug berechtigen sollen, nicht ausgegeben werden.

Verboten ist damit die Ausgabe von Marken als „Zahlungs-Surrogaten" beim Einkaufe von Waren; nicht verboten ist die Ausgabe von Dividendenmarken als Unterlage für die Auszahlung von Dividenden.

Als Marke, Anweisung oder Wertzeichen ist jede Erklärung, Bescheinigung usw. zu verstehen, mittels deren anstatt in barem Gelde die Waren bezahlt werden (vgl. BlfGw. 1908 S. 20: Welches ist das beste Dividendenmarkensystem für Konsumvereine?); Strafbestimmung § 154.

§ 33.

Der Vorstand ist verpflichtet, Sorge zu tragen, daß die erforderlichen Bücher der Genossenschaft geführt werden.[1])

Er muß binnen sechs Monaten nach Ablauf jedes Geschäftsjahres die Bilanz[2]) desselben, die Zahl der im Laufe des Jahres eingetretenen oder ausgeschiedenen, sowie die Zahl der am Jahresschlusse der Genossenschaft angehörigen Genossen veröffentlichen.[3]) Die Bekanntmachung ist zu dem Genossenschaftsregister einzureichen.[4])

Zu Abs. 1 vgl. § 239 HGB.; ferner § 41 GmbHG.
1. Der Vorstand hat für die Führung der erforderlichen Bücher Sorge zu tragen; es ist nicht nötig, daß er die Buchführung selbst betätigt, aber er ist dafür verantwortlich, daß Bücher überhaupt geführt werden, daß dieselben jederzeit „ohne Zuhilfenahme anderer Erkenntnisquellen" einen Überblick über die finanziellen Verhältnisse gewähren. (RGStr. 25, 36; 29, 222; vgl. BayZfR. 4 S. 420.)

Die Verantwortung für richtige Besorgung trifft den Vorstand als solchen d. h. jedes Mitglied, möge es auch mit der Buchführung selbst infolge der Geschäftsverteilung gar nichts zu tun haben (RGStr. 13, 239 und 358; eine entgegenstehende Vereinbarung hat keinerlei rechtliche Wirkung, vgl. JW. 1908, 604; vgl. auch §§ 35, 89 (Stellvertreter und Liquidatoren); s. auch Rehm S. 843. Unterlassung der Buchführung oder Verstöße gegen eine ordentliche Buchführung machen die Vorstandsmitglieder im Falle des Konkurses verantwortlich nach § 239 u. 240 KO. Unkenntnis der Buchführung schliesst die Strafbarkeit nicht aus, BlfGw. 1907 S. 239; anders, aber sehr bedenklich, bei kleinen Genossenschaften LZ. 4, 248. Sind die Bücher ungenau geführt, wird aber demnächst durch einen Bücherrevisor die Buchführung ordnungsgemäß auch für die zurückliegende Zeit eingerichtet und stellt die Genossenschaft dann ihre Zahlungen ein, so liegt gleichwohl das Delikt des § 240 Nr. 3 KO. vor; so RGStr. 39 S. 217; dagegen mit Recht DJZ. 12 S. 513.

Welche Bücher zu führen sind, ergibt sich im Hinblick auf § 17 Abs. 2 GenG. aus §§ 38 ff. HGB. und § 1 Z. 2 DepotG.; vgl. die Kommentare hiezu. Die Handelsbücher sind beweiserhebliche Privaturkunden RGStr. 4, 4; 34, 141; DJZ. 11, 1095; sie können nicht gepfändet werden (§ 811 Z. 11 ZPO.); gehören zur Konkursmasse § 1 KO.

2. a) Der Vorstand hat eine Bilanz aufzustellen; über die Natur der Bilanz als Gewinn- oder Vermögensbilanz s. Rehm § 14 IV; s. ferner Simon S. 1 ff.; Staub § 240 Anm. 2, § 261 Anm. 47. Die Bilanz soll eine Vermögensübersicht gewähren und soll die Unterlage für die Verteilung des Reingewinns bzw. des Verlustes des Geschäftsjahrs auf die Genossen bilden; es muß daher nebenher eine Gewinn- und Verlustrechnung gehen.

Die Grundlage für diese beiden Aufstellungen bildet das nach § 39 HGB. für den Schluß eines jeden Geschäftsjahrs aufzustellende Inventar d. i. das Verzeichnis der Grundstücke, Forderungen und Schulden, der Betrag des baren Geldes und der sonstigen Vermögensgegenstände (§ 39 Abs. 1 HGB.). Über die Notwendigkeit einer Eröffnungsbilanz s. § 17 S. 53.

b) Hinsichtlich der Form der Jahresbilanz sind die §§ 39 u. 40 HGB. zu beachten ROLG. 8, 261; es ist zulässig, daß eine Genossenschaft durch Vereinbarung oder Satzung für ihre Bilanzen Bestimmungen trifft, die den für die Bilanzen der Aktiengesellschaften insbesondere nach § 261 HGB. bestehenden Vorschriften entsprechen oder nachgebildet sind (JW. 1902, 191; ZBlFG. 9, 631). Weitergehend muß im Interesse einer ordnungsmäßigen (vgl. ROLG. 8, 261) Bilanz und einer soliden Geschäftsgebarung eine solche Anpassung als unbedingte Notwendigkeit bezeichnet werden. Wegen der hieraus sich ergebenden Grundsätze speziell aus § 261 HGB. für die Wertsansätze muß auf die Kommentare z. HGB. verwiesen werden; aus der Rechtsprechung für Genossenschaften vgl. RG. 43, 123; RGStr. 36, 436; 38, 1 ff.; 39, 222; Holdh. 8, 143; Sonderung der Aufführung der Geschäftsguthaben von den Geschäftsschulden ROLG. 4, 479. Im Hinblick auf § 41 HGB. ist die Bilanz von sämtlichen Vorstandsmitgliedern zu unterzeichnen (RG. 13, 238). Wegen Unterzeichnung durch ausgeschiedene Vorstandsmitglieder s. PC. S. 257; praktisch ist dieselbe unmöglich.

3. a) Die Bilanz ist zu veröffentlichen und zwar die von der Generalversammlung genehmigte (vgl. § 265 HGB.) und innerhalb längstens sechs Monaten nach Ablauf jedes Geschäftsjahres, s. hiezu LZ. 4, 314; dieser Veröffentlichung haben die in § 38 Abs. 1 Schlußsatz, § 48 Abs. 2 u. § 43 vorgeschriebenen Akte vorauszugehen.

Die Veröffentlichung muß in deutscher Sprache erfolgen (RJA. 2, 177), in den nach § 6 Z. 4 bestimmten Blättern (nicht durch Zirkular BlfGw. 1888 S. 326) und in der Form, wie sie genehmigt ist (vgl. ROLG. 4, 479). Diese Veröffentlichung braucht nicht unterzeichnet zu werden.

Strafvorschriften s. § 160.

b) Zu veröffentlichen ist weiter eine Aufstellung über die Mitgliederbewegung (d. h. die Zahl der eingetretenen und ausgeschiedenen s. hiezu MB. S. 178, PC. S. 265) und die Zahl der am Jahresschluß der Genossenschaft angehörigen Genossen; es sind dabei diejenigen ausgeschiedenen Mitglieder nicht mitzuzählen, deren Ausscheiden zum Schlusse des Geschäftsjahrs erfolgt ist (so bereits ZHR. 53 S. 406 ff. und jetzt RG. 56 S. 425 gegen früher ROLG. 5 S. 280).

4. Die Bekanntmachung der Bilanz und der unter Ziffer 3 bezeichneten Angaben hat der Vorstand zu dem Genossenschafts-Register einzureichen und zwar auch zu dem einer Zweigniederlassung (§ 157 Abs. 2) durch Vorlage eines Belegblattes aus jedem statutarischen Publikationsorgan (PC. S. 266). Dieselbe Verpflichtung obliegt den Liquidatoren RJA. 5, 248. Zur Einreichung bedarf es nicht der Mitwirkung sämtlicher Vorstandsmitglieder, auch nicht der beglaubigten Form (§ 7 AV.), Ordnungsstrafen s. § 160. — Über den Umfang der Prüfung der Bilanz durch den Registerrichter s. Recht 6, 381; KG. 20, 60; RJA. 3, 81.

§ 34.

Die Mitglieder des Vorstandes haben die Sorgfalt eines ordentlichen Geschäftsmannes anzuwenden.[1])

Mitglieder, welche ihre Obliegenheiten verletzen, haften der Genossenschaft persönlich und solidarisch für den dadurch entstandenen Schaden.[2])

Insbesondere sind sie zum Ersatze der Zahlung verpflichtet, wenn entgegen den Vorschriften in §§ 19, 22 der Gewinn oder das Geschäftsguthaben ausgezahlt wird.[3])

Die Ansprüche auf Grund der vorstehenden Bestimmungen verjähren in fünf Jahren.[4])

1. § 34 entspricht inhaltlich dem § 241 HGB., § 43 GmbHG.

Die Sorgfalt eines ordentlichen Geschäftsmanns ist die eines Hausvaters in geschäftlichen Dingen (Motive

S. 116); mit Neukamp S. 189 ist zu behaupten, daß die hienach anzuwendende Sorgfalt bei kaufmännischen Unternehmungen objektiv nicht geringer sein darf, wie die, welche hiebei ein ordentlicher Kaufmann anwenden muß, ebenso Staub Anm. 9 zu § 202, derselbe GmbHG. Anm. 1 § 43; (wegen Rechtsirrtum vgl. RG. 39, 98); vgl. ferner LZ. 4, 248.

Die Vorschrift über die Verantwortlichkeit ist eine zwingende Rechtsnorm, kann weder durch Statut noch Dienstvertrag abgeschwächt werden (vgl. im allgemeinen BlfRA. 66, 1 ff., ROLG. 9, 266 für G. m. b. H.); damit ist aber ein nachträglicher Verzicht auf die aus § 34 gegen die Vorstandsmitglieder erworbenen Rechte auf Schadensersatz nicht verwehrt (RG. bei Holdh. 9 S. 189).

Die Vorschrift regelt (wie die des § 241 HGB.) an und für sich nur das Vertragsverhältnis zwischen der Körperschaft und den Personen, die für die Körperschaft oder in deren Interesse tätig werden sollen; § 34 Abs. 1 hat demnach nicht den Charakter eines Schutzgesetzes nach § 823 Abs. 2 BGB. (RG. 63, 324; ROLG. 12, 433; 14, 352; ebenso Staub Anm. 20 zu § 241; weitergehend Recht 10 Nr. 2104 S. 859). (Gegenüber den Genossen, mit denen der Vorstand überhaupt in keinem Vertragsverhältnis steht (JW. 1889, 130), haften die Vorstandsmitglieder nur außerkontraktlich RG. 59, 49. Der Genossenschaft gegenüber kann sich ein Genosse nicht auf das Verhalten des Vorstands berufen. RG. 57, 292; 68, 348, 349; DLGPr. 1910 S. 35; ebensowenig besteht ein Vertragsverhältnis (LZ. 4, 219) mit den Gläubigern der Genossenschaft. Ausnahme unter 2c.

Der Beweis der Pflichtwidrigkeit des Vorstands und des damit ursächlich zusammenhängenden Schadens trifft die Genossenschaft; den Einwand, daß ihm Pflichtwidrigkeit nicht zur Last fällt, hat der Vorstand zu beweisen (RG. 13, 46; 20, 269; 35, 86; Kaiser S. 86); das ausgeschiedene Vorstandsmitglied kann zu diesem Zwecke sich auf die Geschäftsbücher berufen § 810 BGB.; LZ. 2, 448. — Die Erteilung der Entlastung durch die Generalversammlung bezieht sich nicht auf Pflichtwidrigkeiten, die aus den ihr gemachten Vorlagen nicht zu entnehmen waren, RG. 12, 77; 13, 51; 18, 63; vgl. zu § 43.

2. a) Aus der Fassung des Gesetzes folgt, daß nur die Mitglieder haften, welche ihre Obliegenheiten verletzt haben und zwar als Gesamtschuldner (§ 421 ff. BGB.) „jedoch nicht in der Weise, daß alle Vorstandsmitglieder für das Versehen eines haften, sondern derart, daß diejenigen, aus deren schuldhaften Verhalten ein Schaden entstanden ist, solidarisch haften" (Staub Anm. 7 zu § 241; Rspr. 8, 262). Die Einrede der Vorausklage nach § 771 BGB. ist ausgeschlossen RG. 13, 51. „Soweit nicht einzelne Zweige der Geschäftsführung durch den Gesellschaftsvertrag (oder, wie hinzuzusetzen ist, auf Grund Ermächtigung desselben durch die Geschäftsordnung) bestimmten Vorstandsmitgliedern zugewiesen sind, haben alle Mitglieder sich der Geschäftsführung zu unterziehen; eine von denselben unter sich beschlossene Teilung der Verwaltung ist der Genossenschaft gegenüber in Ansehung der persönlichen Haftung der Vorstandsmitglieder ohne rechtliche Wirkung" RG. 12 S. 76.

b) Die Obliegenheiten bestehen in Handlungen und Unterlassungen. „Das bloße Nichtwissen von Pflichtverletzungen einzelner Vorstandsmitglieder entlastet die andern dann nicht, wenn sie eine ihnen obliegende Mitwirkung insbesondere Kontrolle unterlassen haben"; ROLG. 8, 262; LZ. 2, 229.

Der Anspruch auf Ersatz des Schadens besteht nur für die Genossenschaft, dem einzelnen Genossen steht in Angelegenheiten der Genossenschaft auch kein Beschwerderecht zu; Recht 10 S. 866 Nr. 2155; vgl. § 43.

Der Genossenschaft gegenüber hat der Vorstand den Einwand, daß seine Handlung oder Unterlassung auf Beschluß der Generalversammlung beruhe, sofern er nicht durch ein schuldhaftes Verhalten die Generalversammlung zu dem schädigenden Beschlusse veranlaßt hat; Holdh. 9 S. 189; DJZ. 1900 S. 396. Über die Pflicht zur Einberufung einer Generalversammlung vgl. die Ausführungen zu § 38 Abs. 2 S. 97.

c) Ausnahme für unmittelbaren Anspruch der Gläubiger s. § 90 Abs. 3 und § 142; weitergehend § 241 Abs. 3 u. 4 HGB.

3. Absatz 3 gibt besondere Beispiele für pflichtwidriges Verhalten, in denen nach den Motiven (a. a. O. S. 116) die Vorstandsmitglieder auch ohne besonderen Schadensnachweis, namentlich auch ohne Rücksicht auf die Solvenz oder Insolvenz des rückzahlungspflichtigen Genossen der Genossenschaft ersatzpflichtig sind. (Nachweis eingetretenen Schadens verlangt für G. m. b. H. Neukamp S. 192; für Genossenschaften kann diese Forderung nicht zutreffen; denn hier ist der Vorstand primär ersatzpflichtig.)

Für die weiter nach § 22 noch in Betracht kommenden Fälle des Erlasses von Einzahlungen, welche auf die Geschäftsanteile geschuldet werden, oder der Zulassung einer Aufrechnung gegen solche Einzahlungen erscheint eine gleiche Bestimmung nicht erforderlich, da diese Rechtsakte, weil an sich ungültig, eine effektive Verminderung des Genossenschaftsvermögens nicht bewirken.

4. Die Verjährung der Ansprüche aus den Bestimmungen dieses Paragraphen, deren Frist auf 5 Jahre festgesetzt ist, richtet sich nach den Bestimmungen der §§ 194, 198 ff. BGB., dieselbe beginnt „mit der Entstehung des Anspruchs"; über diesen Begriff vgl. Staudinger zu § 198; Cosack BGB. § 74 Z. VI; über die „Anspruchsverjährung gegenüber der Klagenverjährung" des gemeinen Rechts s. Vorbemerkung zu § 194 bei Staudinger und § 194 Anm. 4. Wußte bei Kreditgewährung der Vorstand, daß der Schuldner zurzeit derselben kreditunfähig war, so entstand der Schaden der Genossenschaft als Folge seiner Pflichtverletzung nicht erst in dem Zeitpunkt, in dem die Kreditunwürdigkeit des Schuldners durch die Konkurseröffnung allgemein bekannt wurde, sondern schon in dem Augenblicke der Kreditgewährung; für die Frage der Verjährung kommt aber in Betracht, daß nach Ablauf der ursprünglichen Zahlungsfrist in jeder Verlängerung des statutenwidrigen, ungedeckten Kredits jeweils eine neue Pflichtverletzung des Vorstands liegt (LZ. 2, 229). Die Verjährung beginnt ohne Rücksicht auf die Kenntnis des Beschädigten RG. 39, 48, da es sich um eine vertragliche Haftung handelt. Daneben oder unabhängig hievon kann ein Anspruch aus uner-

laubten Handlungen bestehen; insoweit greift § 852 BGB. Platz (vgl. hiezu PC. S. 271 ff.). Über Haftung aus einem selbständigen Schuldgrunde gegenüber Genossen und Dritten vgl. Staub § 241 Anm. 22 ff.

§ 35.

Die für Mitglieder des Vorstandes gegebenen Vorschriften gelten auch für Stellvertreter von Mitgliedern.

Vgl. § 242 HGB.; § 44 GmbHG.

Stellvertreter von Vorstandsmitgliedern stehen in allen rechtlichen Beziehungen den letzteren vollständig gleich.

Auch die stellvertretenden Vorstandsmitglieder sind wirkliche Vorstandsmitglieder, den ordentlichen in Recht und Pflicht gleichgestellt, nur im Verhältnis nach innen sind sie nach Maßgabe der Anstellungsbedingungen auf die Mitwirkung im Vertretungsfalle beschränkt. ROLG. 6, 467. Dritten gegenüber hängt die Vertretungsmacht nicht von wirklichem Vorhandensein eines Vertretungsfalles ab RG. 24, 837; vgl. § 27 Abs. 2. Die Stellvertreter sind nach § 18 Abs. 1 AV. zum Genossenschafts-Register anzumelden und einzutragen mit Beginn ihres Amtes. Auch Stellvertreter müssen daher Genossen sein; bei der Zeichnung ist das Stellvertretungsverhältnis zum Ausdruck zu bringen. Unterlassung dieses Zusatzes ist unschädlich ROLG. 20, 130; vgl. RG. 50, 60.

Will ein Vorstandsmitglied im eigenen Namen mit der Genossenschaft ein Rechtsgeschäft vornehmen, so kann außer dem Aufsichtsrat gemäß § 39 Abs. 1 ein Stellvertreter neben einem anderen Vorstandsmitglied in dieser Beziehung die Genossenschaft vertreten; § 181 BGB. trifft hier nicht zu, vgl. ROLG. 11, 395; Holdh. 17, 289.

Vgl. ferner § 37.

§ 36.

Der Aufsichtsrat besteht, sofern nicht das Statut eine höhere Zahl festsetzt, aus drei von der General-

versammlung zu wählenden Mitgliedern.[1]) Die zu einer Beschlußfassung erforderliche Zahl ist durch das Statut zu bestimmen.[2])

Die Mitglieder dürfen keine nach dem Geschäftsergebnis bemessene Vergütung (Tantième) beziehen.[3])

Die Bestellung zum Mitgliede des Aufsichtsrats kann auch vor Ablauf des Zeitraums, für welchen dasselbe gewählt ist, durch die Generalversammlung widerrufen werden. Der Beschluß bedarf einer Mehrheit von drei Vierteilen der erschienenen Genossen. [3])[4])[5])

Vgl. § 243 HGB.; § 52 GmbHG.

1. Wie der Vorstand ist auch der Aufsichtsrat ein obligatorisches Organ der Genossenschaft; auch seine Bezeichnung als „Aufsichtsrat" ist unabänderlich.

a) Er wird durch die Generalversammlung gewählt; eine andere Art der Bestellung ist ungesetzlich. RG. 65, 92. Die Wahl braucht nicht angenommen zu werden; durch die Annahme wird lediglich ein Vertragsverhältnis zwischen dem Gewählten und der Genossenschaft begründet. ROLG. 11, 398.

Die Mitglieder müssen Genossen sein; nur wenn Mitglieder von eingetragenen Genossenschaften, welch letztere Genossen sind, in den Aufsichtsrat gewählt werden, fällt dieses Erfordernis weg; § 9 Abs. 2.

Über Firmen als Mitglieder des Aufsichtsrats von Aktiengesellschaften vgl. LZ. 2, 1 ff.

b) Bestimmt das Statut nichts über die Zahl, so muß der Aufsichtsrat aus mindestens drei Mitgliedern bestehen.

Angabe einer Mindestzahl im Statut zulässig RJA. 8, 202.

2. Das Statut hat festzusetzen, welche Zahl von Mitgliedern zu einer Beschlußfassung des Aufsichtsrats erforderlich ist; diese Bestimmung ist obligatorisch. Die Statuten bestimmen in der Regel und zweckmäßig über die Bestellung eines Vorsitzenden und eines Stellver-

treters und die Form der vom Aufsichtsrat ergehenden Bekanntmachungen und Erklärungen. Der Aufsichtsrat handelt nach außen hin als ein einheitliches Organ; im innern Verhältnis sind diejenigen Mitglieder, die bei dem Beschluß nicht mitgewirkt haben, oder überstimmt worden sind, verpflichtet, bei der Ausführung des gefaßten Beschlusses nach außen mitzuwirken. ROLG. 12, 431.

Die Beschlußfassung kann verschieden geregelt sein, z. B. daß allgemein absolute Mehrheit oder für bestimmte Fälle Einstimmigkeit gefordert ist. Ist die statutmäßig erforderte Zahl von Aufsichtsratsmitgliedern nicht versammelt, so kann ein gültiger Beschluß nicht gefaßt werden. Ein gültiger Aufsichtsratsbeschluß ist ferner dann nicht vorhanden, wenn auch bei genügender Präsenz und genügender Stimmzahl nicht allen Mitgliedern die Möglichkeit der Mitwirkung gegeben (z. B. ein Mitglied nicht geladen) war; ein nachträglicher Beitritt hat in solchen Fällen keine Rückbeziehung auf den Zeitpunkt der früheren Beschlußfassung; es handelt sich hiebei nicht um eine nachträgliche Zustimmung im Sinne des § 184 BGB.; RG. 66, 369.

Zulässig ist auch eine Beschlußfassung in dringlichen Fällen im Wege schriftlicher, telegraphischer oder telephonischer Abstimmung. RG. ebenda.

3. a) Eine Besoldung der Mitglieder des Aufsichtsrats in Form fester Bezüge, Sitzungsgelder, ist nicht verboten; verboten ist nur eine Vergütung, die nach dem Geschäftsergebnisse bemessen ist (Tantièmen). Die Festsetzung der Vergütungen obliegt der Generalversammlung, als dem Organ, welches den Aufsichtsrat bestellt; je nachdem dieser Bestellungsvertrag eine Besoldung gewährt oder nicht, charakterisiert er sich als Dienstvertrag (§ 611, 675 BGB.) oder als Auftrag (§ 662 BGB.; ROLG. 11 S. 398; LZ. 2 S. 16ff.).

b) Wegen Kündigung und Amtsniederlegung s. ZHR. 52 S. 31ff.; ROLG. 11, 398 und die dort zitierten.

Die Kündigung kann ordnungsmäßig an den Vorstand erfolgen; nach ordnungsmäßig erfolgter Kündigung kann das kündende Mitglied seine Stellung als Aufsichtsratsmitglied nur durch formgerechte Neuwahl der Generalversammlung wieder erlangen (RsprOLG. a. a. O.).

3. a) Das Widerrufsrecht seitens der Genossenschaft wird wie die Anstellung durch die Generalversammlung ausgeübt; dasselbe besteht auch ohne Vorliegen eines wichtigen Grundes und begründet (im Gegensatz zu § 24 Abs. 4) im Besoldungsfalle keinen Anspruch auf Fortbezug der seither gewährten Vergütung oder auf Entschädigung wegen Wegfalls der Vergütung „soweit es sich um Vergütungen handelt, die dieses Mitglied nicht infolge besonderer vertraglicher Vereinbarung, sondern lediglich infolge seiner Wahl für seine bezügliche „Tätigkeit" im Interesse der Gesellschaft seither bezogen hat" RG. 68, 223; LZ. 2, 444; vgl. hiezu die Kommentare zu § 245 HGB. Die Mitglieder des Aufsichtsrates haben daher auch kein Vorzugsrecht im Konkurs nach § 61 Z. 1 KO.

b) Notwendig ist zum Widerruf eine Dreiviertel-Mehrheit der in der Generalversammlung erschienenen Genossen vgl. Recht 9 Nr. 1793; eine Herabsetzung der Vergütung aber kann von der Generalversammlung mit einfacher Mehrheit beschlossen werden (RG. ebenda).

c) Die Amtsdauer richtet sich im übrigen nach Statut oder Bestimmung des durch die Generalversammlung abgeschlossenen Dienstverhältnisses; Beschränkung der Amtsdauer wie nach § 243 Abs. 3 HGB. ist nicht vorgesehen.

Austritt wegen Ausschlusses aus der Genossenschaft s. § 68 Abs. 4.

4. Anmeldung des Aufsichtsrats zum Genossenschaftsregister ist im Gegensatz zu § 195, 244 HGB. nicht vorgeschrieben.

5. Die Bestimmungen über den Aufsichtsrat nach § 36 Abs. 2, 3, §§ 37—40 und § 41 Abs. 1, 2 u. 4 sind für den fakultativen Aufsichtsrat der kleinen Vereine nach § 53 Abs. 3 Gesetz über die privaten Versicherungsunterneh-

mungen vom 12. Mai 1901 entsprechend anwendbar erklärt.

§ 37.

Die Mitglieder des Aufsichtsrats dürfen nicht zugleich Mitglieder des Vorstandes oder dauernd Stellvertreter derselben sein, auch nicht als Beamte die Geschäfte der Genossenschaft führen.[1]) Nur für einen im voraus begrenzten Zeitraum kann der Aufsichtsrat einzelne seiner Mitgliedern zu Stellvertretern von behinderten Mitgliedern des Vorstandes bestellen; während dieses Zeitraums und bis zur erteilten Entlastung des Vertreters darf der letztere eine Tätigkeit als Mitglied des Aufsichtsrats nicht ausüben.[2])

Scheiden aus dem Vorstande Mitglieder aus, so dürfen dieselben nicht vor erteilter Entlastung in den Aufsichtsrat gewählt werden.[3])

Vgl. § 248 HGB.; § 52 GmbHG.

1. a) Die Bestimmungen des § 37 gründen sich auf den stets scharf zu scheidenden Unterschied zwischen Vorstand als geschäftsleitendem und Aufsichtsrat als kontrollierendem Organ, s. hierüber zu § 38 (Gegen diese Unterscheidung Staub § 248 Einleitung).

b) Hienach ist das Amt eines Aufsichtsratsmitglieds unvereinbar mit der gleichzeitigen Stellung als Vorstandsmitglied der Genossenschaft oder als dauernder Stellvertreter eines solchen; dasselbe kann auch nicht als Beamter der Genossenschaft Geschäfte derselben führen. Alle diese Stellungen würden zu Konflikten mit der vom Gesetz den beiden Organen, Vorstand und Aufsichtsrat, zugewiesenen Aufgaben führen. Unter diese verbotene Geschäftsführung fällt auch die dauernde Stellung als Justitiar, Vertrauensarzt, Architekt (Staub Anm. 1 zu § 248).

c) Scheidet das Aufsichtsratsmitglied aus dem Aufsichtsrat aus, so fällt damit der Hinderungsgrund natürlich hinweg.

2. a) Eine Ausnahme sieht Satz 2 vor:

Ohne daß die Stellung als Aufsichtsratsmitglied alteriert wird, kann ein solches vom Aufsichtsrat in den Vorstand delegiert werden, aber nur für eine im voraus kalendermäßig bestimmte Zeit, nur als Stellvertreter von behinderten Mitgliedern des Vorstands (darunter ist auch Ausscheiden eines Vorstandsmitglieds durch Tod oder aus anderm Grunde (RJA. 1, 57; 9, 106; Holdh. 5, 371; wie hier jetzt auch Staub § 248 Anm. 3; Behrend § 127 Anm. 20, für analoge Anwendung PC. S. 281) zu verstehen); das als Stellvertreter des behinderten Vorstandsmitglieds funktionierende Mitglied des Aufsichtsrats hat in bezug auf Geschäftsführung und Vertretung die Stellung des behinderten Vorstandsmitglieds; im übrigen bleibt sein Bestellungsvertrag (und insbesondere sein Vergütungsanspruch) unberührt; Ritter Anm. 2 zu § 249, ebenso Staub Anm. 5 zu § 248; a. A. PC. S. 282.

b) Die Stellvertretung von Beamten ist einem Aufsichtsratsmitglied unter allen Umständen untersagt. Voraussetzung der Delegation ist weiter, daß der Aufsichtsrat nicht beschlußunfähig wird; vgl. § 36 Abs. 1 Satz 2; so auch Staub Anm. 3 zu § 248 und die dort zitierten; Proebst S. 148 und Joel S. 524; dagegen MB. S. 189 und PC. S. 282, die unter Hinweis auf § 148 nur verlangen, daß innerhalb drei Monaten der Aufsichtsrat wieder beschlußfähig ist. Vgl. hiezu § 29 BGB.

c) Die Bestellung von Stellvertretern behinderter Vorstandsmitglieder ist nach § 157 zum Genossenschaftsgericht anzumelden und einzutragen, desgleichen die Beendigung der Vertretungsbefugnis, § 18 AB.

Eine Prüfung, ob ein Fall der Behinderung besteht, liegt dem Registerrichter nicht ob, sondern lediglich die, ob ein rechtmäßiger Beschluß über die Bestellung vorliegt (so PC. S. 283; Ring Anm. 3 zu Art. 225a; anders Staub, Pinner, Merzbacher, Cohn).

d) Die Tätigkeit des Vertreters als Aufsichtsratsmitglied ist solange suspendiert, bis er als Vertreter entlastet ist; das kann nur durch die Generalversammlung geschehen.

3. Nichtbeachtung der Bestimmung in Absatz 3 hat Ungültigkeit der Wahl zur Folge; die Bestellung ausgeschiedener Mitglieder des Aufsichtsrates zu Mitgliedern des Vorstands ist vor erteilter Entlastung zulässig.

§ 38.

Der Aufsichtsrat [1]) hat den Vorstand bei seiner Geschäftsführung in allen Zweigen der Verwaltung zu überwachen und zu dem Zweck sich von dem Gange der Angelegenheiten der Genossenschaft zu unterrichten. [2]) Er kann jederzeit über dieselben Berichterstattung von dem Vorstande verlangen und selbst oder durch einzelne von ihm zu bestimmende Mitglieder die Bücher und Schriften der Genossenschaft einsehen, sowie den Bestand der Genossenschaftskasse und die Bestände an Effekten, Handelspapieren und Waren untersuchen. Er hat die Jahresrechnung, die Bilanzen und die Vorschläge zur Verteilung von Gewinn und Verlust zu prüfen und darüber der Generalversammlung vor Genehmigung der Bilanz Bericht zu erstatten. [3])

Er hat eine Generalversammlung zu berufen, wenn dies im Interesse der Genossenschaft erforderlich ist. [4])

Weitere Obliegenheiten des Aufsichtsrates werden durch das Statut bestimmt. [5])

Die Mitglieder des Aufsichtsrats können die Ausübung ihrer Obliegenheiten nicht anderen Personen übertragen. [6]) [7])

Vgl. § 246 HGB.; § 52 GmbHG.

Wie bereits hervorgehoben sind die Funktionen von Vorstand und Aufsichtsrat grundsätzlich streng von einander zu scheiden nach der Richtung, daß der Vorstand in der Tat Organ der Genossenschaft ist d. h. durch seine eigene Tätigkeit den Willen der Genossenschaft zum Ausdruck bringt (RG. 3, 129) und der Aufsichtsrat die Führung der Geschäfte überwacht; vgl. hiezu Renaud S. 626.

Hieraus folgt aber nicht, daß der Aufsichtsrat dem Vorstand übergeordnet ist; dies folgt schon aus der unbeschränkten und unbeschränkbaren Befugnis des Vorstands, die Genossenschaft gerichtlich und außergerichtlich zu vertreten (ebenso PC. S. 277).

2. Wie der Aufsichtsrat der Überwachungspflicht obliegt (LZ. 2 S. 15 u. 445), ist Sache seines pflichtgemäßen Ermessens; „zu dem Zwecke" der Überwachung hat er sich von dem Gang der Angelegenheiten zu unterrichten; hierin ist zugleich die Grenze seiner Tätigkeit gezogen, aber auch angedeutet, wie weit die Informationspflicht geübt werden muß, um dem Zwecke zu genügen. Satz 2 wahrt und sichert einerseits dem Vorstande gegenüber das Recht des Aufsichtsrates auf das Verlangen der Berichterstattung, auf die Bücher, Kassen- und Effektenkontrolle; andererseits erläutert er den ersten Satz und gibt Anhaltspunkte, in welcher Weise der Aufsichtsrat die Überwachung und Information über den Geschäftsgang betätigen kann und soll; er führt beispielsweise einzelne Momente an, die nach der Ansicht des Gesetzgebers die Überwachungspflicht praktisch ermöglichen. Die Tatsachen der eigenen Verantwortlichkeit des Vorstands, die Verpflichtung desselben Bücher zu führen und die strafrechtliche Verantwortlichkeit des Vorstands hiefür statuieren eine verschärfte Verantwortlichkeit des Vorstands.

Das Verhältnis zwischen Aufsichtsrat und Vorstand ist daher bedingt durch den Grundsatz beiderseitigen Vertrauens und Entgegenkommens. Daher ist auch, wie Staub Anm. 5 zu § 246 zutreffend bemerkt, das Recht des Aufsichtsrats, jederzeit Berichterstattung vom

Vorstand zu fordern, cum grano salis zu verstehen; es liegt auf der Hand, daß hier nur vernünftige Anforderungen gestellt werden können.

So „kann" der Aufsichtsrat die Bücher einsehen, er „muß" es aber nicht tun, ohne seine Amtspflicht zu verletzen (vgl. Pinner S. 170); bei einem größeren Unternehmen ist für den Aufsichtsrat eine genaue Prüfung unmöglich; das wäre unter Umständen eine Verzettelung seiner auf das große Ganze zu richtenden Beaufsichtigung.

3. a) Dagegen muß nach Satz 3 der Aufsichtsrat die Jahresrechnung usw. prüfen; auch hier aber braucht er sich nicht auf formelle Details einzulassen; die Prüfung kann nur darin bestehen, daß er sich von der Übereinstimmung der Bilanz mit den Büchern überzeugt und die Grundsätze, nach denen die Bilanz aufgestellt ist, seiner Beurteilung unterzieht (Staub a. a. O. Anm. 8), er hat daher nicht die sämtlichen Inventurbestände nachzuprüfen.

Bei der Berichterstattung an die Generalversammlung sind alle den Stand der Verhältnisse berührenden und beeinflussenden Momente anzugeben; die Darstellungen müssen der Wahrheit entsprechen (RGStr. 38, 195 ff.); insbesondere dürfen Veruntreuungen des Vorstands nicht verschwiegen werden (Holdh. 18 S. 135); vgl. § 147. Haftung für eine veröffentlichte unrichtige Bilanz Holdh. 17, 234.

b) Weitere Obliegenheiten des Aufsichtsrats werden durch das Statut bestimmt; Grundsätze, welche sich hiefür nicht schon aus dem Gesetze ergeben, braucht das Statut nicht zu enthalten. In dem Statut können weitere, dem Aufsichtsrat obliegende Verpflichtungen einer Dienstanweisung, welche die Generalversammlung festzusetzen hat, vorbehalten werden (KG. 15, 54); dieselbe würde zu weit gehen, wenn sie z. B. vorschreiben würde, wie oft der Aufsichtsrat Sitzungen abzuhalten habe.

Die weitern Obliegenheiten dürfen nicht konkurrieren mit den dem Vorstand gesetzlich statutarisch zugewiesenen Befugnissen.

Die Generalversammlung als solche kann derartige Erweiterungen der Obliegenheiten nicht beschließen. Die dem Aufsichtsrat so zugewiesenen Obliegenheiten dürfen auch nicht so weit gehen, daß der Vorstand hiedurch faktisch als Geschäftsführer ausgeschaltet wird (anders Staub Anm. 10).

4. Die Forderung des Absatz 2 deckt sich mit der Bestimmung in § 44 Abs. 2 (PC. S. 287); der Zweck der Berufung ist hiebei nach § 46 Abs. 2 bekannt zu machen.

Unterlassung der Berufung macht den Aufsichtsrat ersatzpflichtig; es steht ihm aber der Gegenbeweis offen, daß die Generalversammlung, wenn berufen, den Abschluß des Vertrags beschlossen haben würde; so RG. 35, 83 ff.; dagegen versagt diesen Gegenbeweis eine Entscheidung des RG. I. ZS. vom 3. Mai 1902 vgl. Holdh. 11, 266 und 12, 197; s. letzteren Orts die hiegegen geltend gemachten Gründe; vgl. die Verhandlungen und Beschlüsse des 27. Deutschen Juristentags hierüber und Holdh. 13 S. 239.

5. s. oben unter Z. 3 b.

6. Das Amt eines Aufsichtsratsmitglieds ist höchst persönlich (Ritter § 246 Anm. 8); das einzelne Mitglied kann die Ausübung seiner Obliegenheiten nicht einem andern Mitglied oder einem Dritten übertragen (ähnlich PC. S. 288); nur der Aufsichtsrat als solcher kann die ihm in seiner Gesamtheit zustehenden Obliegenheiten nach der Richtung einem von ihm zu bestimmenden Mitglied (vgl. Abs. 1 Satz 2) übertragen, daß dieses die Bücher und Schriften der Genossenschaft einsieht und die Bestände prüft. Das einzelne Mitglied hat als solches kein Recht hiezu; vgl. ROLG. 4 S. 469. In gleicher Weise kann zur Besorgung anderer dem Aufsichtsrat zustehenden Obliegenheiten ein einzelnes Mitglied bestimmt bzw. dem Vorstand an die Seite gegeben werden unbeschadet immer des § 37. Die hier vorgesehene Übertragung kann natürlich auch an mehrere Mitglieder (sog. Kommission) erfolgen; die Einrichtung einer solchen Kommission als ständiges Organ entlastet den Aufsichtsrat nicht von seinen ihm als Gesamtheit obliegenden

Pflichten. S. auch der Aufsichtsrat in Genossenschaften von Ernst Kuckuck. (Vgl. Pinner S. 172 wegen der Bildung eines Verwaltungsrats, Staub § 248 Anm. 15; Holdh. 2, 66; RG. 48, 40 ff.)

Unzulässig wäre es auch, wenn der Aufsichtsrat ein Mitglied zu einer ständigen Kontrolle mit besonderer Vergütung hiefür bestellt; dies käme der Aufstellung eines Mitglieds als Beamten, welcher die Geschäfte der Genossenschaft führt, gleich (§ 37 Abs. 1); das schließt nicht aus, daß der Aufsichtsrat zu einzelnen Geschäften besondere Sachverständige zuzieht; Holdh. 1, 58. Die Kosten eines Rechtsgutachtens treffen nicht die Genossenschaft, sondern die einzelnen Aufsichtsratsmitglieder LZ. 4, 90 (für AG.).

Über die Rechtsstellung des Vorsitzenden des Aufsichtsrats s. RG. 66, 375.

7. Eine Delegation von Aufsichtsratsmitgliedern ist auch in der Art unter Umständen möglich und zulässig, daß einzelne Mitglieder von vornherein dem, was die übrigen Mitglieder bestimmen, generell zustimmen; dies ist aber nicht auf Beschlüsse anwendbar, die zum Inhalt eine zur Wirksamkeit nach außen bestimmte Willenserklärung des Aufsichtsrats haben (vgl. RG. 66, 373).

§ 39.

Der Aufsichtsrat ist ermächtigt, die Genossenschaft bei Abschließung von Verträgen mit dem Vorstande zu vertreten und gegen die Mitglieder desselben die Prozesse zu führen, welche die Generalversammlung beschließt. [1])

Der Genehmigung des Aufsichtsrates bedarf jede Gewährung von Kredit an ein Mitglied des Vorstandes, soweit letztere nicht durch das Statut an noch andere Erfordernisse geknüpft oder ausgeschlossen ist. Das gleiche gilt von der Annahme eines Vorstandsmitgliedes als Bürgen für eine Kreditgewährung. [2])

In Prozessen gegen die Mitglieder des Aufsichtsrats wird die Genossenschaft durch Bevollmächtigte vertreten, welche in der Generalversammlung gewählt werden. [3])

Vgl. § 247 HGB.; § 52 GmbHG.

1. In den hier genannten Fällen ist eine A u s n a h m e von der alleinigen Vertretungsbefugnis der Genossenschaft durch den Vorstand statuiert.

a) Der Aufsichtsrat vertritt die Genossenschaft, wenn dieselbe mit dem Vorstand ein Rechtsgeschäft abschließt (nicht nur Anstellungsverträge, PC. S. 290). Ist der Aufsichtsrat allein und ohne Mitwirkung der Generalversammlung zum Abschluß der Anstellungsverträge befugt, so ist er auch allein befugt zur Abänderung der Verträge und insbesondere zur Übernahme von Pensionsversicherungsprämien auf die Genossenschaft zugunsten der Vorstandsmitglieder, BlfGw. 1908 S. 289. Die Vertretungsbefugnis ist aber keine ausschließliche (a. A. MB. S. 194; Merzbacher S. 118; wie hier PC. 291; in solchen Fällen müssen beim Mangel anderweitiger statutarischer Bestimmungen sämtliche Mitglieder des Aufsichtsrats gemeinsam handeln oder Vollmacht erteilen Holdh. 13, 76) und nicht bloß „innerhalb der durch Statut und Generalversammlung gezogenen Grenzen" zulässig (Recht 12, 139); vgl. hiezu § 24.

b) Der Aufsichtsrat ist Vertreter der Genossenschaft in den Prozessen gegen die Vorstandsmitglieder, welche die Generalversammlung beschließt; die Legitimation des Aufsichtsrats ist vom Gericht von Amts wegen zu prüfen, § 56 ZPO.; Gerichtsstand nicht nach § 22 ZPO., dieser ist nur gegeben, wenn die Klage gegen den Vorstand als Genossenschaftsmitglied erhoben wird. Seuffert Anm. 3 zu § 22 ZPO.

c) Über Vertretung in Klagen gegen die Genossenschaft vgl. § 51 Abs. 3.

d) In Prozessen der Genossenschaft als Klägerin oder Beklagter können die Mitglieder des Aufsichtsrats als Zeugen vernommen werden JW. 1894, 197.

2. Das Statut kann die Gewährung von Kredit an Vorstandsmitglieder oder Annahme derselben als Bürgen für eine Kreditgewährung ganz ausschließen; ist dies nicht der Fall oder sind keine weitergehenden Erfordernisse aufgestellt, so ist unter allen Umständen die Genehmigung des Aufsichtsrats hiezu notwendig; dies gilt für alle Genossenschaften, z. B. für Warenkredite usw.

3. Es handelt sich hier um Prozesse, die aus der Haftung der Mitglieder des Aufsichtsrats gegenüber der Genossenschaft anhängig gemacht werden; auch die Legitimation dieser Bevollmächtigten ist von Amts wegen zu prüfen § 56 ZPO.; dieselbe wird geführt durch Abschrift des Bestellungsbeschlusses der Generalversammlung. — Im Konkurs ist der Konkursverwalter ohne weiters legitimiert; Holdh. 6, 29.

§ 40.

Der Aufsichtsrat ist befugt,[1] nach seinem Ermessen Mitglieder des Vorstandes vorläufig,[2] bis zur Entscheidung der ohne Verzug zu berufenden Generalversammlung,[3] von ihren Geschäften zu entheben[4] und wegen einstweiliger Fortführung derselben das Erforderliche zu veranlassen.[5]

1. Diese Befugnis des Aufsichtsrats kann dem Aufsichtsrat nicht durch Statut entzogen oder sonst eingeschränkt werden.

2. Die Befugnis beschränkt sich auf Mitglieder des Vorstands; zur Enthebung von Beamten ist der Vorstand ausschließlich zuständig (ebenso die Kommentare außer Proebst S. 156), auch wenn die Zustimmung des Aufsichtsrats zum Abschluß von Dienstverträgen mit Beamten von einer bestimmten Gehaltshöhe an abhängig gemacht ist; der Vorstand wird in allen solchen Fällen pflichtgemäß dem Aufsichtsrat Mitteilung machen.

3. Die endgültige Verbescheidung über die Suspension steht der Generalversammlung zu; dieselbe muß vom

Aufsichtsrat sofort mit oder nach Enthebung einberufen werden und kann die Suspendierung bestätigen oder aufheben. Die Entscheidung erfolgt mit absoluter Stimmenmehrheit, sofern nicht das Statut größere Stimmenmehrheit oder andere Erfordernisse aufstellt § 8 Z. 4.
4. Die vorläufige Enthebung bewirkt das sofortige Aufhören der Vertretungsbefugnis und ist nach § 18 Abs. 2 AV. „alsbald" zum Genossenschaftsregister anzumelden und einzutragen. — Befugnis eines entlassenen Vorstandsmitglieds die Bücher einzusehen Holdh. 17, 251.

5. Die Sorge für die einstweilige Fortführung der Geschäfte wird sich verschieden gestalten, je nachdem die zur Vertretung der Genossenschaft nötige Mindestzahl nach Amtsenthebung noch vorhanden ist oder nicht; vgl. §§ 35 und 37.

§ 41.[1])

Die Mitglieder des Aufsichtsrates haben die Sorgfalt eines ordentlichen Geschäftsmannes anzuwenden.

Mitglieder, welche ihre Obliegenheiten verletzen, haften der Genossenschaft persönlich und solidarisch für den dadurch entstandenen Schaden.[2])

Insbesondere sind sie in den Fällen des § 34 Absatz 3 zum Ersatze der Zahlung verpflichtet, wenn diese mit ihrem Wissen und ohne ihr Einschreiten erfolgt ist.[3])

Die Ansprüche auf Grund der vorstehenden Bestimmungen verjähren in fünf Jahren.

Vgl. § 249 HGB.; § 52 GmbHG.

1. Die Vorschriften des § 41 entsprechen denen des § 34; s. dort. Wie bei der Aktiengesellschaft kein Rechtsverhältnis zwischen Vorstand und Aufsichtsrat einerseits und den Aktionären andererseits besteht (RG. 63, 206), so trifft dies auch auf Genossenschaften zu.

Regreßansprüche gegen Vorstand und Aufsichtsrat fallen in vollem Umfang in das selbständige Vermögen der Genossenschaft und haften den Gläubigern; sie fallen daher auch in die Konkursmasse; „durch einen formgerechten Vergleich des Konkursverwalters ist der Ersatzanspruch in vollem Umfange und nach jeder Richtung zum Zwecke der konkursmäßigen Befriedigung der Gläubiger verbraucht" und es besteht daher kein besonderes Zugriffsrecht wie der „Aktionärschaft" so der Genossenschafter; RG. 63, 203 ff., insbes. S. 213; auch § 41 Abs. 1 hat nicht den Charakter eines Schutzgesetzes LZ. 4, 219 und für § 249 Abs. 1 HGB.: RG. 63, 324; vgl. BlfGw. 1908 S. 53.

2. Nach § 249 Abs. 2 HGB. haften Mitglieder des Aufsichtsrats, die ihre Obliegenheiten verletzen, der Gesellschaft mit den Vorstandsmitgliedern als Gesamtschuldner d. h. sofern auch die Vorstandsmitglieder haften (Staub Anm. 2 zu § 249).

Auch ohne diese Vorschrift ist aber (mit PC. S. 297) anzunehmen, daß der Aufsichtsrat solidarisch mit dem Vorstand haftet, wenn letzterer die Genossenschaft schädigende Handlungen vornimmt und hiebei sich der Aufsichtsrat einer Pflichtverletzung schuldig macht.

Im übrigen besteht die gesonderte Haftung der Mitglieder des Aufsichtsrats für ihre Pflichtwidrigkeiten.

Über den Gerichtsstand für Regreßklagen s. DJZ. 8, 397.

3. Absatz 3 greift beispielsweise als Fälle besonderer Zahlungspflicht die des § 34 Abs. 3 heraus, wenn die dort bezeichneten Zahlungen mit ihrem Wissen und ohne ihr Einschreiten erfolgt ist; eine Ausdehnung der Haftung auch den Gläubigern gegenüber ist damit aber nicht statuiert; das bloße Wissenmüssen genügt nicht (Staub, HGB. § 249 Anm. 4); dagegen begründet fahrlässige Unkenntnis die Haftung; Kaiser S. 102.

Äußerung von Bedenken und Warnungen genügen nicht, die Haftung auszuschließen RG. 13, 45.

§ 42.

Der Betrieb von Geschäften der Genossenschaft, sowie die Vertretung der letzteren in Bezug auf diese Geschäftsführung kann auch sonstigen Bevollmächtigten oder Beamten der Genossenschaft zugewiesen werden.[1]) In diesem Falle bestimmt sich die Befugnis derselben nach der ihnen erteilten Vollmacht; sie erstreckt sich im Zweifel auf alle Rechtshandlungen, welche die Ausführung derartiger Geschäfte gewöhnlich mit sich bringt.[2])

Die Bestellung von Prokuristen oder von Handlungsbevollmächtigten zum gesamten Geschäftsbetriebe findet nicht statt.[3])

1. a) Der Vorstand als gesetzlicher Vertreter der Genossenschaft kann Bevollmächtigte oder Beamte der Genossenschaft aufstellen; der Unterschied ergibt sich dahin, daß Beamte meist zu dauernden Verrichtungen und Führung ganzer Geschäftszweige, Bevollmächtigte meist zur Erledigung einzelner Aufträge bestellt sind; so bei „Vorschuß- und Kreditvereine" von Schulze-Delitzsch, 6. Aufl. S. 129. Die Aufstellung liegt in seiner ausschließlichen Kompetenz; zulässig ist eine Beschränkung durch Statut oder Dienstvertrag in der Richtung, daß die Zustimmung des Aufsichtsrats hiezu erforderlich ist (PC. S. 299; MB. S. 200; anders Merzbacher Anm. 2).

b) Die Bestellung kann aber nur erfolgen zum Betrieb von Geschäften der Genossenschaft und zur Vertretung der Genossenschaft in bezug auf diese Geschäftsführung; sie darf sich daher nicht auf den gesamten Geschäftsbetrieb sondern nur auf einzelne bestimmte geschäftliche Maßnahmen, für ganze Geschäftskreise und nur generisch bezeichnete Rechtsgeschäfte erstrecken (ROLG. 2, 338; s. auch Holdh. 9, 193 geg. Stranz-Staub Anm. 24 zu Art. 36 WO. über Legitimation und Nachprüfung des Indossaments, vgl. ROLG. 20, 130).

Zu Handlungen und Erklärungen des Vorstands, welche nach gesetzlicher Vorschrift von den Vorstandsmitgliedern persönlich zu betätigen sind (§ 157), können solche Bevollmächtigte nicht herangezogen werden.

Als Bevollmächtigte sind auch die sog. Filialkassenvorstände anzusehen (RG. 22, 70).

c) Diese Personen brauchen nicht Genossen zu sein.

2. a) Die so bestellten Personen sind Bevollmächtigte der Genossenschaft, nicht der einzelnen Vorstandsmitglieder; die letzteren sind für sie unmittelbar verantwortlich. Für die Befugnis zur Geschäftsführung und Zeichnung ist die Vollmacht maßgebend in Verbindung mit § 57 HGB.; der Bevollmächtigte braucht sich hiebei nicht als solcher zu bezeichnen, auch bei der Zeichnung seines Namens unter der Firma der Genossenschaft nicht einen entsprechenden Zusatz beizufügen, so ROLG. 20, 130; vgl. RG. 50, 60. Über Dauer der Vollmacht speziell im Grundbuchverkehr vgl. ROLG. 10, 68; 12, 162.

b) Die Erteilung einer solchen Vollmacht ist auch an ein Vorstandsmitglied zulässig (dasselbe handelt dann insoweit als Bevollmächtigter, nicht als Vorstandsmitglied) Entsch. d. ObLG. 8 n. F. S. 42; ROLG. 2, 338; 20, 130. Das bevollmächtigte Vorstandsmitglied kann bei der Vollmachtserteilung mitwirken, § 181 BGB. findet nicht Anwendung (Entsch. d. ObLG. a. a. O.); anders nach ROLG. 2, 338, wenn mehr als zwei Vorstandsmitglieder vorhanden oder der Vorstand nur in seiner höheren Gesamtzahl vertretungsberechtigt ist; s. aber auch JW. 1901 S. 308.

c) Zum Beamten der Genossenschaft kann auch ein Mitglied des Vorstands, nicht aber des Aufsichtsrats gegen Honorar bestellt werden; DJZ. 12, 9. Spruchsammlung S. 274.

d) Vertretung bei grundbuchrechtlichen Geschäften BayZfR. 5, 474, s. auch oben Anm. 2a.

3. Im Gegensatz zu § 238 HGB. ist die Bestellung von Prokuristen oder General-Handlungsbevollmächtigten im

Sinne des § 54 HGB. mit Rücksicht auf den geringen Umfang des Geschäftsbetriebs verboten; dieser Grund ist allerdings heute in zahlreichen Fällen hinfällig; dagegen treffen die Erwägungen der Motive zu, daß die Zulassung dieser Vertretungsberechtigten sich mit § 24 über die Mindestzahl der zu Erklärungen notwendigen Vorstandsmitglieder nicht verträgt und daß die Vorstandsmitglieder notwendig Genossen sein müssen, also durch die Haftungsverbindlichkeit als Genossen zugleich die Folgen ihrer sämtlichen Handlungen persönlich tragen sollen.

§ 43.

Die Rechte, welche den Genossen in den Angelegenheiten der Genossenschaft, [1]) insbesondere in Bezug auf die Führung der Geschäfte, die Prüfung der Bilanz und die Verteilung von Gewinn und Verlust zustehen, [2]) werden in der Generalversammlung [3]) durch Beschlußfassung der erschienenen Genossen [4]) ausgeübt.

Jeder Genosse hat eine Stimme. [5])

Ein Genosse, welcher durch die Beschlußfassung entlastet oder von einer Verpflichtung befreit werden soll, hat hierbei kein Stimmrecht. [6]) Dasselbe gilt von einer Beschlußfassung, welche den Abschluß eines Rechtsgeschäfts mit einem Genossen betrifft. [7])

Die Genossen können das Stimmrecht nicht durch Bevollmächtigte ausüben. [8]) Diese Bestimmung findet auf handlungsunfähige Personen, Korporationen, Handelsgesellschaften, Genossenschaften oder andere Personenvereine und, wenn das Statut die Teilnahme von Frauen an der Generalversammlung ausschließt, auf Frauen keine Anwendung. Ein Bevollmächtigter kann nicht mehr als einen Genossen vertreten. [9])

Vgl. § 250 HGB.

1. a) Die Rechte, welche hier allen Genossen in den Angelegenheiten der Genossenschaft gleichmäßig zugesprochen werden und der Beschlußfassung derselben vorbehalten sind, stehen im Gegensatz zu den besonderen Rechten der einzelnen Genossen.

b) Die ersteren sind Mitgliedschaftsrechte, welche durch die Genossen gemeinschaftlich in der Generalversammlung ausgeübt werden; die letzteren sind Individual- und Sonderrechte, je nachdem dieselben den einzelnen Genossen in dieser Eigenschaft selbständig und unabhängig von den übrigen in Angelegenheiten der Genossenschaft zustehen oder aber als Rechte vermögensrechtlichen Inhalts, welche entweder einzelne Mitglieder vor anderen berechtigen und belasten (wie weit dies bei Genossenschaften zulässig vgl. RG. 62, 303 ff.) oder aber zwar allen Mitgliedern gleichmäßig zustehen, „sich aber als definitiv erworbene Ansprüche gegen die Genossenschaft darstellen" (erworbene Mitgliederrechte). S. hiezu Staudinger zu § 35, dort auch Anm. * die Literatur; vgl. MB. S. 227, PC. S. 303; Staub § 250 Anm. 9 ff. Solche Individualrechte sind: Recht der Einberufung einer Generalversammlung und Ankündigung von Gegenständen zur Beschlußfassung § 45; Recht der Einsicht in das Protokollbuch der Generalversammlung § 47; Recht auf Abschrift einer Bilanz und der Jahresrechnung § 48; Recht der Anfechtung von Beschlüssen der Generalversammlung § 51; Recht des Verlangens auf gerichtliche Bestellung von Liquidatoren § 81.

Zu den Sonderrechten gehören das Recht auf Auszahlung des festgesetzten Gewinnanteils § 48, auf Verteilung des Vermögens § 90, auf Auszahlung des Geschäftsguthabens § 73. Diese Rechte haben den Charakter von Sonderrechten, weil dieselben durch Generalversammlungsbeschluß nicht entzogen werden können (so mit Recht MB. S. 204, Staub § 250 Anm. 10, RG. 7, 34; 11, 273; 17, 17; 25, 129; dagegen PC. S. 303. Statutarische Sonderrechte, welche der nach § 18 zulässigen Statutenänderung unterliegen, sind aber keine Sonderrechte in der vorher aufgestellten Bedeutung.

c) Die Rechte, bezüglich welcher die Genossen als Dritte der Genossenschaft gegenüber stehen (Kauf, Bürgschaft usw.) sind die sog. gemeinen Rechte (s. Goldschmidt, System des Handelsrechts § 59).

2. Die wichtigsten Mitgliedschaftsrechte, welche den Genossen in Angelegenheiten der Genossenschaft zustehen, werden hier ausdrücklich aufgeführt. In die Gesellschaftsangelegenheiten sich einzumischen ist der einzelne Genosse im allgemeinen nicht befugt (vgl. f. AG. ROLG. 8, 235); Dritten gegenüber, insbesondere bei Gericht, ist der einzelne Genosse nicht befugt, irgend welche Rechte in bezug auf die Angelegenheiten der Genossenschaft wahrzunehmen; Recht 10 Nr. 2155.

Die Frage, wie weit die Mitgliedschaftsrechte überhaupt reichen, „deckt sich mit der Frage nach der Zuständigkeit der Generalversammlung"; MB. S. 203. Die Zuständigkeit der Generalversammlung umfaßt außer den hier genannten Fällen alle Gegenstände, die ihr durch Gesetz oder Statut nicht entzogen sind (Staub § 250 Anm. 7; RG. 43, 286). Durch Gesetz ist ihre Zuständigkeit bestimmt in §§ 24 Abs. 3; 27 Abs. 1; 36, 39, 44 Abs. 2; 48, 49, 78 Abs. 1; 83, 89 Abs. 2.

3. a) Innerhalb dieser Grenzen ist die Generalversammlung Organ der Genossenschaft in Führung der Geschäfte der Genossenschaft; vgl. RG. 55, S. 326; s. hierüber auch Holdh. 16 S. 257. Den hiebei rechtmäßig kundgegebenen Gesamtwillen hat der Vorstand zu befolgen RG. 72, 9. Beschlüsse, welche außerhalb der Zuständigkeit der Generalversammlung liegen, sind nichtig, ohne daß es einer Anfechtung nach § 51 bedarf (LZ. 1 S. 443; RG. 17, 16; 21, 159; 36, 136; 37, 65; 42, 79; 47, 153; 62, 315; JW. 1901, 83). Zuständigkeit der Generalversammlung darüber zu befinden, ob die Gefahr eintretender Überschuldung durch Erhöhung der Geschäftsanteile zu beseitigen ist: RG. in DLGPr. 1910 S. 19.

So kann z. B. die Genossenschaft nicht Schiedsrichter in Streitigkeiten der Genossenschaften mit den Genossen sein (so für G. m. b. H. RG. 55, 326, für AG. DJZ. 8,

S. 549 Nr. 112. Sollen durch einen Beschluß der Generalversammlung die Genossen einer durch das bisherige Statut nicht vorgesehenen, neuen Duldungspflicht unterworfen werden (Beschränkungen im freihändigen Verkauf ihrer Grundstücke an gewerbsmäßige Güterhändler), so ist hiezu die Zustimmung aller Genossen nötig, BlfRA. 74, 739. Entsch. d. ObLG. 10, 289.

b) Prüfung des Registerrichters hinsichtlich des Vorhandenseins des erforderlichen Stimmenverhältnisses, RJA. 9, 34, teilweise dagegen BlfRA. 74, 741; vgl. hiezu KG. 26, 231.

c) Die Gültigkeit der Beschlüsse der Generalversammlung ist weiter davon abhängig, daß dieselbe ordnungsmäßig berufen (§ 44, 46) und die Tagesordnung hiebei bekannt gemacht ist (vgl. § 46), ferner die statutarischen Bestimmungen über die Form der Abstimmung, Führung des Vorsitzes und des Protokolls gewahrt sind. Notwendig ist, daß mindestens 3 Genossen erschienen sind, welche über die Beratungsgegenstände gültig abstimmen können; PC. S. 117 (anders für AG. RG. 34, 116).

Ist über den Ort der Berufung im Statut nichts erwähnt, so bedingt der Sitz der Genossenschaft den Ort, an welchen die Generalversammlung zu berufen ist (vgl. RG. 44, 8; DJZ. 4, 468; über die Fälle, daß ein zur Aufnahme aller Mitglieder geeignetes Lokal nicht vorhanden ist vgl. BlfGw. 1898 S. 137 u. 209; 1900 S. 27 u. 241).

d) Beschlüsse der Generalversammlung über Statutenänderungen haben keine rückwirkende Kraft RG. 8, 11; sie werden erst wirksam durch die Eintragung RG. 24, 58; Holdh. 5, 201; schon vor dieser können aber auf Grundlage der Abänderung neue Beschlüsse gefaßt werden z. B. Vorstands- und Aufsichtsratsmitglieder für die beschlossene Stellenvermehrung RJA. 5, 67. — Heilung eines Vorstandsbeschlusses durch die Generalversammlung LZ. 2 S. 600.

e) Erforderlich ist je nach Gesetz oder Statut mindestens einfache Stimmenmehrheit; bei Stimmengleichheit ist kein gültiger Beschluß zustande gekommen, außer wenn wie bei Wahlen statutarisch Entscheidung durch das Los vorgesehen ist; vgl. § 251 Abs. 2 HGB. u. PC. S. 118.

4. a) Die Beschlußfassung der erschienenen Genossen erfolgt in den im Absatz 1 ausdrücklich bezeichneten Fällen auf Grundlage der vom Aufsichtsrat zu betätigenden Berichterstattung (§ 38 Abs. 1).

Über den Umfang der Auskunftspflicht des Vorstands und Aufsichtsrats s. ROLG. 14, 351; Holdh. 18, 135.

b) Der Generalversammlung steht es zu, der Diskussion gewisse Grenzen zu ziehen, insbesondere den Schluß der Debatte zu beschließen und unter Umständen auch von vornherein die Dauer der Redezeit für die einzelnen Redner einzuschränken; hiedurch darf aber keinesfalls eine sachgemäße Erörterung der jeweiligen Punkte der Tagesordnung unmöglich gemacht werden; LZ. 2, 468. Über Vertagung und Unterbrechung der Generalversammlung Holdh. 18, 184.

c) Nur die erschienenen Genossen können das Stimmrecht ausüben; nehmen an der Beschlußfassung Personen teil, die nicht Mitglieder sind, so sind solche Beschlüsse doch gültig, wenn die Teilnahme der Nichtmitglieder an der Beschlußfassung für das Ergebnis der Abstimmung belanglos war: RJA. 4, 214; Recht 9, 54; ZBlFG. 5, 392; s. dort auch wegen Löschung nach § 147 Abs. 3 FGG.

5. a) Das Stimmrecht beginnt mit dem Erwerbe der Mitgliedschaft und endigt mit dem Verlust derselben vgl. hiezu § 68.

b) Ausnahmsweise kann ein Nichtgenosse das Stimmrecht ausüben, nämlich dann, wenn er Erbe des verstorbenen Genossen, aber nur bis zum Schlusse des Geschäftsjahrs, in welchem der Tod erfolgt ist; § 77.

c) Jeder Genosse hat nur eine Stimme, ohne Rücksicht auf die bei e. G. m. b. H. mögliche Mehrzahl der Geschäftsanteile.

d) Erschwerung des Stimmrechts ist unzulässig (KG. 10, 41 ff.).

6. Über „Begriff, Bedeutung und Tragweite der Entlastung" vgl. Holdh. 16, 220 ff., 248 ff. Während nach § 260 Abs. 1 HGB. die Generalversammlung über Entlastung des Vorstands und Aufsichtsrats beschließt, fehlt im GenG. für beide Organe eine diesbezügliche Bestimmung. Mit Rücksicht hierauf sowohl wie auf die für Vorstand und Aufsichtsrat völlig gleich gelagerten Gründe für die Notwendigkeit der Entlastung, muß diese für die beiden Organe gefordert und erteilt werden (nur dem Vorstand PC. S. 297 aber auch 308, BlfGw. 1907 S. 174).

Die Entlastung durch die Generalversammlung enthält die Erklärung, daß die Generalversammlung aus den ihr gemachten Vorlagen keinen Anlaß zu einer Beanstandung entnimmt. LZ. 2, 229, 543; Holdh. 17, 148.

Stimmberechtigt sind Vorstand und Aufsichtsrat bei Genehmigung der Bilanz; die Feststellung derselben als des Ergebnisses der Geschäftsführung schließt keine Genehmigung der Geschäftsführung selbst ein (so RG. 49, 146 für GmbH.: der Grundsatz gilt gleichmäßig für AG. wie eingetr. Genossenschaften, dagegen PC. S. 308, wie hier Staub § 252 Anm. 24).

Über die Tragweite des Entlastungsbeschlusses und dessen Voraussetzungen vgl. RG. 68, 314; 70, 132; Holdh. 17, 130; im übrigen muß wegen der zahlreichen hier bestehenden Streitfragen auf den vorhin zitierten Aufsatz bei Holdheim verwiesen werden.

7. Die Bestimmung entspricht dem § 34 BGB.; vgl. hierüber LZ. 1, 460.

Das Stimmrecht wird nicht entzogen, wenn der Genosse an der Beschlußfassung interessiert ist und der Vorstand von der Generalversammlung nur die allgemeine Ermächtigung zur Vornahme eines Rechtsgeschäfts, bei dem Genossen in Frage stehen, erhält RG. 68, 241; Holdh. 14, 310; 15, 241; 17, 177.

Ein Genosse ist stimmberechtigt, wenn es sich um seine Wahl in den Vorstand oder Aufsichtsrat handelt RG. 60, 172; vgl. DJR. 10, S. 493 und die dortigen Zitate und LZ. 1, 460; 3, 409, daher auch in der Regel bei Abstimmung über Vertragserneuerung und Vertragskündigung, wenn nicht die Geltendmachung des Stimmrechts sich als Mißbrauch darstellt, z. B. „wenn schwerwiegende Momente vorliegen, die seine Entlassung rechtfertigen oder die Übertragung des Amtes auf den Genossen ausschließen" LZ. 1, 468. Unter diesen Voraussetzungen gibt das OLG. Köln dem Geschäftsführer auch das Stimmrecht bei Beschlußfassung über Erhöhung seines Gehalts; LZ. 3, 411; hier steht aber unzweifelhaft der „Abschluß eines Rechtsgeschäfts" in Frage und es scheint diese Entscheidung daher zu weitgehend; ebenso Staudinger § 34 Anm. 5; für Stimmrecht Staub § 252 Anm. 26.

8. Die Bestimmung ist nicht wie die des § 38 Satz 2 BGB. dispositiver, sondern zwingender Natur, vgl. Staudinger zu § 38 u. 40; denn dies Gesetz bestimmt im folgenden Satz ausschließlich die zulässigen Ausnahmen.

Die Ausübung des Stimmrechts seitens juristischer Personen als Genossen ist Ausübung durch das Mitglied selbst, Staudinger § 38 Anm. 4.

9. Der Bevollmächtigte braucht nicht Genosse zu sein; ist er Genosse, so kann er für sich und seinen Vollmachtgeber stimmen; ebenso PC. S. 310; im übrigen darf er nur einen Genossen vertreten.

Für die Form der Vollmacht ist § 252 Abs. 2 HGB. analog anwendbar; die schriftliche Form ist erforderlich und genügend; sie bleibt bei der Genossenschaft.

§ 44.

Die Generalversammlung wird durch den Vorstand berufen, soweit nicht nach dem Statut oder diesem Gesetze auch andere Personen dazu befugt sind.[1])

Eine Generalversammlung ist außer den im Statut oder in diesem Gesetze ausdrücklich bestimmten Fällen zu berufen, wenn dies im Interesse der Genossenschaft erforderlich erscheint.[2])

Vgl. § 253 HGB.

1. a) Der Vorstand bzw. die Liquidatoren (§ 89) sind mangels anderweitiger Bestimmungen im allgemeinen in erster Linie befugt, die Generalversammlung einzuberufen; aber auch, wenn das Statut das Berufungsrecht anderweitig regelt, bleibt sein Recht auf Einberufung hievon unberührt; vgl. PC. S. 311.

Die Statuten übertragen die Berufung der Generalversammlung nach § 43 in der Regel dem Aufsichtsrat; vgl. hiezu Holdh. 2 S. 414; durch Gesetz ist die Berufung dem Aufsichtsrat übertragen in den Fällen der §§ 38 Abs. 2, 40.

b) Der Vorstand beruft eine Generalversammlung in der nach § 25 bestimmten Form; über die Form der Berufung durch den Aufsichtsrat hat das Statut zu bestimmen; § 6 Z. 4.

c) Die „andern Personen" können nur Genossen sein; PC. S. 311; a. A. aber nicht zutreffend MB. S. 212. Fremde Personen haben kein Recht, das Interesse der Genossenschaft oder ihr eigenes durch Berufung einer Generalversammlung der Genossen zu wahren.

Das Statut kann einem einzelnen Vorstandsmitglied die Berufung der Generalversammlung nicht übertragen; dem steht die zwingende Vorschrift von § 25 Satz 3 entgegen; ein einzelnes Vorstandsmitglied kann nur auf Grund Vollmacht nach § 42 oder aber als Genosse handeln (anders PC. S. 311, MB. S. 211; Merzbacher Anm. 5); anderes gilt für den Vorsitzenden des Aufsichtsrats, da für den Aufsichtsrat bestimmte Vorschriften hierüber im Gesetz nicht getroffen sind und das Statut daher hiefür den Vorsitzenden allein bestimmen kann; vgl. auch S. 98.

d) Eine Generalversammlung kann über Berufung einer außerordentlichen Generalversammlung bestimmen; § 46 Abs. 2.

2. a) Das Gesetz verlangt die Einberufung einer Generalversammlung in den Fällen der §§ 39, 40, 45, 78, 95, 104, 121, 126, 132, 143, 144.

b) Die Verpflichtung der Berufung einer Generalversammlung, wenn diese im Interesse der Genossenschaft erforderlich erscheint, obliegt hienach nicht nur dem Aufsichtsrat, wie in § 38 Abs. 2 vorgeschrieben, sondern auch dem Vorstand. Wann solche Gründe vorliegen s. § 38 Anm. 4, ferner RG. 35, 83; ROLG. 10, 337; nicht im Interesse der Gesellschafts gläubiger RG. 36, 29.

§ 45.

Die Generalversammlung muß ohne Verzug berufen werden, wenn der zehnte Teil oder der im Statut hierfür bezeichnete geringere Teil der Genossen [1]) in einer von ihnen unterschriebenen Eingabe unter Anführung des Zwecks und der Gründe die Berufung verlangt. [2])

In gleicher Weise sind die Genossen berechtigt, zu verlangen, daß Gegenstände zur Beschlußfassung einer Generalversammlung angekündigt werden. [3])

Wird dem Verlangen nicht entsprochen, so kann das Gericht (§ 10) die Genossen, welche das Verlangen gestellt haben, zur Berufung der Generalversammlung oder zur Ankündigung des Gegenstandes ermächtigen. Mit der Berufung oder Ankündigung ist die gerichtliche Ermächtigung bekannt zu machen. [4])

1. § 45 regelt die Minderheitsrechte der Genossen auf Berufung einer Generalversammlung und entspricht § 254 HGB., § 37 BGB.; vgl. § 50 GmbHG. Das Gesetz gibt das Recht dem 10. Teil der Genossen und gibt weiter dem Statut die Möglichkeit, einen geringeren Teil der Genossen hierzu zu ermächtigen; es kann auch eine bestimmte Zahl festsetzen, doch darf damit nicht der zehnte Teil des Bestandes überschritten werden; „wird infolge Verringerung der Mitglieder diese Zahl geringer als der 10. Teil der Mitglieder, so tritt an ihre Stelle die gesetzliche Bestimmung" (PC. S. 314).

Die Bestimmung ist im übrigen zwingender Natur; das Recht kann durch Statut nicht entzogen oder die Zustimmung aller Genossen vom Statut gefordert werden; ebenso Staudinger § 37 Anm. VII, Staub Anm. 3 zu § 254; anders Neukamp f. GmbHG. Anm. 2 zu § 50.

Beschränkungen in der Verfügung über das Geschäftsguthaben (Pfändung) sind kein Hindernis für die Antragsstellung; die Antragsteller müssen aber Genossen und noch Genossen sein; vgl. für AG. LZ. 2 S. 871; ZBlFG. 9, 419 Nr. 409.

2. a) Die das Verlangen stellenden Genossen haben die diesbezügliche schriftliche Eingabe (§ 126 BGB.) sämtlich zu unterschreiben und Zweck und Gründe der Berufung dabei anzugeben. Mangelt es an diesen formellen Voraussetzungen, so braucht das Organ, an welches die Eingabe gerichtet wird und welcher Vorstand oder Aufsichtsrat sein kann, dem Verlangen nicht nachzukommen und kann es auf das Vorgehen nach Absatz 3 ankommen lassen; „ist allerdings die Versammlung durch die Satzung für alle Fälle vorgeschrieben, so ist eine weitere Begründung überflüssig"; Staudinger a. a. O. Anm. II 1 b.

b) Die betr. Organe sind berechtigt, die Eingabe auf das Zutreffen der vorgebrachten Gründe zu prüfen und nach ihrem pflichtgemäßen Ermessen die Berufung abzulehnen, wenn diese materielle Prüfung die Unbegründetheit des Verlangens ergibt; vgl. dann wieder Absatz 3; vgl. RJA. 5, 64; KG. 32, 141; Staub Anm. 12 zu § 254.

c) „Ohne Verzug" muß die Generalversammlung berufen werden d. h. nach dem ordnungsmäßig sofort zu veranlassenden Zusammentritt von Vorstand und Aufsichtsrat und der Sachlage angemessener beschleunigter Beschlußfassung dieser Organe hierüber.

Das Statut kann die Frist weder auf einen bestimmten Termin abkürzen oder verlängern; s. Staub Anm. 13 zu § 254.

3. Dieselben Voraussetzungen treffen zu für das Recht der Genossen, bestimmte Gegenstände zur Beschlußfassung

auf die Tagesordnung der Generalversammlung zu setzen; hiebei muß aber die Bestimmung und Frist des § 46 eingehalten sein (ebenso Ritter Anm. 2 zu § 254).

4. Wird dem Verlangen der Minderheit nicht entsprochen, so kann sich diese an das Genossenschaftsgericht wenden.

1. Der Antrag kann schriftlich oder zum Protokoll des Gerichtsschreibers des Amtsgerichts gestellt werden, in dessen Bezirk die Genossenschaft ihren Sitz hat.

2. Da das Verlangen sich gegen einen Dritten richtet (vgl. hiezu ZBlFG. 10, S. 363, 2a), ist nach § 148 Abs. 1 FGG. und § 146 ebenda der Vorstand oder Aufsichtsrat vor der Entscheidung wenn tunlich zu hören; RJA. 2, 152; 5, 162; KG. 28, 218; das Gericht hat hiebei in eine formelle und materielle Prüfung des Antrags einzutreten und nach § 12 FGG. „die zur Feststellung der Tatsachen erforderlichen Ermittlungen zu veranstalten und die geeignet erscheinenden Beweise aufzunehmen"; vgl. über den Umfang des Prüfungsrechts Staudinger § 37 Anm. 6 und die dortigen Zitate; DJZ. 9, 1023; Entsch. d. ObLG. 5 n. F. 4, 414.

3. Gegen die Verfügung, durch welche über den Antrag entschieden wird, findet die *sofortige* Beschwerde statt (§ 146 Abs. 2, § 22 FGG.); auf die Bekanntmachung der Verfügung findet § 16 FGG. Anwendung.

Zweckmäßig ist die Bestellung eines Zustellungsbevollmächtigten; Merzbacher S. 135.

Zuständig ist ausschließlich die Kammer für Handelssachen; § 30 FGG.; ZBlFGG. 9, 734; Recht 13 RsprBeil. Nr. 1369.

Ist dem Antrag stattgegeben, so hat der Vorstand kein Beschwerderecht dagegen; vgl. § 20 Abs. 2 FGG.

Über die weitere Beschwerde § 27 FGG. s. Entsch. d. ObLG. 4 n. F. 214; 10, 371; wegen Zuständigkeit des Kammergerichts in Berlin bzw. des BayObLG. § 199 FGG.

4. Für die Berufung oder Ankündigung sind die Bestimmungen des § 46 bzw. des Statuts maßgebend.

5. Für die Kostenerhebung gibt Art. 139 und 140 bayer. GebG. vom 28. April 1907 Maß; vgl. Wochinger, Gebührengesetz S. 157; die Kosten für die Ermächtigung des Gerichts hat nach allgemeinen Rechtsgrundsätzen die Genossenschaft zu tragen, ebenso die der Ausschreibung.

§ 46.

Die Berufung der Generalversammlung muß in der durch das Statut bestimmten Weise mit einer Frist von mindestens einer Woche erfolgen. [1])

Der Zweck der Generalversammlung soll jederzeit bei der Berufung bekannt gemacht werden. Über Gegenstände, deren Verhandlung nicht in der durch das Statut oder durch § 45 Absatz 3 vorgesehenen Weise mindestens drei Tage vor der Generalversammlung angekündigt ist, können Beschlüsse nicht gefaßt werden; hiervon sind jedoch Beschlüsse über die Leitung der Versammlung, sowie über Anträge auf Berufung einer außerordentlichen Generalversammlung ausgenommen. [2])

Zur Stellung von Anträgen und zu Verhandlungen ohne Beschlußfassung bedarf es der Ankündigung nicht.

Vgl. § 255 HGB.

1. a) Nach § 6 Z. 3 muß das Statut über die Form der Berufung der Generalversammlung Bestimmungen enthalten.

Die Berufung kann durch Brief, durch öffentliche Ausschreibung oder in sonstiger zweckentsprechender Weise erfolgen.

Immer muß aber die Frist von mindestens einer Woche gewahrt sein; das Statut kann eine längere, aber keine kürzere Frist festsetzen.

Für die Berechnung der Frist ist §§ 186 ff. BGB. maßgebend, wonach der Tag der Generalversammlung nicht mitgerechnet wird; nach § 265 Abs. 1 HGB. wird Berufungs- und Versammlungstag nicht mitgerechnet.

Bei Einladung durch eingeschriebenen Brief ist dieselbe mit Aufgabe des eingeschriebenen Briefes als bewirkt zu erachten; vgl. RG. 60, 144 und die dort zitierte Literatur; ebenso jetzt auch Neukamp S. 218. Bei Ausschreibung in öffentlichen Blättern beginnt die Frist mit dem Datum der Zeitung.

b) Die Vorschriften des Statuts über die Form der Berufung müssen bei Meidung der Ungültigkeit der Beschlüsse (§ 51) gewahrt sein; inwieferne geringfügige Verstöße nicht schaden, ist Tatfrage; vgl. LZ. 3 S. 471 Nr. 32; RG. 34, 113; fehlende Unterschrift macht die Beschlüsse nicht ungültig, wenn der Mangel für die ordnungsmäßig gefaßten Beschlüsse nachweisbar ohne jeden Einfluß gewesen ist; Holdh. 18, 251, s. RG. 30, 113; 65, 242.

Das Gericht hat kein Prüfungsrecht, ob ein Beschluß ordnungsmäßig nach der Richtung der Berufung der Generalversammlung, Ankündigung der Beratungsgegenstände zustande gekommen ist (in RJA. 9, 34; ZBlFG. 8, 429 ist die Frage offen gelassen); wie hier PC. § 16 Erl. 6, § 46 Erl. 3, RJA. 8, 191, ZBlFG. 8, 96; vgl. Recht 12 S. 660 ff., s. ferner § 47 Anm. 1 a.

2. a) Der Zweck der Generalversammlung bildet den Inhalt der Tagesordnung; die Vorschrift ist zwar nur eine Ordnungsvorschrift, wird aber durch die Bestimmung von Satz 2 des 2. Absatzes eine zwingende, insoweit über die Gegenstände der Tagesordnung Beschlüsse gefaßt werden sollen.

b) „Zur ordnungsmäßigen Bekanntmachung der Tagesordnung ist erforderlich und genügend jede Angabe, die in Anbetracht der jeweiligen Sachlage geeignet ist, die Genossen erkennen zu lassen, worüber verhandelt und Beschluß gefaßt werden soll." JW. 1901 S. 659; es genügt daher z. B. Abänderung der §§ 1, 16 des Statuts, LZ. 1 S. 352, Holdh. 17, 19; weiter geht die Vorschrift des § 256 HGB.

c) Die Tagesordnung muß, wenn nicht schon bei der Berufung, mindestens drei Tage vor der Generalversammlung in der durch das Statut oder durch § 45 Abs. 3 vorgesehenen Weise angekündigt sein; ein ohne vorherige Ankündigung gefaßter Beschluß der Generalversammlung ist nicht schlechthin nichtig, sondern nur anfechtbar. RJA. 8, 214; ROLG. 14, 352; ZBlFG. 8, 109; 6, 703.

d) Nicht der Ankündigung bedarf ein Beschluß der Generalversammlung über Leitung derselben oder ein Antrag auf Berufung einer außerordentlichen Generalversammlung (vgl. hiezu PC. S. 318), ebenso zur Stellung anderer Anträge und Verhandlungen, welche eine Beschlußfassung nicht erfordern. Ebensowenig bedürfen die Anträge zu der angekündigten Tagesordnung einer Ankündigung ROLG. 11, 384.

Ist über einen Gegenstand Beschluß gefaßt, so kann letzterer nicht in derselben Versammlung wieder aufgehoben werden; Staub § 256 in Anm. 11.

Beschlüsse, die formell mangelhaft sind, konvalescieren nach Unterlassung rechtzeitiger Anfechtung RJA. 9, 34; ZBlFG. 8, 429.

e) Verbot der Erörterung öffentlicher Angelegenheiten, welche „unter die Gesetze über das Versammlungs- und Vereinsrecht fällt" s. § 149; vgl. Vereinsgesetz f. d. Deutsche Reich vom 19. April 1908 RGBl. 1908 S. 151 ff.

f) Über die Berufung einer Gläubigerversammlung durch eine eingetragene Genossenschaft, welche Schuldverschreibungen, im besonderen Pfandbriefe, ausgibt, vgl. §§ 6, 7 Ges. betr. die gemeinsamen Rechte der Besitzer von Schuldverschreibungen vom 4. Dezbr. 1899.

§ 47.

Die Beschlüsse der Generalversammlung sind in ein Protokollbuch einzutragen, [1]) dessen Einsicht jedem Genossen und der Staatsbehörde gestattet werden muß. [2])

1. a) Während nach § 259 HGB. die Beschlüsse der Generalversammlung gerichtlich oder notariell zu beurkunden sind, ist für die Genossenschaften nur die einfache Protokollierung der Beschlüsse vorgeschrieben.

Das Statut muß über die Form für die Beurkundung der Beschlüsse der Generalversammlung Bestimmung treffen (§ 6 Z. 3).

Die Beobachtung der Satzungsvorschriften über die Form der Beurkundung der Beschlüsse ist Voraussetzung für die Gültigkeit der Beschlüsse; der Registerrichter hat die Beobachtung derselben bei Einreichung der Beschlüsse zu prüfen RJA. 8, 191; 9, 168. ZBlFG. 8, 93; 9, 259; ROLG. 19, 358, s. ferner § 46 Anm. 1b. Dagegen ist die Bestimmung, daß die Beschlüsse in ein Protokollbuch einzutragen sind, lediglich eine Ordnungsvorschrift, von deren Beobachtung die Rechtswirksamkeit der Beschlüsse nicht abhängig sein soll und deren Einhaltung daher vom Registergericht nicht zu prüfen ist (s. die vorigen Zitate), deren Befolgung aber nach § 160 durch Ordnungsstrafen erzwungen werden kann.

Damit ist aber, wie PC. S. 320 zutreffend hervorheben, dem Registerrichter nicht das beliebige Verlangen auf Vorlage des Protokollbuchs zugestanden; „er muß Kenntnis von einer Unterlassung erhalten haben, um die Angelegenheit weiter verfolgen zu können".

b) Über die Führung des Protokolls s. zu § 6 S. 17.

2. a) Die Einsicht muß jedem Genossen gestattet werden; in analoger Anwendung von § 93 muß diese Befugnis jedem Rechtsnachfolger des Genossen und jedem Gläubiger des Genossen zugestanden werden (vgl. MB. S. 218; RG. 31, 201); Einsicht durch einen Bevollmächtigten zulässig, RJA. 6, 194, sofern nicht gegen die Person des Bevollmächtigten Bedenken bestehen; ebenda; s. RG. 31, 201.

b) Nach § 161 Abs. 2 wird von der Zentralbehörde eines jeden Bundesstaats bekannt gemacht, welche Behörden unter der Bezeichnung „Staatsbehörde" zu verstehen sind; vgl. für Bayern Allerh. Verordn. v. 24. Juli 1889 (GVBl. 1889, 409); hiernach sind die Distriktspolizeibehörden, in München die K. Polizeidirektion, zuständig.

§ 48.

Die Generalversammlung hat über die Genehmigung der Bilanz zu beschließen [1]) und von dem Gewinn oder Verlust den auf die Genossen fallenden Betrag festzusetzen. [2])

Die Bilanz, sowie eine den Gewinn und Verlust des Jahres zusammenstellende Berechnung (Jahresrechnung) sollen mindestens eine Woche vor der Versammlung in dem Geschäftslokale der Genossenschaft oder an einer anderen, durch den Vorstand bekannt zu machenden, geeigneten Stelle zur Einsicht der Genossen ausgelegt oder sonst denselben zur Kenntnis gebracht werden. [3]) Jeder Genosse ist berechtigt, auf seine Kosten eine Abschrift der Bilanz, sowie der Jahresrechnung zu verlangen. [6])

1. a) Nur die Generalversammlung ist zuständig, die Bilanz nach erfolgter Prüfung (§ 43), welche auch zu einer Abänderung der vorgelegten Bilanz führen kann (RG. 15, 99), zu genehmigen; eine Übertragung dieses Rechts auf andere Organe ist unzulässig. RG. 13, 26.

b) Die Bilanz hat in erster Linie den Zweck, in Erfüllung der der Genossenschaft gesetzlich obliegenden Pflicht das Verhältnis des Vermögens und der Schulden den Genossen darzustellen; vgl. RG. 49, 141; sie dient aber auch als Grundlage für die Auseinandersetzung zwischen dem ausgeschiedenen Genossen und der Genossenschaft (s. § 73, RG. 68, 1) und ist maßgebend für die Entscheidung über die Zahlungsunfähigkeit bezw. Überschuldung der Genossenschaft (§§ 99, 140).

2. Der Betrag des auf die Genossen fallenden Gewinns ist nach Maßgabe des § 19 in Verbindung mit § 7 Z. 4 festzusetzen, sofern nicht § 20 die Gewinnverteilung überhaupt ausschließt; vgl. RG. 37, 19 ff.

In bezug auf die festgestellte Dividende ist die Genossenschaft lediglich Schuldnerin der Bezugsberechtigten; eine Obliegenheit, als Geschäftsführerin ihrer Dividendengläubiger tätig zu werden, braucht sie nicht zu übernehmen; Holdh. 13, 111; vgl. RG. 19, 143; 15, 100; 22, 114, 37, 18. — Unzulässig ist die Verteilung einer Abschlagsdividende, ROLG. 19, 345. Verteilung eines Verlustes muß für alle Genossen gleich sein, s. zu § 19.

3. Neben der Bilanz haben die Gesellschaftsorgane eine Gewinn- und Verlustrechnung in der im Absatz 2 vorgesehenen Weise zur Kenntnis der Genossen zu bringen. Die Auflage der beiden Vorlagen hat wie die Bekanntmachung der Bilanz in deutscher Sprache zu erfolgen; vgl. ROLG. 3, 415.

Eine bloße Gegenüberstellung von Einnahmen und Ausgaben ist nicht genügend; vgl. RJA. 2, 239.

Im Gesetz (vgl. §§ 38 ff. HGB.) ist zwar doppelte Buchführung nicht vorgeschrieben; es wird aber keine einigermaßen größere Gesellschaft eine andere Art der Buchführung wählen.

4. Die Abschriften der Bilanz dienen dem nämlichen Zwecke der Information für die Generalversammlung; die Kosten fallen den Genossen zur Last.

Nach der Generalversammlung kann zwar nach herrschender Ansicht eine solche Abschrift nicht verlangt werden, es wird aber regelmäßig in Wirklichkeit keine Gesellschaft sich weigern, einem Aktionär oder Genossen den Jahresbericht auf Verlangen zu übersenden, wobei das Recht der Genossenschaft auf Kostenerstattung anzuerkennen ist. Wegen Ordnungsstrafe s. § 160.

§ 49.

Die Generalversammlung hat festzusetzen:

1. den Gesamtbetrag, welchen Anleihen der Genossenschaft und Spareinlagen bei derselben nicht überschreiten sollen;[1])
2. die Grenzen, welche bei Kreditgewährungen an Genossen eingehalten werden sollen.[2])

1. a) Die Bestimmung ist getroffen, um ein richtiges Verhältnis zwischen dem fremden Kapital, welches eine Genossenschaft in ihrem Geschäfte verwendet, und ihrem eigenen Vermögen zu gewährleisten; sie bezieht sich nicht nur auf Vorschuß- und Kreditvereine, sondern auf alle Arten von Genossenschaften (Motive).

b) Wegen Giroverbindlichkeiten vgl. PC. S. 331; Rehm § 85 I, II; § 175 B 2, § 180 B 2.

2. a) Es handelt sich hiebei um Bar- wie Warenkredit; vgl. § 39 Abs. 2 wegen Kredit an Vorstandsmitglieder; s. ferner BlfGw. 1907 S. 17.

b) Überschreitung der hiernach festgesetzten Grenzen macht Vorstand und Aufsichtsrat nach § 27 Abs. 1, 34, 41 Abs. 2 schadensersatzpflichtig; die Gültigkeit der Geschäfte bleibt jedoch unberührt.

§ 50.

Soweit das Statut die Genossen zu Einzahlungen auf den Geschäftsanteil verpflichtet, ohne dieselben nach Betrag und Zeit festzusetzen, unterliegt ihre Festsetzung der Beschlußfassung durch die Generalversammlung.

Vgl. § 7.

Eine Bestimmung des Statuts, wonach der Rest des Geschäftsanteils nach und nach oder auf einmal einbezahlt und vom Vorstand eingefordert werden kann, ist ohne weiteres ungültig; der Vorstand ist auf Grund einer solchen Bestimmung nicht befugt, den vollen Geschäftsanteil einzuziehen. ROLG. 19, 347.

§ 51. [1])

Ein Beschluß der Generalversammlung kann wegen Verletzung des Gesetzes oder des Statuts im Wege der Klage angefochten werden. [2]) Die Klage muß binnen einem Monat erhoben werden. [3])

Zur Anfechtung befugt ist jeder in der Generalversammlung erschienene Genosse, sofern er gegen den Beschluß Widerspruch zum Protokoll erklärt hat, und jeder nicht erschienene Genosse, sofern er zu der Generalversammlung unberechtigter Weise nicht zugelassen worden ist oder sofern er die Anfechtung darauf gründet, daß die Berufung der Versammlung oder die Ankündigung des Gegenstandes der Beschlußfassung nicht gehörig erfolgt sei.[4]) Außerdem ist der Vorstand und, wenn der Beschluß eine Maßregel zum Gegenstande hat, durch deren Ausführung sich die Mitglieder des Vorstandes und des Aufsichtsrats strafbar oder den Gläubigern der Genossenschaft haftbar machen würden, jedes Mitglied des Vorstandes und des Aufsichtsrats zur Anfechtung befugt.[5])

Die Klage ist gegen die Genossenschaft zu richten. Die Genossenschaft wird durch den Vorstand, sofern dieser nicht selbst klagt, und durch den Aufsichtsrat vertreten.[6]) Zuständig für die Klage ist ausschließlich das Landgericht, in dessen Bezirke die Genossenschaft ihren Sitz hat. Die mündliche Verhandlung erfolgt nicht vor Ablauf der im ersten Absatz bezeichneten Frist. Mehrere Anfechtungsprozesse sind zur gleichzeitigen Verhandlung und Entscheidung zu verbinden.[7])

Die Erhebung der Klage sowie der Termin zur mündlichen Verhandlung sind ohne Verzug von dem Vorstande in den für die Bekanntmachungen der Genossenschaft bestimmten Blättern zu veröffentlichen.[8])

Soweit durch ein Urteil rechtskräftig der Beschluß für nichtig erklärt ist, wirkt es auch gegenüber den Genossen, welche nicht Partei sind. War der Beschluß in das Genossenschaftsregister eingetragen, so hat der Vorstand dem Gerichte (§ 10) das Urteil behufs der

Eintragung einzureichen. Die öffentliche Bekanntmachung der letzteren erfolgt, soweit der eingetragene Beschluß veröffentlicht war. [9]) [10])

1. Der Paragraph hat seine jetzige Fassung durch Art. 10 Z. V. EGzHGB. erhalten behufs Herbeiführung der Übereinstimmung mit § 271 HGB.

2. a) Das Anfechtungsrecht ist ein Ausfluß des den Genossen zustehenden Individualrechts; mit der Betätigung desselben zum Schutze der Minderheitsrechte „stellt der Genosse zugleich seine eigene Rechtsposition der Genossenschaft gegenüber sicher und erkämpft sich damit, wenn er auch freilich nicht eigene vermögensrechtliche Ansprüche gegen sie geltend macht, doch damit die notwendige Unterlage für deren künftige Geltendmachung" (vgl. RG. 66, 134; RJA. 7, 121, 9, 254; ZBlFG. 9, 562; ROLG. 12, 436.

b) Anfechtbar nach § 51 sind Beschlüsse der Generalversammlung, welche das Gesetz oder Statut verletzen; es handelt sich hiebei um Beschlüsse, welche in das Gebiet der genossenschaftlichen Verbindlichkeiten fallen, eine genossenschaftliche Duldungspflicht bewirken z. B. Erhöhung der Geschäftsanteile (RG. 60, 414), oder wenn die Verletzung eines dem Genossen als solchen durch das Gesetz oder Statut gewährleisteten Rechts in Frage steht. Holdh. 7, 283, RG. 38, 14. Ein Beschluß der Generalversammlung, durch welchen zum Zwecke der Schuldentilgung die Geschäftsanteile erhöht werden, ist zulässig; nicht zulässig unmittelbare Heranziehung. RG. 68, 93; Recht 14, Nr. 199. Beschlüsse, welche „in das besondere, der genossenschaftlichen Bindung nicht unterworfene Recht der einzelnen Mitglieder eingreifen", können unabhängig von § 51 geltend gemacht werden (RG. 47, 155; vgl. RG. 36, 136; 37, 64; 62, 315; 68, 263; BlfRA. 74, 739); dasselbe gilt für Beschlüsse, welche Rechte verletzen, welche den Genossen als Dritten aus einem besonderen Vertragsverhältnis zustehen (RG. 14, 127; 17, 17 für AG.).

Nicht unter § 51 fällt die Klage auf Aufnahme in die Genossenschaft RG. 47, 76.

Der die Ausschließung anfechtende Genosse hat den Weg des § 51, wenn dargetan werden soll, daß der Beschluß unter Verletzung des Gesetzes oder Statuts zustande gekommen sei, sonst wie z. B. bei Eingriffen in die gesetzlich geschützten Sonderrechte den der gewöhnlichen Klage; mit der Klage nach § 51 kann der Genosse Prüfung der sachlichen Begründung des Ausschließungsbeschlusses verlangen; Recht 14, 200; hierüber und über die Wirkung auf die Zulässigkeit der Revision s. LZ. 2, 460, Holdh. 15, 312; ROLG. 12, 436; ferner RG. 51, 91; 57, 157. Rechtsverhältnis (bei einer Molkereigenossenschaft) während der Schwebezeit zwischen dem Ausschließungsbeschlusse und der Entscheidung über dessen Rechtsbeständigkeit RG. 72, 10.

Pflicht des Registerrichters, vor der Eintragung einer von der Generalversammlung beschlossenen Statutenänderung zu prüfen, ob der Beschluß mit der erforderlichen Stimmenmehrheit gefaßt ist ohne Rücksicht auf den Ablauf der Anfechtungsfrist. RJA. 9, 34, ZBlFG. 8, 429; vgl. hiezu BlfRA. 74, 739. Heilung eines solchen Mangels durch Unterlassung der Anfechtung RG. 60, 413; DLGPr. 1910 S. 34.

c) Verletzung des Gesetzes ist Verletzung jeder Rechtsnorm (vgl. Art. 2 EGzBGB.), nicht bloß des GenG.; wegen Verletzung des Statuts vgl. Holdh. 14, 12ff.; wegen Verletzung sog. „Soll"vorschriften vgl. RG. 68, 232.

Verletzung des Gesetzes liegt vor, wenn der Nachweis erbracht ist, daß durch ein böswilliges oder willkürliches Verfahren der Generalversammlung der statutenmäßige und gesetzliche Anspruch auf die Dividende geflissentlich geschädigt ist (RG. 40, 36); auch Beschlüsse sind anfechtbar, die der Gesamtheit der Aktionäre bzw. Genossen, auch für den einzelnen Anfechtenden selbst, nützlich wären; ROLG. 8, 386; auf bloße Zweckmäßigkeitsgründe hin können an sich gültige Beschlüsse nicht angefochten werden. Holdh. 13, 166. Anfechtung der genehmigten Bilanz wegen zu niedriger Abschreibungen RG. 72, 33.

d) Die Anfechtbarkeit wird geheilt durch den bestimmten Nachweis, daß die Verletzung des Gesetzes oder Statuts für den Beschluß einflußlos war; so auch PC. S. 334 und die zitierten Kommentare; Holdh. 6, 120; 12, 99 u. 214; 13, 309; RJA. 4, 215; vgl. RG. 44, 10.

Der Nachweis des Kausalzusammenhangs gehört nicht zur Begründung der Klage; Holdh. 12, 216; RG. 36, 26; der Nachweis des Fehlens desselben trifft den Anfechtungsgegner.

e) Die Anfechtung erfolgt im Wege der Klage, nicht im Wege der Widerklage (mit Rücksicht auf die Vertretung der Genossenschaft durch den Vorstand allein im regelmäßigen Prozeß, während nach § 51 Vorstand und Aufsichtsrat zur Vertretung berufen sind und mit Rücksicht auf die besonderen Voraussetzungen des § 51, anders aber ohne Begründung ROLG. 14, 361 b, wie hier die allgemeine Ansicht) und nicht im Wege der Einrede.

3. Die Erhebung der Klage muß binnen einem Monat erfolgen. Die Frist läuft vom Tage der Generalversammlung an; für die Berechnung ist § 188 Abs. 2 BGB. maßgebend.

Die Erhebung der Klage erfolgt durch Zustellung eines Schriftsatzes nach § 253 ZPO.

Die Frist ist eine Präklusivfrist (RG. 66, 128); sie läuft auch während der Gerichtsferien, aber es findet bei Versäumnis keine Wiedereinsetzung in den vorigen Stand statt (Seuffert, Gaupp Vorbem. zu § 230).

Das Verfahren in einer Klage wegen Ungültigkeitserklärung von Bilanzen wird durch die Konkurseröffnung über die Genossenschaft unterbrochen. RG. in BlfGw. 1907 S. 391.

Die Wahrung der Frist ist wie alle anderen Voraussetzungen des § 51 Prozeßvoraussetzung und daher von Amts wegen zu prüfen. ROLG. 2, 227; Holdh. 14, 302. Wie die Erhebung der Klage ist auch die Begründung derselben an diese Frist gebunden; die Klage muß diejenigen Tatumstände bezeichnen, aus denen die Anfechtungsgründe entnommen werden sollen; unzulässig ist nach Ablauf der Frist die Berufung auf Tatumstände, aus denen sich eine Verletzung des Gesetzes oder Statuts ganz anderer

Art als die ursprüngliche Klagebegründung ergeben würde; Holdh. 13, 75, auch nicht mit Einwilligung der Beklagten Holdh. 14, 302.

4. Voraussetzungen der Anfechtungsbefugnis:

a) Der in der Generalversammlung erschienene Ge- Genosse muß zu Protokoll derselben Widerspruch erhoben haben; dasselbe gilt für den Vertreter eines Genossen und für einen Genossen, der kein Stimmrecht hatte (JW. 97, 112 für AG.).

Der Widerspruch kann vor oder nach der Beschlußfassung, auch am Schlusse der Generalversammlung, aber nicht nach Schluß derselben erklärt werden (RG. 20, 141; 22, 161; 30, 51; 36, 24; 44, 8); eine Wiederholung des einmal erklärten Widerspruchs ist nicht erforderlich, RG. 53, 291.

„Für das Erfordernis der Erklärung zu Protokoll genügt, daß der Genosse seine Erklärung der Generalversammlung gegenüber als Rechtsverwahrung und in einer so deutlichen Weise abgibt, daß ein gewissenhafter Protokollführer sich kraft seines Amtes verpflichtet fühlen muß, die Erklärung in das Protokoll aufzunehmen"; eine trotzdem nicht erfolgende Protokollierung hindert die Klagestellung nicht (RG. 53, 293). Ausschließungsgrund braucht ins Protokoll der Generalversammlung nicht aufgenommen zu werden. Recht 14 Nr. 200. Ein erhobener Widerspruch wird durch Beteiligung an den weiteren Verhandlungen, Beteiligung an der Abstimmung für den Beschluß nicht hinfällig, weil die Abstimmung „nur vorbehaltlich des gegen die Rechtmäßigkeit der Versammlung überhaupt geäußerten Widerspruchs" geschah; so LZ. 3, 471 Nr. 31; der Einfluß der Abstimmung auf den vorher erhobenen Widerspruch wird aber nach den jeweiligen Tatumständen zu beurteilen sein.

Erhebung des Widerspruchs und der Anfechtungsklage geben auch dem Genossen ausnahmsweise ein selbständiges Beschwerderecht in Registerangelegenheiten (so für AG. KG. 37, 152).

Ist einem Mitgliede das Stimmrecht zu Unrecht entzogen, so kann nicht nur dieser Beschluß, sondern können alle in dieser Generalversammlung ohne seine Mitwirkung gefaßte Beschlüsse für unwirksam erklärt werden, Holdh. 12, 99. Die Anfechtung eines Beschlusses enthält ohne weiteres die Anfechtung aller folgenden Beschlüsse, welche die Gültigkeit jenes zur Voraussetzung haben, ohne daß es einer neuen Klageerhebung gegen die folgenden Beschlüsse bedarf. RG. 64, 258.

Gründe für den Widerspruch brauchen nicht sofort angegeben zu werden; Holdh. 7, 231; RG. 22, 161; dagegen kann die Klage auf einen Grund gestützt werden, der bei dem in der Generalversammlung erhobenen Widerspruch nicht erklärt wurde; es kann auch in der Klage ein anderer Grund als im Widerspruch enthalten geltend gemacht werden, Holdh. 13, 75 und die dortigen Zitate; anders für die Klage s. Z. 2b.

b) Der nicht erschienene Genosse ist anfechtungsberechtigt, wenn er entweder

1. zur Generalversammlung unberechtigterweise nicht zugelassen worden ist; das nämliche gilt vom Vertreter des Genossen (§ 43 Abs. 4 Satz 2; vgl. RG. 40, 80), oder

2. geltend macht, daß die Berufung der Generalversammlung oder die Ankündigung des Gegenstandes der Beschlußfassung nicht gehörig erfolgt sei; vgl. zu § 43, 44 und 46; Holdh. 7, 231.

Die Frist von einem Monat läuft auch für den auf der Generalversammlung nicht erschienenen Genossen vom Tage der Versammlung an, RG. 66, 128.

Legitimation des ausgeschiedenen Genossen zur Prozeßführung RG. 66, 135; DJZ. 12, 965.

5. Anfechtungsberechtigt ist weiter

a) der Vorstand als solcher; seine Klage ist nicht an die Voraussetzungen des 2. Absatzes geknüpft; dagegen gilt auch für ihn die Frist des Absatz 1; auch der durch Generalversammlungsbeschluß abgesetzte Vorstand kann diesen Beschluß anfechten, RG. 34, 113.

Der Aufsichtsrat als Gesellschaftsorgan hat kein Klagerecht.

b) jedes Mitglied des Vorstands und Aufsichtsrats unter der im Gesetz gegebenen Voraussetzung; vgl. § 90,

142, 149; auch für diese besteht nur das Erfordernis der Fristwahrung des Absatz 1.

6. Die Genossenschaft ist passiv legitimiert durch Vorstand und Aufsichtsrat; Klagezustellung an den Vorstand allein genügt nicht, Holdh. 15, 312; Heilung des Mangels nicht durch Unterlassung der Rüge seitens des Vorstands ROLG. 19, 349; ist ein ordnungsmäßig gewählter Aufsichtsrat nicht vorhanden, so ist Aufstellung eines Vertreters nach § 57 ZPO. erforderlich; ebendort JW. 1891 S. 14. Es genügt aber Zustellung der Klage innerhalb der Frist an den Vorstand und den Vorsitzenden des Aufsichtsrats; ROLG. 5, 277; vgl. Recht 6, 49; ZHR. 43, 325; RG. 14, 142; Holdh. 6, 165.

Vorstand und Aufsichtsrat vertreten die Genossenschaft als Gesamtvertreter. Staub § 272 Anm. 6; Ritter Anm. 1; RG. 66, 37 und die dort Zitierten. Die Gebühren sind daher auch nur einfach zu tragen. RG. 14, 142.

Sind durch den Beschluß Vorstand und Aufsichtsrat abgesetzt worden, so sind die neuen Organe zu verklagen, JW. 1896, 662; wird der Auflösungsbeschluß angefochten, so sind die bestellten Liquidatoren und der Aufsichtsrat zu verklagen; Staub, Anm. 4 zu § 272.

Klagt der Vorstand, so wird die Genossenschaft nur durch den Aufsichtsrat vertreten; ebenso wenn so viele Vorstandsmitglieder klagen, daß die vertretungsfähige Zahl nicht mehr vorhanden ist.

7. a) Das Landgericht, in dessen Bezirke die Genossenschaft ihren Sitz hat, ist ausschließlich zuständig; GVG. § 101, 3a, ohne Rücksicht auf den Wert des Streitgegenstandes; daher Revision zum Reichsgericht § 547 ZPO.; LZ. 2, 460; Holdh. 15, 312.

Der Wert des Streitgegenstandes bemißt sich nach dem Interesse des Anfechtungsklägers an der Aufhebung des angefochtenen Beschlusses RG. 24, 427; 45, 402; 48, 381; Holdh. 6, 97; BlfGw. 1905, 140; JW. 1892, 461.

b) Die Anberaumung des Termins zur mündlichen Verhandlung kann erst für die Zeit nach Ablauf des Anfechtungsmonats erfolgen; vgl. hiegegen § 261 Abs. 2 ZPO.

c) Entgegen § 147 ZPO. ist die Verbindung mehrerer Anfechtungsprozesse obligatorisch. Über die Frage der „notwendigen" Streitgenossenschaft vgl. Gaupp § 62 Anm. II b Note 12; Seuffert § 62 Anm. 2 a α.

Ein Genosse kann dem Anfechtungskläger auch nach Ablauf der Frist des Absatz 1 als Nebenintervenient beitreten; § 66, 69 ZPO., ROLG. 11, 33.

8. Der Vorstand hat die Bekanntmachung zu erlassen, auch wenn er selbst Kläger ist; zu veröffentlichen ist aber nur der erste Verhandlungstermin. Ordnungsstrafen § 160.

9. a) Der angefochtene Beschluß kann durch eine spätere Generalversammlung außer Wirksamkeit gesetzt werden und zwar auch rückwirkend RJA. 5, 65; dann bleibt der Prozeß nur hinsichtlich der Kosten anhängig.

Wird der Klage stattgegeben, so wirkt die Nichtigkeit nach eingetretener Rechtskraft des Urteils gegenüber allen Genossen. Dritten gegenüber wirkt das Urteil im Rahmen des § 27. Ein Vergleich oder Verzicht wirkt nur gegenüber den Genossen, welche von ihm betroffen werden. PC. S. 341; MB. S. 234.

„Der Richter hat sich nicht nur auf die rein negative Tätigkeit der Aufhebung des gesetzwidrigen Beschlusses zu beschränken, sondern positiv die Grenzlinien zu bezeichnen, innerhalb deren der Beschluß aufrecht erhalten werden kann"; er hat daher statt der als gesetz- und statutenwidrig erkannten Bilanz die nach seiner Auffassung richtige an deren Stelle zu setzen, soweit er hiezu nach den Umständen des Falls in der Lage ist; RG. 23, 273; 64, 258 und die dortigen Zitate.

b) Die Einreichung des Urteils geschieht nach Maßgabe des § 7 Abs. 1, die Eintragung nach § 23 AV. Die Einreichung hat auch beim Gericht der Zweigniederlassung zu erfolgen; § 157 GenG., § 19 Abs. 3 AV.

10. Im Gesetz ist die Frage nicht behandelt, welche Folgen die Anfechtung an sich und welche Folgen die unterbliebene Anfechtung eines ungültigen Beschlusses hat; der Vorstand muß für alle Fälle die Ausführung eines Beschlusses ablehnen, den er für ungültig hält.

Vgl. hierüber eingehend PC. Anm. 15 zu § 51; Staub Zusatz 1 u. 2 zu § 273.

Heilung nichtiger Beschlüsse durch Nichtanfechtung kann dann nicht eintreten, wenn dieselben zwingende gesetzliche Normen verletzen; für das Registergericht kommen §§ 127, 142, 143 mit 147 FGG. in Betracht; s. auch Z. 2b oben am Ende.

§ 52.

Für einen durch unbegründete Anfechtung des Beschlusses der Genossenschaft entstandenen Schaden haften ihr solidarisch die Kläger, welchen bei Erhebung der Klage eine bösliche Handlungsweise zur Last fällt.

Vgl. § 273 Abs. 2 HGB.

Die Haftung der Anfechtungskläger ist begründet, wenn die Anfechtung unbegründet war und wenn denselben bei Erhebung der Klage eine böswillige Handlungsweise zur Last fällt.

Ablehnung der Klage aus formellen Gründen ist für die Geltendmachung der Haftung nicht ausreichend, sofern nicht „der Nachweis materieller Grundlosigkeit der Klage" geführt wird, Staub § 273 Anm. 7. Über bösliche Handlungsweise RG. 1, 22; 7, 125.

Aber auch aus sonstigen Rechtsgründen, z. B. § 824 BGB. sind Schadensersatzansprüche zulässig; vgl. Staub § 273 Anm. 10. Nur die Kläger haften, nicht die Nebenintervenienten. Über Gesamtschuldhaftung s. § 421 ff. BGB.

Vierter Abschnitt.

Revision.

§ 53.

Die Einrichtungen der Genossenschaft und die Geschäftsführung derselben in allen Zweigen der Ver-

waltung sind mindestens in jedem zweiten Jahre der Prüfung durch einen der Genossenschaft nicht angehörigen, sachverständigen Revisor zu unterwerfen.

„Für Genossenschaften wurde eine weitere Kontrolle, als die, welche der Aufsichtsrat bietet, als ein Bedürfnis erachtet; es wird sich empfehlen, als dauernde Einrichtung eine regelmäßig wiederkehrende umfassende Prüfung der Geschäftsführung und Vermögenslage durch einen sachverständigen Revisor vorzuschreiben, der von den einzelnen Genossen unabhängig ist und über die Art und Weise seiner Untersuchung und deren Ergebnis zu berichten hat" (Motive S. 70 ff.).

In dieser Begründung ist zugleich der Unterschied zwischen der Stellung des Aufsichtsrats und des Revisors gegeben.

Über den Umfang der Revision der „Einrichtungen" s. PC. Vorbemerkungen zu § 53, über die bezüglichen Verhandlungen der Genossenschaftstage und die Genossenschaftsblätter hierüber, s. BlfGw. und DLGPr.; vgl. auch „Bankarchiv" 5. Jahrg. S. 13 und 253. BlfGw. 1907 S. 32.

Die Revision muß mindestens in jedem zweiten Jahre erfolgen, also begonnen werden, bevor seit Beendigung der letzten Revision zwei Jahre verflossen sind.

§ 54.

Für Genossenschaften, welche einem den nachfolgenden Anforderungen genügenden Verbande angehören, ist diesem das Recht zu verleihen, den Revisor zu bestellen.

„Die Bestellung und Besoldung des Revisors ist für die Genossenschaften in der Regel von den bestehenden Verbänden gewerblicher oder landwirtschaftlicher Genossenschaften in die Hand genommen worden; hieran knüpft das Gesetz an" (Motive S. 71).

Der Revisionsverband kann sich nicht als Genossenschaft im Sinne dieses Gesetzes konstituieren (so auch PC. S. 301); die Verbände sind fast ausschließlich als eingetragene Vereine organisiert, so z. B. der Reichsverband der deutschen landwirtschaftlichen Genossenschaften; s. dessen Satzung in DLGPr. 1905 Beil. zu Nr. 14; ebenda 1906 S. 374.

Das Recht der Revisorenbestellung ist dem Verband nur nach Maßgabe des § 60 entziehbar.

Über Haftpflicht der Revisionsverbände aus den Revisionen s. DJZ. 13, 1378.

§ 55.

Der Verband muß die Revision der ihm angehörigen Genossenschaften und kann auch sonst die gemeinsame Wahrnehmung ihrer im § 1 bezeichneten Interessen, insbesondere die Unterhaltung gegenseitiger Geschäftsbeziehungen zum Zweck haben. Andere Zwecke darf er nicht verfolgen.

§ 55 schreibt den notwendigen und den fakultativen Inhalt des Statuts vor; über die hier vorgesehenen Beschränkungen darf der Verband nicht hinaus gehen; innerhalb derselben ist ihm aber die möglichste Bewegungsfreiheit zu belassen; s. hiezu PC. Anm. 2 zu § 55; vgl. ferner § 1 Vereinsgesetz vom 19. April 1908.

Der Verband ist nicht beschwerdeberechtigt gegenüber gerichtlichen Entscheidungen auf Anmeldungen seitens der Genossenschaft, Recht 10, 811.

§ 56.

Die Zwecke des Verbandes müssen in dem Statut desselben angegeben sein. Der Inhalt des Statuts muß erkennen lassen, daß der Verband imstande ist, der Revisionspflicht zu genügen. Das Statut hat insbesondere den Verbandsbezirk sowie die höchste und die geringste Zahl von Genossenschaften, welche der Verband umfassen kann, festzusetzen und die Bestimmungen über Auswahl und Bestellung der Revisoren, Art und Umfang der Revisionen, sowie über Bildung, Sitz und Befugnisse des Vorstandes und über die sonstigen Organe des Verbandes zu enthalten.

Die Verleihung des Revisionsrechts durch die Behörde (§ 57) ist durch die Erfüllung der hier gegebenen Vorschriften bedingt; sie steht aber im freien Belieben der Behörde und kann versagt werden, wenn auch die Voraussetzungen des § 56 erfüllt sind, aus dem Statut aber trotzdem erhellt, daß der Verband zur Erfüllung der vorgeschriebenen Zwecke nicht in der Lage ist.

Muster von Revisionsbestimmungen bei PC. Anm. 3 zu § 56.

§ 57.

Die Verleihung des Rechts zur Bestellung des Revisors erfolgt, wenn der Bezirk des Verbandes sich über mehrere Bundesstaaten erstreckt, durch den Bundesrat, anderenfalls durch die Zentralbehörde des Bundesstaates.

Änderungen des Verbandsstatuts sind der nach Absatz 1 zuständigen Stelle einzureichen.

Änderungen des Verbandsstatuts bedürfen nicht der Genehmigung; dagegen können solche ein Recht der Erinnerung oder ein Vorgehen nach § 60 begründen. Sind Revisionsverbände als eingetr. Vereine konstituiert, so ist natürlich auch Anmeldung zum Vereinsregister nach § 71 BGB. nötig.

„Dehnt ein bisher auf den Bezirk eines Bundesstaats beschränkter Verband im Wege der Statutenänderung seinen Bezirk über mehrere Bundesstaaten aus, so muß er eine neue Verleihung durch den Bundesrat erwirken", PC. II, 2 zu § 57.

§ 58.

Der Verbandsvorstand hat das Statut mit einer beglaubigten Abschrift der Verleihungsurkunde, sowie alljährlich im Monat Januar ein Verzeichnis der dem Verbande angehörigen Genossenschaften den Gerichten (§ 10), in deren Bezirke diese ihren Sitz haben, sowie der höheren Verwaltungsbehörde, in deren Bezirke der Vorstand seinen Sitz hat, einzureichen.

Unabhängig von der rechtlichen Organisation des Revisionsverbands ist hier besondere Tätigkeit der Revisionsverbände gegenüber den Registergerichten vorgeschrieben. Für die Beglaubigung ist § 8 Abs. 2 AV. maßgebend.

„Die Mitteilung soll den Registergerichten die Möglichkeit gewähren, ihre Befugnis zur Entziehung des Rechts zur Revisionsbestellung auszuüben und ihnen die Vergewisserung zu ermöglichen, ob sie die Bestellung eines Revisors zu unterlassen haben, weil die Genossenschaft zu einem Revisionsverbande gehört."

Einzureichen ist nur das Verzeichnis der zu dem Bezirk des Registergerichts gehörigen Genossenschaften. KOLG. 2, 70.

§ 59.

Generalversammlungen des Verbandes dürfen nur innerhalb des Verbandsbezirks abgehalten werden.

Sie sind der höheren Verwaltungsbehörde, in deren Bezirke der Vorstand seinen Sitz hat, sowie der höheren Verwaltungsbehörde, in deren Bezirke die Versammlung abgehalten werden soll, unter Einreichung der Tagesordnung mindestens eine Woche vorher anzuzeigen.

Der letzteren Behörde steht das Recht zu, in die Versammlung einen Vertreter zu entsenden.

Der Regierungsvertreter hat lediglich eine informatorische Tätigkeit, Rechte nach dem Vereinsgesetze stehen ihm nicht zu.

Unterlassung der Anzeige der Versammlung ist mit Geldstrafe bis zu 600 Mk. bedroht, § 150.

§ 60.

Das Recht zur Bestellung des Revisors kann dem Verbande entzogen werden:

1. wenn er sich gesetzwidriger Handlungen schuldig macht, durch welche das Gemeinwohl gefährdet wird, oder wenn er andere als die im § 55 bezeichneten Zwecke verfolgt;
2. wenn der Verband der ihm obliegenden Pflicht der Revision nicht genügt.

Die Entziehung wird nach Anhörung des Verbandsvorstandes durch die für die Verleihung zuständige Stelle ausgesprochen.

Von der Entziehung ist den im § 58 bezeichneten Gerichten Mitteilung zu machen.

Der Bestand des Verbands als Verein wird durch die Entziehung des Rechts zur Bestellung des Revisors nicht berührt; es bleibt ihm noch die Möglichkeit der Erfüllung des in § 55 vorgesehenen Zwecks.

§ 61.

Für Genossenschaften, welche einem Revisionsverbande (§§ 55 bis 57) nicht angehören, wird der Revisor durch das Gericht (§ 10) bestellt. [1])

Der Vorstand der Genossenschaft hat die Bestellung zu beantragen. [2])

Die Bestellung erfolgt, nachdem die höhere Verwaltungsbehörde über die Person des Revisors gehört

ist. Erklärt die Behörde sich mit einer von der Genossenschaft vorgeschlagenen Person einverstanden, so ist diese zum Revisor zu bestellen. [3]) [4])

1. Genossenschaften, welche einem Revisionsverband angehören, können insolange die Bestellung eines Revisors durch das Gericht nicht beantragen; Merzbacher Anm. 1.

2. Der Antrag kann nur vom Vorstand ausgehen; unterläßt der Vorstand, innerhalb des vorgeschriebenen Zeitraums (§ 53) den Antrag zu stellen, so kann nicht das Gericht von sich aus einen Revisor aufstellen; es hat nur das Recht, den Vorstand durch Ordnungsstrafen nach § 160 zur Stellung des Antrags zu veranlassen und zwar noch vor Ablauf der zweijährigen Frist, aber nur in angemessener Frist vor derselben; ebenso PC. Anm. II, 3. Mit dem Antrag wird der Vorstand die Person des Revisors bezeichnen.

3. Das Gericht hat vor der Bestellung über die Person des Revisors die höhere Verwaltungsbehörde zu hören; vgl. § 161.

4. Für die Verbescheidung des Antrags wurden bisher Gebühren nicht erhoben; nach Entsch. d. Bayr. ObLG. 10, n. F. S. 162 erstreckt sich jedoch die Gebührenfreiheit des § 159 nicht auf die gerichtliche Tätigkeit der Bestellung des Revisors; es kommt daher Art. 139 Bayer. GebG. v. 28. 4. 07 zur Anwendung (3/10 der Sätze des § 8 GKG.; s. auch Wochinger Anm. 3 hiezu. Die Festsetzung des Werts des Gegenstandes der Entscheidung hat vom Gericht nach Art. 39 GebG. und § 9 GKG. mit § 3 ZPO. nach freiem Ermessen zu erfolgen.

Die Entscheidung ist zutreffend, aber ihr Ergebnis unbillig; nach der Absicht des Gesetzgebers sollen — wie die erste Instanz mit Recht ausgeführt hat — offenbar solche Handlungen des Gerichts gebührenfrei sein, die eine Genossenschaft in Anspruch nehmen muß, aber „nicht solche, die wie die Bestellung des Revisors die Genossenschaft dadurch vermeiden könne, daß sie sich einem Revisionsverband anschließt."

Die Notwendigkeit der Anrufung des Gerichts zwecks

Bestellung des Revisors ist aber wie der Antrag auf Eintragungen in das Genossenschaftsregister vom Gesetze bestimmt; es läuft daher lediglich auf eine Bestrafung der Genossenschaft hinaus, daß sie einem Revisionsverband nicht angehört, wenn sie für diesen Fall einen bezgl. Antrag stellen muß, obwohl ein Zwang zu einer solchen Zugehörigkeit nicht besteht und eine solche auch für manche Genossenschaften nicht zweckmäßig und durchführbar ist.

Die Bestellung des Revisors erfolgt nur von Fall zu Fall; s. auch DLGPr. 1909 S. 279; damit ist nicht ausgeschlossen, jeweilig die nämliche Person zum Revisor zu bestellen; es ist zulässig, daß ein solcher Revisor schon vor seiner gerichtlichen Bestellung — deren nachträgliches Eintreffen vorausgesetzt — mit den Revisionsarbeiten beginnt.

§ 62.

Der Revisor[1]) hat gegen die Genossenschaft Anspruch auf Erstattung angemessener barer Auslagen und auf Vergütung für seine Leistung nach Maßgabe der erforderlichen Zeitversäumnis.

Dem vom Gerichte bestellten Revisor werden in Ermangelung einer Einigung die Auslagen und die Vergütung durch das Gericht festgesetzt. Die Vorschriften im § 104 Absatz 2, § 105, § 794 No. 3 der ZPO. finden Anwendung.

1. Das Rechtsverhältnis zwischen Genossenschaft und Revisor ist nach den Bestimmungen des § 631 ff. BGB. über den Werkvertrag zu beurteilen; das gilt für den Revisor des Revisionsverbandes wie für den vom Gerichte bestellten Revisor; so auch Merzbacher Anm. 1.

2. Das Festsetzungsgesuch unterliegt nicht dem Anwaltszwang; § 104 mit § 78 Abs. 2 ZPO.; Seuffert Anm. 3b zu § 104. Die Entscheidung hierüber ist ein vollstreckbarer Titel im Sinne der ZPO.; s. auch § 16 Abs. 1 ZVG.

§ 63.

Der Vorstand der Genossenschaft hat dem Revisor die Einsicht der Bücher und Schriften der Genossenschaft und die Untersuchung des Bestandes der Genossenschaftskasse, sowie der Bestände an Effekten, Handelspapieren und Waren zu gestatten. Zu der Revision ist der Aufsichtsrat zuzuziehen.[1])

Der Vorstand hat eine Bescheinigung des Revisors, daß die Revision stattgefunden hat, zum Genossenschaftsregister einzureichen[2]) und den Bericht über die Revision bei der Berufung der nächsten Generalversammlung[3]) als Gegenstand der Beschlußfassung anzukündigen.[4]) In der Generalversammlung hat der Aufsichtsrat sich über das Ergebnis der Revision zu erklären.[5])

Der von einem Verbande bestellte Revisor hat eine Abschrift des Revisionsberichts dem Verbandsvorstande einzureichen.[6])

1. a) Die Revision hat in den Geschäftslokalen der Genossenschaft stattzufinden.

Dem Revisor ist ein vollständiger Einblick in alle Geschäftsverhältnisse zu ermöglichen. Der Vorstand ist im Unterlassungsfalle durch Ordnungsstrafen nach § 160 hiezu anzuhalten.

b) Der Vorstand hat den Aufsichtsrat von der bevorstehenden Revision zu verständigen; es genügt, wenn dieser durch ein Mitglied vertreten ist. Eine ständige Anwesenheit des Aufsichtsrats oder des mit der Vertretung beauftragten Mitgliedes desselben kann nicht gefordert werden; es muß genügen, wenn der Revisor Gelegenheit hat, über die bestehenden Verhältnisse und aufgetauchten Bedenken mit dem Aufsichtsrate eingehend sich zu benehmen; zweckmäßig wird aber der Aufsichtsrat der Aufnahme der Bestände, Kasse und Effekten beiwohnen; vgl. BlfGw. 1908 S. 133.

Ist der Aufsichtsrat überhaupt nicht anwesend oder nicht vertreten, so ist mit Recht hierin die Nichtanwendung der Sorgfalt eines ordentlichen Geschäftsmanns zu erblicken (PC. S. 370); es ist dem Ermessen des Revisors überlassen, ob er ohne entsprechende Vertretung des Aufsichtsrats die Revision vornehmen und zu Ende führen will (vgl. DLGPr. 1907 S. 39 u. 45).

Die Zuziehung des Aufsichtsrats bezw. die Nichtbeteiligung desselben an der Revision hat der Revisor in seinem Berichte zu konstatieren.

2. Der Revisor hat nach Vornahme der Revision eine Bescheinigung auszustellen, daß die Revision stattgefunden hat; diese Bescheinigung ist vom Vorstand nach erfolgter Revision beim Registergericht einzureichen und kann der Vorstand nach § 160 durch Ordnungsstrafen hiezu angehalten werden; vgl. ferner § 7 Abs. 1 AB. Ob der Revisor einer Genossenschaft, welche einem Revisionsverband angehört, seinerseits tatsächlich Revisor des Verbandes ist, hat das Gericht nicht zu prüfen. RJA. 2, 181; ZBlFG. 2, 388. Die Bestätigung ist auch beim Gericht der Zweigniederlassung einzureichen; § 157 Abs. 2.

3. Der Revisor hat einen schriftlichen Bericht über seine Revision abzustatten und dem Vorstand einzuhändigen (über den Inhalt des Berichts vgl. BlfGw. 1893 Nr. 46 u. 47, 1896 S. 153).

4. Der Bericht über die Revision ist auf die Tagesordnung der nächsten, das ist ersten nächsthin einzuberufenden ordentlichen oder außerordentlichen Generalversammlung (so auch Merzbacher Anm. 10) zu setzen.

5. Die einzelnen Genossen haben kein Recht auf Einsichtnahme oder Mitteilung des Berichts; nur die Generalversammlung kann verlangen, daß ihr der Bericht durch Verlesen bekannt gegeben wird; ihrem Beschlusse bleibt es vorbehalten, von der Verlesung Abstand zu nehmen oder dieselbe auf einen Teil zu beschränken, einen anderen Teil einem Ausschuß zu überreichen oder sich mit einem summarischen Bericht des Aufsichtsrats über das Ergebnis der Revision zu begnügen (vgl. die Erklärungen in der Kommission bei PC. S. 371 ff.).

Eine allgemeine Erklärung über das Ergebnis der Revision muß der Aufsichtsrat abgeben.

Diesbezügliche Beschlüsse der Generalversammlung sind, soweit dadurch nicht anderweit Gesetz oder Statut verletzt ist, nicht nach § 51 anfechtbar (Merzbacher Anm. 11).

Strafe wegen wissentlich unwahrer Darstellungen s. § 147.

6. Die Einreichung einer Abschrift des Berichts an den Vorstand des Revisionsverbands ist Sache des Revisors.

§ 64.

Der Reichskanzler ist ermächtigt, allgemeine Anweisungen zu erlassen, nach welchen die Revisionsberichte anzufertigen sind.

Von dieser Ermächtigung ist bisher noch kein Gebrauch gemacht; dagegen haben die Verbände entsprechende Anweisungen erlassen; vgl. hiezu PC. S. 373; Festschrift zum 25jährigen Bestehen des Reichsverbands der Deutschen Landw. Genossenschaften 1883—1908 (Reichsverband in Darmstadt).

Fünfter Abschnitt.

Ausscheiden einzelner Genossen.

§ 65.

Jeder Genosse hat das Recht, mittels Aufkündigung seinen Austritt aus der Genossenschaft zu erklären.[1])

Die Aufkündigung findet nur zum Schlusse eines Geschäftsjahres statt. Sie muß mindestens drei Monate vorher schriftlich erfolgen. Durch das Statut kann eine längere, jedoch höchstens zweijährige Kündigungsfrist festgesetzt werden.[2])

Ein den vorstehenden Bestimmungen zuwiderlaufendes Abkommen ist ohne rechtliche Wirkung.[3])

1. a) Dem Charakter der Genossenschaft als einer Gesellschaft mit nicht geschlossener Mitgliederzahl entspricht das Recht jedes Genossen, aus der Genossenschaft durch Aufkündigung der Mitgliedschaft wieder auszutreten.

Das Statut kann gemäß § 18 dieses Recht nur nach Maßgabe des zweiten Absatzes erschweren und überhaupt nicht ausschließen; die Genossenschaft darf aber nicht durch Vertrag Mitglieder von Einhaltung der Kündigungsfrist entbinden Recht 12, 2. Beil. S. 1677.

b) Unzulässig ist die Festsetzung einer Konventionalstrafe oder eines Austrittsgeldes, RG. 30, 81, 33, 65; als solche stellt sich auch eine statutarische Bestimmung dar, wonach der Genosse für den Fall des Ausscheidens zu Beiträgen zur Bildung eines Amortisationsfonds verpflichtet wird, RG. 42, 79.

Das Statut kann auch nicht für verschiedene Fälle der Aufkündigung verschiedene Fristen bestimmen. Entsch. d. Bayr. ObLG. 9, 39.

c) Die Aufkündigung muß schriftlich erfolgen (§ 69 GenG., § 31 AB.) und bedarf nicht der Angabe eines Kündigungsgrundes (Entsch. d. Bayr. ObLG. 9, 42), Ausnahme § 67; sie ist eine einseitige empfangsbedürftige Willenserklärung im Sinne des § 130 BGB. (Merzbacher Anm. 3). Wegen Zustellung durch Gerichtsvollzieher s. § 134 BGB. Wie die Beitrittserklärung kann auch die Kündigung durch einen Bevollmächtigten erfolgen; was hierbei für die Beitrittserklärung, gilt auch für die Austrittserklärung (ROLG. 4, 477).

Für den im Konkurs befindlichen Genossen hat der Konkursverwalter das Kündigungsrecht (§ 6 KO.).

Die Ehefrau bedarf zur Austrittserklärung nicht der Zustimmung des Mannes; dagegen ist zur Auszahlung des Geschäftsguthabens an die Ehefrau die Zustimmung des Mannes nötig, sofern ihr Geschäftsguthaben nicht Vorbehaltsgut ist (§ 1367, 1440), oder im Falle der Gütertrennung (ebenso PC. S. 380).

2. Für die Wirkung der Kündigung ist maßgebend der Tag des Einlaufs derselben bei dem Vorstand; die

Grundsätze des § 130 BGB. kommen, wie schon oben erwähnt, hiebei zur Anwendung (vgl. Staudinger zu § 130 BGB.), ferner die Berechnungsarten nach § 187 Abs. 1 u. § 188 Abs. 2 BGB. (vgl. PC. S. 379); eine zum 31. Dezember als Schluß des Geschäftsjahrs erfolgte Kündigung muß daher spätestens am 30. September beim Vorstand eingereicht sein. Läuft die Kündigung verspätet ein, so gilt sie für den nächstzulässigen Termin, so mit Recht PC. S. 379 gg. MB. S. 273), auch wenn als Endtermin ausdrücklich der Schluß des laufenden Jahres angegeben ist. Der Vorstand muß als ermächtigt betrachtet werden, den auf die Kündigungszeit bezüglichen Passus bei der Anmeldung sachgemäß abzuändern. Verlegung des Geschäftsjahrs ist ohne Einfluß auf die Genossen, welche bereits gekündigt haben.

Die Kündigung kann, auch wenn dieselbe schon im Genossenschafts-Register eingetragen ist, durch schriftliche und zum Genossenschaftsregister einzureichende Erklärung wieder zurückgenommen werden, so mit Recht RG. 49, 29, ROLG. 14, 177; dagegen PC. S. 381, MB. S. 273, wie hier Joël S. 579 und die Praxis der Registergerichte ebenso ZBlFG. 7, 49. Die Eintragung des Austritts ist nicht in dem Sinne absolut, daß nicht Vorstand und Genosse durch eine Vereinbarung diese Wirkung gegenseitig wieder aufheben könnten. Auch nach erfolgter Pfändung des Geschäftsguthabens kann der Genosse mit voller Rechtswirkung die Kündigung mit Einwilligung der Genossenschaft zurücknehmen. ROLG. 14, 177, 9. Sp. S. d. DJZ. 1907 S. 187. Wenn der Genosse, welcher den Austritt erklärt hat, während des Laufs der Kündigungsfrist stirbt, so gilt er, wenn diese noch nach dem Todesjahr laufen würde, nach § 77 als ausgeschieden.

3. Separatverzichte der einzelnen Genossen auf die Geltendmachung ihres gesetzlichen oder statutarischen Austrittsrechts sind nicht zugelassen und ebensowenig Vereinbarungen mit der Genossenschaft, durch welche diese ihrerseits Mitglieder von der Innehaltung der maßgebenden Kündigungsfrist entbindet (Motive S. 138).

Jede Bestimmung, die das Kündigungsrecht in weiterem Umfange einschränkt, gleichviel ob sie in den Statuten oder in einem besonderen Vertrage, ob sie direkt oder nur indirekt durch tatsächliche Erschwerung des Austritts getroffen worden ist, ist „rechtsunwirksam", jedoch nur insoweit, als die gesetzlich zulässige Kündigungsfrist dadurch überschritten ist. Ein solcher Vertrag ist mit der Einschränkung gültig, daß der Genosse jederzeit die Auflösung des genossenschaftlichen Verhältnisses, wie sie nach Gesetz und Statut vorgesehen ist, und damit auch die Beendigung des Vertragsverhältnisses herbeiführen kann. RG. 71, 388; ZBlFG. 10, 418, 399 a b. Vgl. hiezu DLGPr. 1910 S. 35. Macht bei einer Genossenschaft, bei welcher die Gewährung von Darlehen Zweck des Unternehmens ist und welche nach § 8 Abs. 2 solche Darlehen nur an Mitglieder gewähren kann, der Genosse von seinem Kündigungsrecht Gebrauch, während er noch Darlehensschuldner ist und der Darlehensvertrag über die Kündigungsfrist hinauslaufen würde, so ist die Genossenschaft verpflichtet wie berechtigt, ihr Guthaben zurückzuverlangen, weil sie ein Nichtmitglied als Darlehensschuldner nicht behalten darf; es würden sich sonst unübersehbare Konsequenzen für den Stand der Genossenschaft ergeben. Insofern besteht also immerhin eine Erschwerung des Austritts, deren vertragsmäßige Festlegung (z. B. das Darlehen ist sofort zur Rückzahlung fällig nach erfolgtem Ausscheiden aus der Genossenschaft) deshalb nicht im Widerspruch mit § 65 Abs. 3 steht, weil dieselbe auf der gesetzlichen Vorschrift des § 8 Abs. 2 beruht.

§ 66.

Der Gläubiger eines Genossen, welcher, nachdem innerhalb der letzten sechs Monate eine Zwangsvollstreckung in das Vermögen des Genossen fruchtlos versucht ist, die Pfändung und Ueberweisung des demselben bei der Auseinandersetzung mit der Genossenschaft zukommenden Guthabens erwirkt hat, kann behufs seiner Befriedigung das Kündigungsrecht des Genossen

an dessen Stelle ausüben, sofern der Schuldtitel nicht bloß vorläufig vollstreckbar ist.[1]

Der Aufkündigung muß eine beglaubigte Abschrift des Schuldtitels und der Urkunden über die fruchtlose Zwangsvollstreckung beigefügt sein.[2]

1. Das Geschäftsguthaben ist, wie bei § 7 S. 20 ausgeführt, ein Vermögensrecht des Genossen und dessen Realisierung abhängig von dem Ausscheiden desselben s. § 73.

Um dem Gläubiger des Genossen den Zugriff in dieses Geschäftsguthaben zu ermöglichen, ist hier dem Gläubiger ein an Stelle des Genossen auszuübendes Kündigungsrecht verliehen.

Dieses ist an folgende Voraussetzungen geknüpft:

a) Der Gläubiger muß im Besitz eines nicht bloß vorläufig vollstreckbaren Schuldtitels sein.

Gläubigerin kann auch die Genossenschaft selbst sein; vgl. § 22.

Der Schuldtitel muß die Rechtskraft erlangt haben.

Einer Pfändung des Geschäftsguthabens auf Grund eines vorläufig vollstreckbaren Titels steht nichts im Wege; sie berechtigt zwar zunächst nicht zur Kündigung, sichert aber den Vorrang vor andern Gläubigern. Motive S. 139.

b) Innerhalb der letzten sechs Monate — und zwar vor der Pfändung und Überweisung des Geschäftsguthabens — muß eine Zwangsvollstreckung in das Vermögen des Genossen fruchtlos versucht sein. Die Zwangsvollstreckung braucht nicht von dem kündenden Gläubiger ausgegangen zu sein. Motive S. 138. Es kann sich hiebei um Mobiliar- wie Immobiliarvollstreckung handeln; nicht erforderlich ist, daß der Genosse zum Offenbarungseide geladen wird; dagegen ist eine Glaubhaftmachung, daß der Gläubiger durch Pfändung eine Befriedigung nicht erlangen könne (vgl. § 807 ZPO.), nicht ausreichend. Der Nachweis der erfolglosen Pfändung ist durch das bezügliche Protokoll des Gerichtsvollziehers zu erbringen; eine Bestätigung desselben genügt nicht; (vgl. Abs. 2; § 803 Abs. 2 ZPO.)

c) Sodann muß der Gläubiger die Pfändung und Überweisung des Geschäftsguthabens erwirkt haben (§ 828, 829, 834, 835, 836 ff. ZPO.).

Ist Pfändung ohne Überweisung vorher erfolgt, so genügt, wenn die Überweisung nachher erfolgt (ebenso PC. Anm. 3 zu § 66).

d) Die nun erfolgende Kündigung ist an die für den Genossen geltende Kündigungsfrist gebunden.

2. Der Gläubiger hat der Genossenschaft daher vorzulegen:

a) eine beglaubigte Abschrift des Schuldtitels;

b) der Urkunden über die fruchtlose Zwangsvollstreckung. Die Beglaubigung erfolgt nach § 8 Abs. 2 AV. durch eine zuständige Behörde oder einen zuständigen Beamten oder Notar; Beglaubigung durch den Gerichtsvollzieher oder Anwalt ist nicht ausreichend.

c) Pfändungs- und Überweisungsbeschluß des Vollstreckungsgerichts in Ausfertigung (vgl. ROLG. 19, 351) oder in beglaubigter Abschrift (vgl. § 69 Abs. 1 Satz 3), für welche das nämliche wie oben unter b bemerkt, gilt.

Auch die dem Vorstande zum Zwecke der Zustellung des Pfändungs- und Überweisungsbeschlusses behändigte beglaubigte Abschrift ist nicht ausreichend (RG. 56, 374; KG. 37, 173; ZBlFG. 10, 85; RJA. 10, 29; ROLG. 19, 350).

d) Schriftliche Kündigungserklärung des Gläubigers. Die Beibringung dieser Schriftstücke in der erforderlichen Form ist Sache des Gläubigers.

Fehlt eine Urkunde, so hat der Vorstand die Einreichung zu unterlassen. Entsch. d. ObLG. 5 n. F. S. 60. Die Rechtzeitigkeit der Kündigung ist allerdings nicht von der Beibringung der entsprechend beglaubigten Abschrift des Pfändungs- und Überweisungsbeschlusses abhängig; aber der Vorstand kann auch bei Vorliegen eines Formmangels dieser Beschlußabschrift die Einreichung unterlassen, weil sonst bei Ablehnung des Eintrags die Genossenschaft die hiedurch entstehenden Kosten zu tragen hätte, s. hiezu die oben angeführte, in dieser

Richtung nicht zutreffende Entsch. d. bayer. ObLG.; wenn es dort S. 63 heißt, daß der Gläubiger sein Geschäft mit der Aufkündigung und der Beibringung der erforderlichen Abschrift beendigt und damit die Genossenschaft in die Lage versetzt hat, daß nunmehr für sie die Einreichung notwendig ist, so war eben in dem der Entscheidung zugrunde liegenden Falle die erforderliche Abschrift nicht vorhanden, weil dieselbe von einem Anwalt beglaubigt war. Und wenn es auch richtig ist, daß dem Registergerichte der Vorstand bzw. die Genossenschaft gegenüber steht und die Verrichtung des Registergerichts in einer Angelegenheit der Genossenschaft nach Art. 131 Abs. 1 AGzBGB. stattfindet, so dürfte doch hiebei übersehen sein, daß nach Abs. 2 des Art. 131 die durch einen unbegründeten Antrag verursachten Kosten dem Beteiligten zur Last fallen, der sie verursacht hat; wenn der Gläubiger sich daher weigert, die erforderliche Abschrift zu beschaffen, so sind die Kosten der amtlichen Verrichtung dem Gläubiger aufzuerlegen. Über die Einreichung der Kündigung zum Genossenschaftsregister s. weiters § 69.

§ 67.

Ist durch das Statut die Mitgliedschaft an den Wohnsitz innerhalb eines bestimmten Bezirks geknüpft (§ 8 Nr. 2), so kann ein Genosse, welcher den Wohnsitz in dem Bezirke aufgibt, zum Schlusse des Geschäftsjahres seinen Austritt schriftlich erklären. [1])

Imgleichen kann die Genossenschaft dem Genossen schriftlich erklären, daß er zum Schlusse des Geschäftsjahres auszuscheiden habe. [2])

Über die Aufgabe des Wohnsitzes ist die Bescheinigung einer öffentlichen Behörde beizubringen. [3])

1. Die Bestimmung ist getroffen mit Rücksicht auf den für die Raiffeisenschen Darlehenskassen geltenden Grundsatz, daß die Mitgliedschaft auf einen bestimmten Bezirk beschränkt ist.

Die Ausübung der Kündigungsbefugnis seitens des Genossen wie der Genossenschaft steht aber im Belieben der Beteiligten.

Der „Wohnsitz" im Sinne der Satzung stimmt mit dem in § 7 BGB. gegebenen Begriffe des Wohnsitzes überein; Recht 12, 2. Beil. Nr. 1678.

Das Erlöschen der Mitgliedschaft ist auch hier von der Eintragung in die Liste der Genossen abhängig; Holdh. 17, 149.

2. Bei „unbekannt wohin" verzogenen Genossen genügt die Zustellung der Erklärung mittels eingeschriebenen Briefes an deren letztbekannte Adresse; als Nachweis für Abgabe der Erklärung genügt die Bescheinigung des Postamts über Aufgabe des Briefes; s. die Entsch. in DLGPr. 1905 S. 135.

3. Verlangt ist nach § 31 Z. 3 AB. eine Bescheinigung der Polizei- oder Gemeindebehörde über den Wegzug aus dem Bezirke.

§ 68.

Ein Genosse kann wegen des Verlustes der bürgerlichen Ehrenrechte, sowie wegen der Mitgliedschaft in einer anderen Genossenschaft, welche an demselben Orte ein gleichartiges Geschäft betreibt, zum Schlusse des Geschäftsjahres aus der Genossenschaft ausgeschlossen werden. Aus Vorschuß- und Kreditvereinen kann die Ausschließung wegen der Mitgliedschaft in einer anderen solchen Genossenschaft auch dann erfolgen, wenn die letztere ihr Geschäft nicht an demselben Orte betreibt. [1])

Durch das Statut können sonstige Gründe der Ausschließung festgesetzt werden. [2])

Der Beschluß, durch welchen der Genosse ausgeschlossen wird, ist diesem von dem Vorstande ohne Verzug mittelst eingeschriebenen Briefes mitzuteilen. [3])

Von dem Zeitpunkte der Absendung desselben kann der Genosse nicht mehr an der Generalversammlung teilnehmen, auch nicht Mitglied des Vorstandes oder des Aufsichtsrats sein. [4])

1. a) Über Voraussetzungen für die Ausschließung s. BayZfR. 5, 473. Über die rechtliche Natur der Klage auf Anfechtung des Ausschließungsbeschlusses der Generalversammlung s. RJA. 7, 121.

b) Der Ausschluß aus der Genossenschaft wegen der hier aufgeführten Gründe steht mangels anderweitiger Bestimmung des Statuts dem Vorstand zu; durch Statut kann der Beschluß über die Ausschließung einem andern Organ übertragen werden; Entsch. d. ObLG. 9, 43; ZBlFG. 9, 255; RJA. 9, 163. Bestimmungen des Statuts, wonach im Falle der Ausschließung durch den Vorstand der Genosse das Recht der Berufung an die Generalversammlung hat, sind zulässig; dagegen kann nicht bestimmt werden, daß die Generalversammlung endgültig und unter Ausschluß des Rechtswegs hierüber entscheiden solle. (Form der Anfechtung s. zu § 51.) RG. 57, 154; Holdh. 17, 150, 151; LZ. 2, 304 Nr. 38. Das angegangene Gericht hat das Recht der sachlichen Nachprüfung des Ausschließungsbeschlusses RG. 57, 154; LZ. 1, 443; 2, 304; JW. 1908 S. 250; über den Unterschied zwischen Anlaß zur Ausschließung und Vorliegen des Ausschließungsgrundes s. ROLG. 6, 498. Der Ausschließungsbeschluß muß daher erkennen lassen, auf Grund welcher Tatsachen der Ausschluß geschehen ist (MB. S. 281; Rspr. ebendort).

Ob die Genossenschaft von der ihr gesetzlich zugebilligten Ausschließungsmöglichkeit Gebrauch machen will, ist dem pflichtgemäßen Ermessen des zuständigen Organs überlassen.

2. Sollen andere Gründe zur Ausschließung berechtigen, so müssen dieselben im Statut festgesetzt sein.

Die Generalversammlung einer Genossenschaft kann, nachdem in einer vorhergehenden, zu gleichem Zwecke berufenen Generalversammlung ein auf denselben Tatbestand gestützter Antrag auf Ausschließung abgelehnt worden ist, die Ausschließung nicht neuerdings beschließen; RG. 51, 89.

Die Ausschließung eines Genossen wegen Nichterfüllung seiner genossenschaftlichen Verpflichtungen beseitigt nicht die Berechtigung der Genossenschaft, von ihm die Einzahlung des noch rückständigen Geschäftsanteils zu fordern. Holdh. 15, 20; BlfGw. 1906 67, 438.

Über den Begriff der Ausschließungsgründe s. Holdh. 19, 41; LZ. 4, 233 (Ausschließung eines Mitglieds, das durch böswillige Machenschaften Versammlungen des Aufsichtsrats beschlußunfähig gemacht hat).

3. Die Vorschrift über Mitteilung des Beschlusses ist nur eine Ordnungsvorschrift; ihre Unterlassung ist auf die Wirkung der Ausschließung ohne Einfluß (s. PC. Anm. 6). Die Mitteilung hat ohne Verzug zu erfolgen, § 121 BGB., schon mit Rücksicht auf Absatz 4.

4. Der Ausschluß wirkt in vermögensrechtlicher Hinsicht zum Schlusse des Geschäftsjahrs (§ 73); in den persönlichen Beziehungen zur Genossenschaft wirkt der Beschluß zufolge besonderer Vorschrift derart, daß der Genosse vom Zeitpunkt der Absendung des Beschlusses nicht mehr an der Generalversammlung teilnehmen, auch nicht Mitglied des Vorstands oder Aufsichtsrats sein kann und zwar auch dann, wenn der ausgeschlossene Genosse den Ausschluß im Rechtsweg anficht. Daraus ist zu folgern, daß der ausgeschlossene Genosse auch nicht als Bevollmächtigter ein Mitglied vertreten kann (ebenso PC. Anm. 7 Abs. 2). Die nachträglich, durch Generalversammlung oder gerichtliche Entscheidung erfolgende Aufhebung der Ausschließung hat nicht die Folge, daß die in der Zwischenzeit ohne Mitwirkung des Ausgeschlossenen gefaßten Generalversammlungsbeschlüsse ungültig wären (vgl. RG. 30, 38); sie hat auch nicht die Bedeutung, daß der Genosse während der Zwischenzeit rückwärts wieder in jeder Beziehung als vollberechtigtes Mitglied angesehen werden müßte, RG. 72, 10. „Die mit Erfolg durchgeführte Klage gegen die Ausschließung hat nur die Folge, daß der Ausgeschlossene mit dem Zeitpunkt der rechtskräftigen Aufhebung des Beschlusses in seine Rechte wieder eingesetzt wird"; die Aufhebung der Ausschließung hat keine rückwirkende Kraft (s. Entsch. d. LG. Hamburg in BlfGw. 1908 S. 288 und jetzt auch PC. Anm. 7 Abs. 2).

Zulässig ist eine statutarische Erweiterung der Rechtsfolgen dahin, daß der ausgeschlossene Genosse an dem gemeinschaftlichen Geschäftsbetriebe nicht mehr teilnehmen kann. BlfGw. 1907 S. 113. Die Genossenschaft haftet aber dafür (§ 276 BGB.), daß sie die Ausschließung nur nach Maßgabe des Statuts ausübt, RG. 72, 11.

Wegen Prüfung des Registerrichters s. § 70.

§ 69.

Der Vorstand ist verpflichtet, die Aufkündigung des Genossen oder des Gläubigers mindestens sechs Wochen vor dem Ende des Geschäftsjahres, zu dessen Schlusse sie stattgefunden hat, dem Gerichte (§ 10) zur Liste der Genossen einzureichen.[1]) Er hat zugleich die schriftliche Versicherung abzugeben, daß die Aufkündigung rechtzeitig erfolgt ist.[2]). Der Aufkündigung des Gläubigers sind die im § 66 Absatz 2 bezeichneten Urkunden, sowie eine beglaubigte Abschrift des Pfändungs- und Überweisungsbeschlusses beizufügen.[3])

Imgleichen hat der Vorstand im Falle des § 67 mit der Bescheinigung die Erklärung des Genossen oder Abschrift der Erklärung der Genossenschaft, sowie im Falle der Ausschließung Abschrift des Beschlusses dem Gerichte einzureichen.[4]) Die Einreichung ist bis zu dem im ersten Absatz bezeichneten Zeitpunkte und, wenn die Erklärung oder der Beschluß später erfolgt, ohne Verzug zu bewirken.[5])

1. a) Die Einreichung der Aufkündigung der Genossen oder des Gläubigers erfolgt in der für die Willens-

erklärungen des Vorstands vorgeschriebenen Form (§ 7 Abs. 2 AV.); über die dabei einzureichenden Urkunden vgl. Abs. 1 Satz 2, Abs. 2 und § 21 Z. 1—4 AV.

Die Einreichung hat spätestens 6 Wochen vor dem Ende des Geschäftsjahrs, zu dem die Aufkündigung stattgefunden hat, zu erfolgen; vgl. hiezu § 32 AV.

Die Vorschrift hat gegenüber dem Registergericht nur instruktionelle Bedeutung; falls die Eintragung noch vor Ende des Geschäftsjahrs im ordnungsmäßigen Geschäftsgang des Registergerichts möglich ist, ist dasselbe nicht zur Ablehnung der Eintragung der nach diesem Termin eingereichten Kündigungserklärungen berechtigt. BlfGw. 1908 S. 24.

b) Die Vorschrift des § 69 ist ein Schutzgesetz im Sinne des § 823 Abs. 2 auch für den einzelnen Genossen; unterläßt daher der Vorstand schuldhafter Weise die Einreichung der Aufkündigung, so ist er hienach dem Genossen zum Schadensersatz verpflichtet. RG. 59, 49; 68, 348; s. aber in dem Falle überwiegenden Verschuldens des Klägers ROLG. 19, 360.

Beschließt eine nach erfolgter Kündigung stattgehabte Generalversammlung die Erhöhung der Geschäftsanteile, so ist der Genosse, dessen Aufkündigung vom Vorstande zum Genossenschaftsregister nicht eingereicht wurde, nicht zur Einzahlung des erhöhten Geschäftsanteils verpflichtet; vgl. RG. 69, 366; dagegen ist der Genosse, solange er noch als Mitglied eingetragen ist, im Konkurse der Genossenschaft zur Vorschußberechnung und vorschußweisen Deckung des bilanzmäßigen Fehlbetrags heranzuziehen, RG. ebenda; der Genosse hatte daher im erstbezeichneten Falle im Wege der Widerklage die Pflicht der Genossenschaft, ihn in der Liste der Genossen zur Löschung zu bringen, durch Urteil feststellen zu lassen; ebendort; damit ist die Entsch. RG. 41, 56 reprobiert; vgl. hiezu RG. 68, 349 und LZ. 1, 674 und hiezu PC. Anm. 3 S. 394; ROLG. 8, 262; LZ. 2, 304 Nr. 40 und weiter RG. 63, S. 329 am Ende.

2. Die Abgabe der schriftlichen Versicherung der Rechtzeitigkeit der Kündigung dient als Unterlage für die

Prüfung des Registergerichts, s. zu § 70; Strafvorschrift gegen wissentlich falsche Versicherung in § 147.

Die Versicherung ist keine empfangsbedürftige Willenserklärung im Sinne des § 130 Abs. 3 BGB., sondern ein Zeugnis. Recht 10, 46.

3. Über beglaubigte Abschriften vgl. § 66 Anm. 2.

4. a) Vgl. § 67 Anm. 1 u. 2, die Abschrift der Erklärung des Genossen braucht nicht beglaubigt zu sein (§ 8 Abs. 2 Satz 1 AV.).

b) Im Falle der Ausschließung hat der Vorstand eine einfache (§ 8 Abs. 2 Satz 1 AV.) Abschrift des Beschlusses (des Vorstands oder des hierauf bezüglichen Teils des Protokolls der Generalversammlung) einzureichen; s. hierüber und über die Form der Auszüge aus den Protokollen ROLG. 1, 395.

5. Die Ausschließung und die Erklärung nach § 67 kann jederzeit erfolgen zum Schlusse des Geschäftsjahrs; erfolgt sie später als sechs Wochen vor dem Ende desselben, so ist Beschluß oder Erklärung ohne Verzug einzureichen. Das Recht des Genossen auf Berufung an die Generalversammlung hindert nicht die sofortige Anmeldung und Eintragung.

§ 70.

In die Liste ist die das Ausscheiden des Genossen begründende Tatsache und der aus den Urkunden hervorgehende Jahresschluß unverzüglich einzutragen.[1])

In Folge der Eintragung scheidet der Genosse mit dem in der Liste vermerkten Jahresschlusse, wenn jedoch die Eintragung erst im Laufe eines späteren Geschäftsjahres bewirkt wird, mit dem Schlusse des letzteren aus der Genossenschaft aus.[2])[3])

1. a) Prüfungsrecht des Registerrichters.

Hinsichtlich der Prüfung der Urkunden gibt § 32 Abs. 5 AV. Maß; darnach hat (§ 29 Abs. 3 u. 4) das Registergericht die Echtheit der Unterschrift und die

Wirksamkeit der Austrittserklärung nicht zu prüfen; vielmehr bleibt es im allgemeinen den Beteiligten überlassen, Mängel in dieser Richtung im Wege der Klage geltend zu machen. Eine Ablehnung der Eintragung aus solchen Gründen ist jedoch nicht ausgeschlossen, falls die Unwirksamkeit der Austrittserklärung, ohne daß es weiterer Ermittelungen bedarf, aus den dem Gerichte bekannten Tatsachen sich als zweifellos ergibt.

b) Die Eintragung ist vom Gericht unverzüglich vorzunehmen; s. hiezu § 33ff. AV.; § 127 FGG. findet hierauf nicht Anwendung (ebenso PC. Anm. 2). In der Kündigungserklärung braucht der Jahresschluß nicht angegeben zu sein; es genügt die Versicherung, daß der Austritt rechtzeitig erfolgt ist; er muß sich aber aus den eingereichten Urkunden ergeben; daher ist jedenfalls Ergänzung der Erklärung bzw. die Bezeichnung durch den Vorstand zweckmäßig.

2. a) Der Austritt ist in seiner Wirkung abhängig von der Eintragung in die Liste; Berufung auf Nichteintragung s. BayZfR. 1, 225 und RG. 69, 366; Recht 12, 2. Beil. Nr. 1680. Wegen Eintragung s. § 4 AV.

b) Ein Antrag der Genossenschaft, das Ausscheiden wieder rückgängig zu machen, weil das Protokollbuch nicht ergibt, auf welchen Tatsachen die Ausschließung des Mitglieds beruht und der betreffende Beschluß daher ungültig sei, ist statthaft (ROLG. 19, 352).

Beschwerde wegen Löschung des Eintrags in der Liste gehört vor die Handelskammer; § 30 FGG., Rspr. wie vor.

Die Unwirksamkeit eines Eintrags kann abgesehen von der Feststellung durch rechtskräftiges Urteil durch übereinstimmende Erklärung des beteiligten Genossen und des Vorstands der Genossenschaft in beglaubigter Form anerkannt werden AV. § 36.

Vgl. ferner § 69 Anm. 1b wegen Wirkung der Nichteintragung.

3. Über Anordnung der Eintragung des Löschungstages im Genossenschaftsregister durch das Landgericht im Beschwerdeverfahren s. ROLG. 12, 221.

§ 71.

Auf Antrag des Genossen, im Falle des § 66 auf Antrag des Gläubigers, hat das Gericht die Tatsache, auf Grund deren das Ausscheiden, und den Jahresschluß, zu welchem dasselbe beansprucht wird, ohne Verzug in der Liste vorzumerken. [1])

Erkennt der Vorstand den Anspruch in beglaubigter Form an oder wird er zur Anerkennung rechtskräftig verurteilt, so ist dies bei Einreichung des Anerkenntnisses oder Urteils der Vormerkung hinzuzufügen. Infolge dessen gilt der Austritt oder die Ausschließung als am Tage der Vormerkung eingetragen. [2])

1. Nach § 72 hat das Gericht auch den Genossen und im Falle des § 66 den Gläubiger von der Eintragung zu benachrichtigen. „Erfolgt diese Benachrichtigung nicht innerhalb der letzten sechs Wochen, so hat der Genosse ausreichende Veranlassung und Zeit, sich nach dem Grunde der Verzögerung zu erkundigen und den Vorstand zur nachträglichen Einreichung der Kündigung zu veranlassen" (Motive S. 146).

§ 71 will einen weitergehenden Schutz gewähren auch da, wo der Vorstand die Einreichung unterläßt oder verzögert, das Recht auf Ausscheiden selbständig zu wahren.

Der Genosse bzw. Gläubiger hat die Tatsachen, auf welche der Anspruch auf Vormerkung gegründet wird (rechtzeitige Aufkündigung, Übertragung des Geschäftsguthabens, Tod des Erblassers usw.) anzugeben; Nachweis oder Glaubhaftmachung ist nicht gefordert; § 35 AV.

Der Antrag ist nur bei dem Gerichte der Hauptniederlassung zu stellen; dieses hat dem Gericht einer jeden Zweigniederlassung Mitteilung zu machen, § 158. Gegen Verweigerung der Eintragung steht das Rechtsmittel der Beschwerde offen, § 19 FGG.

2. Sache des Genossen ist es, die endgültige Eintragung herbeizuführen oder Sache der Genossenschaft, Klage gegen den Genossen zu erheben, daß er in die Löschung der Vormerkung einwilligt. Die endgültige Eintragung im ersteren Fall erfolgt auf Grund Anerkenntnisses des Anspruchs seitens des Vorstands oder auf Grund rechtskräftigen Urteils.

a) Dies Anerkenntnis hat in der für Willenserklärungen des Vorstands erforderlichen Form zu erfolgen (7 Abs. 2 AV.); zur Beglaubigung desselben genügt auch Beglaubigung der Unterschriften durch den Gemeindevorsteher sowie die Polizeibehörde (§ 8 Abs. 1 AV.).

Ist die Eintragung auf Grund eines nicht in beglaubigter Form eingereichten Anerkenntnisses erfolgt, so kommt ihr die in Abs. 2 Satz 2 bezeichnete Wirkung zu, sofern nur die Anerkennung wirklich erfolgt ist; die Beglaubigung ist nicht eine wesentliche Voraussetzung im Sinne der §§ 142, 147 FGG. (Entsch. d. ObLG. 8, 200; LZ. 1, 752; ZBlFG. 8, 427; RJA. 9, 31), vgl. hiezu § 35 Abs. 2 AV.

b) Infolge der hienach oder durch Urteil erfolgten Eintragung wirkt nun der Austritt oder die Ausschließung auf den bei Eintragung der Vormerkung nach Abs. 1 eingetragenen Jahresschluß zurück.

§ 72.

Von der Eintragung, sowie der Vormerkung oder von deren Versagung hat das Gericht den Vorstand und den Genossen, im Falle des § 66 auch den Gläubiger, zu benachrichtigen.

Die behufs der Eintragung oder der Vormerkung eingereichten Urkunden bleiben in der Verwahrung des Gerichts.

S. hiezu § 3 AV.

Die Benachrichtigung kann ohne besondere Förmlichkeiten erfolgen; in Zweifelsfällen wird sich das Gericht mit dem Vorstand über die zu wählende Form benehmen.

Gebühren für die Eintragungen und Vormerkungen

werden nicht erhoben; die Erhebung von Auslagen findet nach §§ 79, 80 und 80b des Gerichtskostengesetzes statt; s. zu § 159 und § 11 AB.

§ 73.

Die Auseinandersetzung des Ausgeschiedenen [1]) mit der Genossenschaft bestimmt sich nach der Vermögenslage derselben und dem Bestande der Mitglieder zur Zeit seines Ausscheidens.

Die Auseinandersetzung erfolgt auf Grund der Bilanz. [2]) Das Geschäftsguthaben des Genossen ist binnen sechs Monaten nach dem Ausscheiden auszuzahlen; an den Reservefonds und das sonstige Vermögen der Genossenschaft hat er keinen Anspruch. [3]) Reicht das Vermögen einschließlich des Reservefonds und aller Geschäftsguthaben zur Deckung der Schulden nicht aus, so hat der Ausgeschiedene von dem Fehlbetrage den ihn treffenden Anteil an die Genossenschaft zu zahlen; der Anteil wird in Ermangelung einer anderen Bestimmung des Statuts nach der Kopfzahl der Mitglieder berechnet. [4])

1. „Zufolge Ausscheidens des Genossen löst sich das Rechtsverhältnis desselben zu der Genossenschaft in einen dem Genossen oder der Genossenschaft zustehenden Anspruch auf Zahlung einer Geldsumme auf, deren Höhe durch die Vermögenslage der Genossenschaft und die Zahl der Genossen im Zeitpunkt des Ausscheidens bestimmt wird. In der Feststellung und Berichtigung dieses Anspruchs der Genossen und der Genossenschaft besteht die Auseinandersetzung zwischen denselben" (Mot. S. 147; RG. 66, 134); darüber daß die Auseinandersetzung kein Rechtsgeschäft darstellt s. MB. S. 291; PC. S. 403.

2. Die Auseinandersetzung bestimmt sich nach der Vermögenslage der Genossenschaft und dem Bestande der

Mitglieder zur Zeit des Ausscheidens des Genossen und sie erfolgt auf Grund der Bilanz; Holdh. 7, 283. Es ergibt sich hiernach ein Auseinandersetzungsanspruch des Genossen einerseits, der Genossenschaft andererseits (s. PC. Anm. 4 u. 7). „Die Vermögenslage, wie sie zur Zeit des Ausscheidens eines Genossen vorhanden ist, bildet den Dividendus, die Zahl der Genossen den Divisor"; MB. Anm. 3 zu § 71 (alt) S. 291. Für beide Arten von Ansprüchen ist maßgebend die Bilanz, welche für das Geschäftsjahr aufgestellt, zu dessen Schluß der Austritt wirkt und welche von der Generalversammlung nach § 43 zu genehmigen ist. Die Grundsätze für die Aufstellung der Bilanz s. § 40 HGB., § 17 Abs. 2 Nr. 3, § 48 GenG., RG. 43, 126; 68, 1 ff.; s. ferner JW. 1896 S. 416 Nr. 35; 1899 S. 439 Nr. 25; 747 Nr. 21; RG. 4, 107.

Eine Bilanz, die ohne Verletzung der vorangeführten Gesetzvorschriften und unter Beachtung der im Statut der Genossenschaft gültig getroffenen Bestimmungen aufgestellt, geprüft und genehmigt worden ist, bildet die gesetzliche Unterlage für die Auseinandersetzung, RG. 68, 2. Die Aufstellung einer Sonderbilanz ist unzulässig und eine solche vorsehende Statutenbestimmung nach § 18 ungültig; ROLG. 2, 487.

„Diese Bilanz ist und bleibt maßgebend, auch wenn bei einer Forderung die früher vorhanden gewesene Zahlungsfähigkeit des Schuldners später wegfällt, bei einem anderen Aktivposten eine spätere Entwertung infolge besonderer Ereignisse eintritt, ebenso umgekehrt bei einem späteren Vermögenszuwachs, aber auch dann, wenn sich später herausstellt, daß der rechtliche Bestand einer Forderung schon in dem früheren für die Aufmachung der Bilanz maßgebenden Zeitpunkte nicht vorhanden gewesen ist, sondern für diesen Zeitpunkt irrtümlich angenommen wurde, sofern nur dieser Bestand bei der Aufstellung und Feststellung der Bilanz von einem sorgfältig verfahrenden Kaufmann nicht bezweifelt zu werden brauchte". RG. 68, 2, LZ. 4, 314; s. JW. 1908, 421 und PC. S. XII; vgl. ferner RG. 22, 164; 32, 48; DLGPr. 1910 S. 18. RGStr. 13, 355. Eine mit den Vorschriften des HGB. im Widerspruch stehende Bilanz ist zu berichtigen und dann die berichtigte Bilanz der Auseinandersetzung zugrunde zu legen, RG. 32, 91, vgl. hiezu RG. 68, 4 u. Recht 14, Nr. 203. Aber auch wenn die Bilanz an sich richtig ist, schließt dies nicht aus, daß die Auseinandersetzungsansprüche des ausgeschiedenen Genossen verletzt sind; die Unterlagen für die Bilanz können auf Generalversammlungsbeschlüssen aus der Zeit seiner Mitgliedschaft beruhen, die nach Gesetz oder Statut nicht gefaßt werden durften (RG. 66, 137).

Der Genosse, der die Anfechtungsklage nach § 51 erhoben hat, verliert nicht dadurch, daß er später aus der Genossenschaft scheidet, die Aktivlegitimation zur Durchführung des Prozesses (RG. 66, 134 ff.); dieselbe hört aber dann insoweit auf, als die Anfechtung gegen Beschlüsse gerichtet ist, an deren Vernichtung der ausgeschiedene Genosse kein Interesse hat; das Fehlen dieses Interesses und damit den Wegfall der Aktivlegitimation hat der Anfechtungsgegner zu beweisen, RG. 66, 138.

3. a) Ergibt die Bilanz einen verfügbaren Überschuß der Aktiven über die Passiven, so ist das Geschäftsguthaben des Genossen auszuzahlen. Eine anderweitige Ordnung durch die Statuten ist nicht gestattet mit Ausnahme der Bestimmung über die Berechnung des Anteils des Ausscheidenden an einem Fehlbetrage. ROLG. 14, 360. Auszahlung an den in Anspruch genommenen Bürgen hängt von freiwilliger Abtretung des Guthabens seitens der Genossen oder Pfändung und Überweisung nach § 829 ZPO. ab. BlfGw. 1907 S. 245.

Ein Beschluß, durch welchen die Geschäftsguthaben zugunsten des Reservefonds und Spezialreservefonds vermindert werden sollen, ist unzulässig, Holdh. 15, 170, vgl. zu § 51.

Der Einklagung rückständiger Einzahlungen auf den Geschäftsanteil gegen ausgeschiedene Genossen steht § 73 nicht entgegen, RG. 62, 303 u. 306, vgl. BlfGw. 1908 S. 252; ebenso kann die Genossenschaft im Konkurs des Genossen mit einer Forderung der Genossenschaft gegen das eventuelle Geschäftsguthaben zur Zeit des Ausscheidens aufrechnen. LZ. 2, 626; s. hiezu PC. Anm. 6.

b) Die Auszahlung hat innerhalb sechs Monaten nach dem Ausscheiden zu erfolgen; die Frist ist gegeben mit Rücksicht auf § 33 Abs. 2; bis dahin hat die Genossenschaft das fällige Geschäftsguthaben nicht zu verzinsen.

Das Geschäftsguthaben ist dem Genossen nach Maßgabe des § 270 BGB. zu übermitteln; zulässig ist es, die Auszahlung von der Vorlage des Geschäftsguthabenbuches oder der Aufnahmeurkunde abhängig zu machen. Das Geschäftsguthabenbuch ist kein Legitimationspapier im Sinne des § 808 BGB. BlfGw. 1906 S. 177.

Mit einem bei der Auseinandersetzung sich ergebenden Geschäftsguthaben kann der ausgeschiedene Genosse aber nicht gegen eine Forderung der Genossenschaft auf eine vor seinem Ausscheiden fällig gewordene Einzahlung auf seinen Geschäftsanteil aufrechnen. ROLG. 10, 246.

In dem Anspruch auf das Geschäftsguthaben erschöpfen sich die Rechte des ausscheidenden Genossen; es kann demselben insbesondere an dem Reservefonds und dem sonstigen Vermögen der Genossenschaft kein Anspruch durch das Statut eingeräumt werden; vgl. RG. 18 S. 44; andererseits kann die Genossenschaft kein Austrittsgeld erheben, RG. 42, 79, oder den Austritt erschweren, s. auch DJZ. 12, 1324, Recht 12, 2. Beil. Nr. 1681.

4. a) Ergibt die Bilanz eine Überschuldung, so hat der Ausgeschiedene den ihn treffenden Anteil an die Genossenschaft zu zahlen; der Genossenschaft gegenüber kann wegen dieser Forderung nicht der Einwand des Betruges bei Abgabe der Beitrittserklärung erhoben werden. RG. 57, 292.

Die Berechnung des Anteils am Verlust kann durch Statut bestimmt werden, muß aber für alle Genossen gleich sein; mangels einer solchen Festsetzung erfolgt die Berechnung nach der Kopfzahl der Mitglieder.

b) Mit der Bezahlung seines Verlustanteils erlöschen die Verpflichtungen des Ausscheidenden gegenüber der Genossenschaft (vgl. aber § 75); gegenüber den Genossenschaftsgläubigern bleibt der Ausgeschiedene bei Genossenschaften mit beschränkter und unbeschränkter Haftpflicht 2 Jahre verhaftet (§ 125 und 141), bei Genossenschaften mit unbeschränkter Nachschußpflicht wird die Wirksamkeit des Ausscheidens auf 18 Monate hinausgerückt (§ 128), s. hiezu PC. Anm. 7 und 8. Bei e. G. m. b. H. findet, wenn die Überschuldung ein Viertel des Betrages der Haftsummen aller Genossen übersteigt, das Konkursverfahren statt; § 140.

§ 74.

Die Klage [1]) des ausgeschiedenen Genossen [2]) auf Auszahlung des Geschäftsguthabens verjährt in zwei Jahren.

1. Nur die Klage verjährt in zwei Jahren; einredeweise kann gegenüber der Genossenschaft die Guthabensforderung auch nach Ablauf dieser Frist geltend gemacht werden. Rehbein zu § 194 ff. BGB. Anm. I 4 Abs. 4; ebenso Staudinger § 194 Anm. 8.

2. Dies gilt auch für den Gläubiger, der nach § 66 gekündigt hat.

3. Die Verjährung beginnt mit dem Ablauf der in § 73 Abs. 2 Satz 2 bezeichneten Frist.

§ 75.

Wird die Genossenschaft binnen sechs Monaten nach dem Ausscheiden des Genossen [1]) aufgelöst, so gilt dasselbe als nicht erfolgt. [2])

1. Jedes Ausscheiden (Ausnahme nur nach § 76 Abs. 4) ist mit der gesetzlichen Resolutivbedingung behaftet, daß nicht die Genossenschaft innerhalb sechs Monaten nach dem Ausscheiden aus irgend einem Grunde aufgelöst wird und wird erst endgültig, wenn innerhalb der erwähnten Frist jene Bedingung nicht eingetreten ist (Motive S. 150), vgl. RG. 72, 242. Das gilt auch von dem Ausscheiden durch Ausschluß (a. A. Proebst S. 248, dagegen mit Recht alle Kommentare); im Falle des Todes tritt der Erbe an die Stelle des Ausgeschiedenen.

2. Die Wirkung der Auflösung innerhalb der gegebenen Frist geht dahin, daß das Ausscheiden als nicht erfolgt gilt; es macht keinen Unterschied, ob die Auseinandersetzungsansprüche des Genossen oder der Genossenschaft im Zeitpunkt der Auflösung tatsächlich bereits erfüllt sind oder nicht; der beiderseits gezahlte Betrag ist vielmehr zurückzugewähren (Motive S. 151). Der Ausschluß eines Genossen wird ex nunc ohne weiteres aufgehoben und erlangt derselbe wieder Stimmrecht. Die in der Zwischenzeit zwischen dem Ausscheiden und der Auflösung gefaßten Beschlüsse haben für den Ausgeschiedenen bindende Kraft. RG. 30, 38; Recht 14, Nr. 204—206. Mängel eines Beschlusses, die nur im Wege des § 51 geltend gemacht werden können, kann der Genosse nur rügen, wenn der Beschluß mit Erfolg angefochten worden ist, DLGPr. 1910 S. 19, vgl. RG. 37, 18.

§ 76.

Ein Genosse kann zu jeder Zeit, auch im Laufe des Geschäftsjahres, sein Geschäftsguthaben mittels schriftlicher Übereinkunft einem Anderen übertragen und hierdurch aus der Genossenschaft ohne Auseinandersetzung mit ihr austreten, sofern der Erwerber an seiner Stelle Genosse wird oder sofern derselbe schon Genosse ist und dessen bisheriges Guthaben mit dem ihm zuzuschreibenden Betrage den Geschäftsanteil nicht übersteigt. Das Statut kann eine solche Übertragung ausschließen oder an weitere Voraussetzungen knüpfen. [1])

Der Vorstand hat die Übereinkunft dem Gerichte (§ 10) ohne Verzug einzureichen und, falls der Erwerber schon Genosse ist, zugleich die schriftliche Versicherung abzugeben, daß dessen bisheriges Guthaben mit dem zuzuschreibenden Betrage den Geschäftsanteil nicht übersteigt. [2])

Die Übertragung ist in die Liste bei dem veräußernden Genossen unverzüglich einzutragen. Als Zeitpunkt des Ausscheidens gilt der Tag der Eintragung. Dieselbe darf, falls der Erwerber noch nicht Genosse ist, nur zugleich mit der Eintragung des letzteren erfolgen. Die Vorschriften der §§ 15, 71 und 72 finden entsprechende Anwendung. [3])

Wird die Genossenschaft binnen sechs Monaten nach dem Ausscheiden des Genossen aufgelöst, so hat dieser im Falle der Eröffnung des Konkursverfahrens die Nachschüsse, zu deren Zahlung er verpflichtet gewesen sein würde, insoweit zu leisten, als zu derselben der Erwerber unvermögend ist. [4]) [5])

1. a) „Es läßt sich nicht verkennen, daß das unbedingte Verbot des Austritts vor dem Ende des Geschäftsjahres und das Erfordernis einer mindestens dreimonatigen Kündigung in Verbindung mit einer Frist von sechs Monaten für die Auszahlung des Geschäftsguthabens die Verfügung über das letztere für die Genossen stark beschränkt; eine Erleichterung in dieser Richtung unter Aufstellung der nötigen Kautelen ist durch die Zulassung des Ausscheidens mittels Veräußerung des Geschäftsguthabens ohne weitere Auseinandersetzung mit der Genossenschaft möglich.“ (Motive S. 151.)

Das Statut kann eine solche Übertragung ausschließen oder an weitere Voraussetzungen knüpfen; vgl. hiezu § 16 Abs. 1 u. 2. Mangels solcher Ausschließung oder Erschwerung steht dem Genossen der Weg des Abs. 1 jederzeit frei.

b) Notwendig ist eine schriftliche Übereinkunft; diese ist in der Regel darin enthalten, daß der bisherige Genosse die Übertragung des Geschäftsguthabens, der Erwerber den Beitritt zur Genossenschaft „an Stelle des Ausscheidenden" schriftlich erklärt, vgl. hiezu Entsch. d. Bayr. ObLG. 1 n. F. S. 484, ROLG. 1, 420. Die Annahme des Beitretenden als Genossen steht jedoch im Ermessen des Vorstands.

Ein Mitglied, das gekündigt hat, oder ausgeschlossen ist, hat nicht die Befugnis nach § 76; unbenommen ist demselben natürlich die Übertragung der Geschäftsguthabensforderung.

Ist der Erwerber schon Genosse, so darf dessen Guthaben und das des Ausscheidenden nicht den Betrag der höchst zulässigen Summe des Geschäftsanteils oder der Höchstzahl der Geschäftsanteile bei e. G. m. b. H. (§ 134) übersteigen.

Ein Genosse kann sein Guthaben an mehrere Personen zu bestimmten Quoten veräußern; so mit Recht MB. S. 302 u. Holdh. 13, 197; dagegen PC. S. 413, Cohn S. 663 Anm. 45; Recht 10 ROLG. Nr. 1005, 1006, ZBlFG. 10 Nr. 600; vgl. hieher weiter § 138.

An der Dividende für das Geschäftsjahr hat nur der Erwerber des Geschäftsguthabens Anteil; die Parteien können unter sich anderweitige Regelung treffen.

2. a) Für die Einreichung durch den Vorstand gilt § 7 Abs. 2 u. 3 und § 32 Abs. 3 AV. (Einreichung durch einen Bevollmächtigten ist daher ausgeschlossen); die Einreichung erfolgt nur beim Gericht der Hauptniederlassung, s. § 158 Abs. 1.

b) Unrichtige Versicherung § 147.

3. S. AV. § 33 Abs. 3, § 34 Abs. 4.

4. Absatz 4 schafft eine teilweise Abweichung von § 75.

Als Zeitpunkt des Ausscheidens gilt der Tag der Eintragung nach Absatz 3. Der ausgeschiedene Genosse haftet subsidiär für die im Konkurs erforderlichen Nachschüsse (auch im Vorschußverfahren BlfGw. 1908 S. 75) und nur nach Maßgabe seines Geschäftsanteils.

Die Nachschüsse begreifen in sich die nach § 114 wie die nach Beginn des Konkursverfahrens berechneten Vorschüsse s. BlfGw. 1908, 75.

Die Haftung des ausscheidenden Genossen den Gläubigern gegenüber wird bei e. G. m. u. H. durch die Übertragung nicht berührt; § 125 Abs. 1; für e. G. m. u. Nachschußpflicht s. § 128.

5. § 76 behandelt ausschließlich die Verfügung über das Geschäftsguthaben durch Übertragung auf eine andere Person, welche die Mitgliedschaft erwirbt oder bereits inne hat und durch damit in Verbindung stehendes Ausscheiden. Wie schon zu § 22 ausgeführt, kann der Genosse ohne Einwirkung auf sein genossenschaftliches Verhältnis anderweitig über seine Forderung auf das Geschäftsguthaben verfügen, er kann dieselbe abtreten (§ 398 ff. BGB., vgl. aber § 22), verpfänden (§ 1280 ff., § 1283 ist aber wegen § 66 GenG. nicht anwendbar); vgl. hiezu Recht 1904 S. 44 Nr. 155.

Die Realisierung hängt aber von der Auflösung des Mitgliedsverhältnisses ab. —

Wegen Übertragung und Aufrechnung s. § 22 und BlfGw. 1908 S. 125.

§ 77.

Im Falle des Todes eines Genossen [1]) gilt dieser mit dem Schlusse des Geschäftsjahres, in welchem der Tod erfolgt ist, als ausgeschieden. [2]) Bis zu diesem Zeitpunkte wird die Mitgliedschaft des Verstorbenen durch den Erben desselben fortgesetzt. Für mehrere Erben kann das Stimmrecht durch einen Bevollmächtigten ausgeübt werden. [3])

Der Vorstand hat eine Anzeige von dem Tode des Genossen ohne Verzug dem Gerichte (§ 10) zur Liste der Genossen einzureichen. [4])

Die Vorschriften in § 70 Absatz 1, §§ 71 bis 75 finden entsprechende Anwendung. [5]) [6])

1. Dem Tode steht die Todeserklärung gleich (§§ 13 ff. BGB).

2. Die Mitgliedschaft ist unvererblich; ebenso § 38 BGB. Die Rechte und Pflichten des verstorbenen Genossen bleiben für den Erben bestehen und sind von

diesem zu vertreten, aber nur bis zum Schlusse des Geschäftsjahrs, in welchem der Tod erfolgt ist; PC. Anm. 5.

3. Mehrere Erben haben nur ein Stimmrecht, das durch einen Bevollmächtigten ausgeübt werden kann. Ist nur ein Erbe vorhanden, so muß dieser das Stimmrecht persönlich ausüben; ist der Erbe bereits Genosse, so hat er ein doppeltes Stimmrecht. Will der Erbe die Mitgliedschaft erwerben, so hat er seinerseits neu den Beitritt zu erklären; die Guthabenforderung kann hiebei auf die dadurch entstehende Verpflichtung der Einzahlung eines oder mehrerer Geschäftsanteile gutgebracht werden.

4. Die Anzeige ist ohne Verzug, nachdem der Vorstand von dem Tode Kenntnis erhalten hat, zum Gerichte einzureichen; das Ausscheiden wirkt, wenn diese Kenntnis und Anzeige erst nach dem in Absatz 1 bezeichneten Zeitpunkt erfolgt, immer noch zum Jahresschlusse, in welchem der Tod eingetreten ist. S. hiezu § 33 Abs. 4, § 34 Abs. 3 Satz 2, § 35 AV.; über die Form der Anzeige s. § 31 Z. 6 AV.; es genügt die bloße Erklärung des Vorstands, daß der Todesfall eingetreten ist. BlfGw. 1907 S. 203.

Die rechtzeitige, im Laufe des Geschäftsjahrs erfolgende Anzeige des Todes seitens der Erben ist von Bedeutung für den Ausschluß der Haftung der Erben gegenüber dem Einzelangriff der Konkursgläubiger, s. § 125 Abs. 2.

5. S. § 3 Abs. 2 AV.; das Gericht wie der Vorstand hat keine Verpflichtung die Erben zu ermitteln. Mit Rücksicht auf die notwendige Auseinandersetzung (§ 73) ist es im Interesse der Genossenschaft selbst gelegen, gegebenenfalls und soweit dies ohne besondere Kosten und Schwierigkeiten möglich ist, nach den Erben zu forschen. —

Die Statuten dürfen nicht bestimmen, daß der Genossenschaft das Geschäftsguthaben verstorbener Mitglieder verbleibt. ROLG. 14, 360; ZBlFG. 6, 574.

6. Analoge Behandlung erscheint angezeigt im Falle der Auflösung einer als Mitglied eingetragenen Gesellschaft; s. hiezu PC. Anm. 6.

Sechster Abschnitt.

Auflösung und Nichtigkeit der Genossenschaft.

Der sechste Abschnitt führte bisher die Überschrift „Auflösung und Liquidation"; die nunmehrige Fassung erhielt derselbe durch Art. 10 Ziff. XI EGzHGB., nachdem durch Art. 10 Ziff. XI Abs. 2 l. c. die Grundsätze des Handelsgesetzbuches hinsichtlich der Nichtigkeitserklärung einer Aktiengesellschaft und hinsichtlich der Heilung wesentlicher Mängel des Statuts auf die Genossenschaften übertragen wurden (Motive z. HGB. S. 313).

§ 78.[1])

Die Genossenschaft kann durch Beschluß der Generalversammlung jederzeit aufgelöst werden; [2]) der Beschluß bedarf einer Mehrheit von drei Vierteilen der erschienenen Genossen. Das Statut kann außer dieser Mehrheit noch andere Erfordernisse aufstellen. [3])

Die Auflösung ist durch den Vorstand ohne Verzug zur Eintragung in das Genossenschaftsregister anzumelden. [4]) [5])

Vgl. §§ 292 Z. 2, 293 HGB.; § 60 Z. 2 GmbHG.

1. Die **Auflösung** einer Genossenschaft kann aus freier Entschließung derselben erfolgen; diesen Fall regelt § 78; sie tritt von selbst ein, wenn die Zeitdauer durch Statut beschränkt ist; s. § 79.

Aus besonderen Gründen kann die Genossenschaft von Amts wegen aufgelöst werden in den Fällen der §§ 80 und 81.

Die **Nichtigkeitserklärung** einer Genossenschaft erfolgt nach Maßgabe der §§ 94 ff. Die Löschung einer „EG." ohne ein die Nichtigkeit aussprechendes Urteil regelt § 147 Abs. 2, 3 u. 4 FGG.

2. Zuständig ist nur die Generalversammlung; das Statut kann die Befugnis nicht einem anderen Organ übertragen.

3. Die Auflösung kann nur durch Stimmenmehrheit von $^3/_4$ der erschienenen Genossen beschlossen werden; das Statut kann außerdem den Beschluß von weiteren Erschwerungen (aber nicht Erleichterungen) abhängig machen (vgl. § 16 Abs. 2). Diese erschwerenden Bedingungen sind aber nur dann anzuwenden, wenn die Genossenschaft aufgelöst, nicht wenn die Auflösung abgelehnt wird (vgl. s. AG. Holdh. 14, 12 u. 303 ff.); ist die Auflösung abgelehnt, so kann die Auflösung in dieser Generalversammlung nicht mehr beschlossen werden (Holdh. a. a. O.).

4. a) Die Anmeldung der Auflösung muß durch sämtliche Vorstandsmitglieder erfolgen (§ 157; § 6 Abs. 2 Z. 5 AV.

Die Anmeldung hat nur beim Gericht der Hauptniederlassung zu erfolgen; Sache desselben ist es dem Genossenschaftsregister jeder Zweigniederlassung Mitteilung zu machen; § 19 Abs. 4 AV.

Abschrift des Beschlusses ist nicht einzureichen; das Registergericht hat daher kein Prüfungsrecht bezüglich des ordnungsmäßigen Zustandekommens des Beschlusses, a. A. Cohn S. 670; s. § 20 AV., welcher auch für die Eintragung Bestimmung trifft. —

Die Rechtswirksamkeit des Beschlusses hängt nicht von der Eintragung ab (LZ. 4, 330); eine dem § 16 Abs. 4 entsprechende Bestimmung fehlt hier; in Anwendung kommt § 15 HGB. (vgl. PC. Anm. 2 Abs. 2).

b) Wegen Bekanntmachung der Auflösung siehe § 82, 156.

5. Folge der Auflösung ist, daß das Eintreten neuer Mitglieder nicht mehr möglich ist. ROLG. 1, 60.

Über die Wirkung des Auflösungsbeschlusses siehe zu § 88.

§ 79.

In dem Falle, daß durch das Statut die Zeitdauer der Genossenschaft beschränkt ist, tritt die Auflösung derselben durch Ablauf der bestimmten Zeit ein.[1])

Die Vorschrift im § 78 Absatz 2 findet Anwendung.[2])

Vgl. § 292 Z. 1 HGB.; § 60 Z. 1 GmbHG.

1. Die Auflösung tritt ohne weiteres ein; durch Statutenänderung kann die bestimmte Zeit geändert werden (RG. 6, 120; JW. 1904, 44).

Die Fortsetzung der Genossenschaft über die im Statut bestimmte Zeit hinaus muß vor Ablauf dieser Zeit beschlossen und eingetragen sein (§ 16 Abs. 1; JW. 1904, 44; KG. 32, 155). Eine auf bestimmte Zeit gegründete Genossenschaft kann sich jederzeit durch Beschluß nach § 78 Abs. 1 auflösen, ohne daß vorher im Wege der Statutenänderung die Zeitbeschränkung beseitigt werden müßte; das ergibt sich aus § 78, der für die freiwillige Auflösung freien Spielraum läßt (a. A. PC. § 78 Anm. 1, § 79 Anm. 3 und MB. S. 313, wie hier Cohn S. 668 Anm. 1).

2. S. hierüber § 78 Anm. 4a.

§ 80.

Beträgt die Zahl der Genossen weniger als sieben, so hat das Gericht (§ 10) auf Antrag des Vorstandes und, wenn der Antrag nicht binnen sechs Monaten erfolgt, von Amtswegen nach Anhörung des Vorstandes die Auflösung der Genossenschaft auszusprechen.[1])

Der Beschluß ist der Genossenschaft zuzustellen.[2]) Gegen denselben steht ihr die sofortige Beschwerde nach Maßgabe der Zivilprozeßordnung zu.[3]) Die Auflösung tritt mit der Rechtskraft des Beschlusses in Wirksamkeit.[4])

1. Die Vorschrift steht im Zusammenhang mit § 4; vgl. § 73 BGB.

Der Vorstand muß nicht sofort, wenn die Zahl der Genossen unter sieben herabsinkt, die Auflösung beantragen; er kann von ersterem Zeitpunkt an sechs Monate zuwarten, wenn er erwarten kann, daß innerhalb dieser Zeit der Eintritt neuer Mitglieder erfolgt.

Ersieht das Registergericht aus der Liste, daß auch nach Ablauf dieser Zeit neue Mitglieder nicht in Zugang gekommen sind, und versäumt der Vorstand einen bezüglichen Antrag, so hat das Gericht die bevorstehende Auflösung von Amts wegen dem Vorstand behufs Abgabe dessen Erklärung anzuzeigen.

2. Das Gericht ist in seiner in Beschlußform ergehenden Entscheidung unabhängig von der Erklärung des Vorstands.

Die Zustellung des Beschlusses erfolgt nach §§ 208 bis 213 ZPO. an den Vorstand.

3. Die sofortige Beschwerde findet durch den Vorstand nach § 577 ZPO. statt; zuständig ist nach § 30 FGG. die Handelskammer des Landgerichts.

4. Erst mit Rechtskraft des Beschlusses tritt die Auflösung ein; die Beschwerde hat daher aufschiebende Wirkung. Die Eintragung der Auflösung erfolgt von Amts wegen, § 20 Abs. 2 AV.

Es ergeben sich dann für den Vorstand die Verpflichtungen nach §§ 82 ff.

Über den Fall, daß kein Vorstand vorhanden s. Staudinger Anm. 2 zu § 73.

§ 81.

Wenn eine Genossenschaft sich gesetzwidriger Handlungen oder Unterlassungen schuldig macht, durch welche das Gemeinwohl gefährdet wird, oder wenn sie andere als die in diesem Gesetze (§ 1) bezeichneten geschäftlichen Zwecke verfolgt, so kann sie aufgelöst werden, ohne daß deshalb ein Anspruch auf Entschädigung stattfindet. [1])

Das Verfahren und die Zuständigkeit der Behörden richtet sich nach den für streitige Verwaltungssachen landesgesetzlich geltenden Vorschriften. [2]) Wo

ein Verwaltungsstreitverfahren nicht besteht, finden die Vorschriften in §§ 20, 21 der Gewerbeordnung mit der Maßgabe Anwendung, daß die Entscheidung in erster Instanz durch die höhere Verwaltungsbehörde erfolgt, in deren Bezirke die Genossenschaft ihren Sitz hat.[3])

Von der Auflösung hat die in erster Instanz entscheidende Behörde dem Gerichte (§ 10) Mitteilung zu machen.[4])[5])

Vgl. § 60 Z. 3, §§ 61, 62 GmbHG.

1. a) Vorausgesetzt sind Handlungen oder Unterlassungen der Genossenschaft; diese muß sich gesetzwidrig verhalten; gesetzwidrige Handlungen des Vorstands allein genügen nicht, dieselben können insbesondere durch gesetzwidrige Beschlüsse der Generalversammlung veranlaßt sein oder es kann durch solche Beschlüsse die ordnungsmäßige Tätigkeit des Vorstands alteriert werden.

Richtiger kommt der hier niedergelegte Gedanke in § 62 GmbHG. zum Ausdruck, der dem § 81 ohnehin nachgebildet ist.

b) Es muß sich erstens um gesetzwidrige Handlungen oder Unterlassungen handeln, durch welche das Gemeinwohl gefährdet wird; Gemeinwohl geht weiter als „Staatswohl", vgl. Neukamp S. 283, s. PC. Anm. II 2 zu § 81, oder zweitens muß die Genossenschaft andere als die in § 1 bezeichneten geschäftlichen Zwecke verfolgen; hierunter fällt nicht Ausdehnung des Geschäftsbetriebs auf Nichtmitglieder nach § 8 Abs. 2; PC. Anm. 3.

c) Die Auflösung ist nicht unter allen Umständen notwendig, sie steht im Ermessen der Behörde.

2. Für Bayern ist ergangen das Gesetz vom 28. Nov. 1889, die Ausführung des RG. v. 1. Mai 1889 usw. (GVBl. S. 581).

„Die Auflösung einer Genossenschaft nach § 79 (jetzt § 81) des Genossenschaftsgesetzes erfolgt durch Beschluß der Distrikts-Polizeibehörde, in München der k. Polizeidirektion.

Gegen den Beschluß findet binnen 14tägiger Frist Beschwerde an die k. Regierung, Kammer des Innern, statt. Gegen die Entscheidung der Kreisregierung ist Beschwerde zulässig.

Auf die vorbezeichneten Beschwerden an den Verwaltungsgerichtshof findet der Art. 45 Abs. 2 u. 3 des Gesetzes vom 8. August 1878, betr. die Errichtung eines Verwaltungsgerichtshofs und das Verfahren in Verwaltungsrechtssachen Anwendung."

Vgl. § 148 Abs. 1 FGG.

3. Nach § 62 GmbHG. erfolgt die Auflösung in diesem Falle auf Betreiben der Verwaltungsbehörde nur durch gerichtliches Erkenntnis.

4. S. hiezu § 20 Abs. 1 Z. 2 AV.

Der Vorstand ist zu den weiteren Obliegenheiten nach §§ 82 ff. verpflichtet.

Vgl. ferner § 149.

5. Untersagung des Gewerbebetriebs s. Holdh. 16, 21 für GmbH.

Fälle der Verfolgung von Genossenschaften durch Auflösungsanträge s. PC. Anm. 10 zu § 81.

§ 82.

Die Auflösung der Genossenschaft ist von dem Gerichte ohne Verzug in das Genossenschaftsregister einzutragen. [1])

Sie muß von den Liquidatoren zu drei verschiedenen Malen durch die für die Bekanntmachungen der Genossenschaft bestimmten Blätter bekannt gemacht werden. Durch die Bekanntmachung sind zugleich die Gläubiger aufzufordern, sich bei der Genossenschaft zu melden. [2])

Vgl. § 297 HGB., § 65 GmbHG.

1. Die Eintragung erfolgt (auf Grund der Anmeldung des Vorstands in den Fällen der §§ 78 u. 79) im Register der Hauptniederlassung; das Gericht derselben hat

hiervon unverzüglich zu dem Genossenschafts-Register einer jeden Zweigniederlassung Mitteilung zu machen, auf Grund dieser Mitteilung wird die Auflösung im Register der Zweigniederlassung eingetragen § 158 Abs. 2; AV. § 19 Abs. 4. Die Eintragung der Auflösung ist von dem Gerichte im Deutschen Reichsanzeiger und den für die Bekanntmachungen der Genossenschaften bestimmten Blättern zu veröffentlichen. § 156.

2. a) Durch Art. 10 Z. VII EGzHGB wurden die bisherigen Worte „vom Vorstande" ersetzt durch die Worte „von den Liquidatoren".

b) Die Bekanntmachung richtet sich nur an die „Gläubiger" und ist dreimal nacheinander in den Gesellschaftsblättern zu veröffentlichen.

Unterzeichnung der Veröffentlichungen ist nicht unumgänglich nötig. Die Veröffentlichung der Auflösung und Aufforderung muß unverzüglich nach Eintrag der Auflösung im Genossenschaftsregister erfolgen.

Der Tag der letzten Veröffentlichung ist maßgebend für den Zeitpunkt der Verteilung des Vermögens (§ 90).

§ 83.

Die Liquidation erfolgt durch den Vorstand, wenn nicht dieselbe durch das Statut oder durch Beschluß der Generalversammlung anderen Personen übertragen wird. [1])

Es sind wenigstens zwei Liquidatoren zu bestellen. [2])

Auf Antrag des Aufsichtsrates oder mindestens des zehnten Teils der Genossen kann die Ernennung von Liquidatoren durch das Gericht (§ 10) erfolgen. [3])

Die Abberufung der Liquidatoren kann durch das Gericht unter denselben Voraussetzungen wie die Bestellung erfolgen. [4]) Liquidatoren, welche nicht vom Gerichte ernannt sind, können auch durch die Generalversammlung vor Ablauf des Zeitraums, für welchen sie bestellt sind, abberufen werden. [5]) [6])

1. **a)** Die Bestimmung ist analog den Vorschriften in § 295 HGB., § 66 GmbHG.

Als Liquidatoren kommen in Betracht:

1. die durch das Statut bestimmten Personen,
2. die durch Beschluß der Generalversammlung gewählten Personen.

Trifft das Statut über die Person der Liquidatoren Bestimmung, so können doch durch Beschluß der Generalversammlung in der für Abänderung des Statuts vorgeschriebenen Form (§ 16 Abs. 2) andere Personen als Liquidatoren aufgestellt werden; s. § 16 Anm. 2, 9, 11 Abs. 7; a. A. hinsichtlich der Zulässigkeit einer Statutänderung MB. S. 311, PC. S. 181 u. 439; für GmbH. Neukamp S. 304, Holdh. 17, 26, wie hier Staub Anm. 2 zu § 295, vgl. Cohn S. 672 u. S. 682 Z. VII.

Durch das Statut oder einen Beschluß der Generalversammlung kann dem Aufsichtsrate weder die Bestellung noch Abberufung von Liquidatoren übertragen werden RG. 65, 92; ROLG. 8, 235.

3. Mangels solcher anderweitiger Aufstellung der bisherige Vorstand,
4. die gerichtlich bestellten Personen.

Über die Bestellung juristischer Personen als Liquidatoren vgl. LZ. 2, 1 ff.; als Liquidatoren nur physische Personen; keine Behörde, aber ein Beamter oder der Einzelträger einer Behörde Recht 8 Nr. 2183; s. hiezu DJZ. 8 S. 318. Die Liquidatoren müssen nicht Genossen sein.

b) Das Amt des Vorstands als solchen hört mit der Auflösung auf (§ 88, 89); Aufsichtsrat und die Generalversammlung bleibt daneben unverändert bestehen; so auch PC. S. 439 gg. MB. 310, 322.

2. Entsprechend der Zahl der Vorstandsmitglieder § 24 Abs. 2.

3. a) Durch Statut kann eine Abänderung der Mindestzahl der Genossen (nach unten oder nach oben) nicht erfolgen; ebenso Staub für GmbH. Anm. 5 u. 17; **anders für Erweiterung des Rechts Neukamp S. 304, dagegen Holdh. 17, 26.**

Der Antrag ist an keine besondere Form gebunden; zuständig ist das Registergericht nach § 10, keinesfalls das Prozeßgericht. ROLG. 5, 202, Recht 9 S. 21 Nr. 106; Holdh. 14, 299; wegen Bestellung durch einstweilige Verfügung des Registergerichts s. Holdh. a. a. O. und 15, 197 ff., 17, 116; 18, 112; vgl. § 148 FGG.; wegen Anhörung des „Gegners" d. i. die Genossenschaft, vertreten durch die Liquidatoren vgl. RJA. 2, 152; 5, 62. Sofortige Beschwerde gegen die Verfügung nach § 146 Abs. 2 FGG.; dieselbe steht aber anderen Personen als den hier bezeichneten Genossen oder dem Aufsichtsrat nicht zu, s. ROLG. 8, 235. Der Antrag kann z. B. notwendig werden bei Wegfall der erforderlichen Anzahl von Liquidatoren. In einem solchen Fall ist aber auch das Registergericht befugt, auf Antrag eines Gläubigers in analoger Anwendung von §§ 29, 48 BGB. von Amts wegen Liquidatoren zu bestellen; so für GmbH. RJA. 8, 267, ZBlFG. 8, 291 und die dort zitierten ebenso Cohn S. 674 Anm. 9 über die Befugnisse eines solchen Liquidators s. die vorigen Zitate.

4. Zuständig sind zu dem Antrag auf Abberufung entweder der Aufsichtsrat oder mindestens der 10. Teil der Genossen.

5. Die nicht vom Gerichte ernannten Liquidatoren können durch die Generalversammlung jederzeit abberufen werden, nicht aber die vom Gericht ernannten Liquidatoren; s. Holdh. 18, 268. Antrag auf Abberufung ist wie nach Absatz 3 zulässig.

Der Aufsichtsrat hat auch das Recht, Liquidatoren vorläufig ihres Amtes zu entheben; § 40.

Die Rechte aus den mit den Liquidatoren abgeschlossenen Anstellungsverträgen werden hierdurch nicht berührt; s. hiezu § 295 HGB. u. § 24 GenG.

§ 84.[1])

Die ersten Liquidatoren sind durch den Vorstand, jede Änderung in den Personen der Liquidatoren, sowie eine Beendigung ihrer Vertretungsbefugnis ist durch die Liquidatoren zur Eintragung in das Genossenschaftsregister anzumelden.[2]) Eine Abschrift der Urkunden über die Bestellung von Liquidatoren oder über die Änderung in den Personen derselben ist der Anmeldung beizufügen und wird bei dem Gericht aufbewahrt.[3])

Die Eintragung der gerichtlichen Ernennung oder Abberufung von Liquidatoren geschieht von Amtswegen.[4])

Die Liquidatoren haben ihre Unterschrift persönlich vor dem Gerichte zu zeichnen oder die Zeichnung in beglaubigter Form einzureichen.[5])

1. Änderung durch Art. 10 Ziff. VIII EGzHGB. Bisherige Fassung:

§ 82. „Die Bestellung der ersten Liquidatoren ist durch den Vorstand, jede Änderung der Liquidatoren oder Beendigung ihrer Vollmacht ist durch diese zur Eintragung in das Genossenschaftsregister ohne Verzug anzumelden.

Zugleich haben die Liquidatoren ihre Unterschrift persönlich vor dem Gerichte zu zeichnen oder die Zeichnung in beglaubigter Form einzureichen.

Eine Abschrift der Urkunden über ihre Bestellung ist der Anmeldung beizufügen und wird bei dem Gericht aufbewahrt."

Die veränderte Fassung dieses Paragraphen bringt zum Ausdruck, daß die Eintragung der gerichtlichen Ernennung oder Abberufung eines Liquidators von Amts wegen zu geschehen hat (vgl. §§ 148, 296 HGB.); s. auch § 67 GmbHG.

2. a) Die Anmeldung der ersten Liquidatoren bildet die letzte Amtstätigkeit des bisherigen Vorstands als solchen; dieselbe hat durch die sämtlichen Vorstandsmitglieder zu erfolgen und zwar bei dem Registergericht der Hauptniederlassung wie dem jeder Zweigniederlassung; § 157, ferner AB. § 6 Abs. 2 Z. 4. Vgl. Cohn S. 675 Anm. 13a.

Im übrigen obliegt die Anmeldungspflicht den neuen Liquidatoren bei jeder Änderung in der Person derselben sowie bei Beendigung der Vertretungsbefugnis; letztere Bestimmung umfaßt auch die Beendigung der Liquidation selbst; § 21 AV. (s. hiezu ROLG. 14, 369). Ordnungsstrafen nach § 160.

3. Es genügt eine einfache Abschrift. (AV. § 8 Abs. 2 Satz 1, anders nach § 296 Abs. 2 HGB., wie hier § 67 Abs. 2 GmbHG.). Sind die Liquidatoren im Statut bestimmt, so bedarf er keines urkundlichen Nachweises, ebenso wenn der Vorstand Liquidator ist.

Die Eintragung erfolgt nach § 20 bzw. § 18 AV.

Bei der Eintragung hat das Gericht zu prüfen, ob die Liquidatoren nach der gesetzlich geordneten Reihenfolge berufen sind (so für GmbH. Holdh. 17, 26, was gleicherweise für Genossenschaften gilt).

4. a) S. § 20 Abs. 2 AV.

b) Die Wirksamkeit der Bestellung eines Liquidators ist von der Anmeldung und Eintragung in das Register nicht abhängig; die Unterlassung der Anmeldung und Entragung hat lediglich die in § 15 HGB. bestimmte Folge. Holdh. 13, 166.

5. Über Zeichnung oder Einreichung der Unterschrift vgl. § 11 Abs. 2; § 28 Abs. 2; auch die als Liquidatoren fungierenden Vorstandsmitglieder haben sich als Liquidatoren anzumelden, da die Vertretungsbefugnis des bisherigen Vorstands erlischt (so alle Kommentare, anders PC. S. 443).

Die Eintragung der Liquidatoren darf nicht von der Zeichnung abhängig gemacht werden. RJA. 9, 245.

§ 85.

Die Liquidatoren haben in der bei ihrer Bestellung bestimmten Form ihre Willenserklärungen kundzugeben und für die Genossenschaft zu zeichnen. Ist nichts darüber bestimmt, so muß die Erklärung und Zeichnung durch sämtliche Liquidatoren erfolgen. Weniger als zwei dürfen hierfür nicht bestimmt werden.

Die Bestimmung ist mit der Bestellung der Liquidatoren zur Eintragung in das Genossenschafsregister anzumelden. [1])

Die Zeichnungen geschehen derartig, daß die Liquidatoren der bisherigen, nunmehr als Liquidationsfirma zu bezeichnenden Firma ihre Namensunterschrift beifügen. [2])

Vgl. § 298 Abs. 1 u. 3 HGB.; § 68 GmbHG.

1. Auch Generalversammlung oder das Gericht haben bei Bestellung der Liquidatoren über die Form der Zeichnung und Abgabe von Willenserklärungen Bestimmung zu treffen, andernfalls sämtliche Liquidatoren hiebei mitwirken müssen. Wegen Willenserklärungen gegenüber der Genossenschaft vgl. § 25; s. hiezu Neukamp S. 309 und § 35 GmbH.

Wegen Anmeldung s. § 20 Abs. 3 AV.

2. Die Firma (§ 3) erhält den weiteren Zusatz „in Liquidation", vgl. § 25 Abs. 2.

Der Zusatz bedeutet keine Firmenänderung, insbesondere nicht im Sinne des Markenschutzgesetzes RG. 15, 102; der Zusatz „in Liquidation" ist nicht Bestandteil der Firma und daher kein hinreichendes Unterscheidungsmerkmal RG. 29, 68.

Unterlassung des Gebrauchs des Zusatzes kann die Liquidatoren unter Umständen persönlich haftbar machen; s. Neukamp S. 311, ferner § 88.

§ 86.

Die Vorschriften im § 29 über das Verhältnis zu dritten Personen finden bezüglich der Liquidatoren Anwendung.

§ 87. [1])

Bis zur Beendigung der Liquidation kommen ungeachtet der Auflösung der Genossenschaft in Bezug auf die Rechtsverhältnisse derselben und der Genossen die Vorschriften des zweiten und dritten Abschnitts dieses Gesetzes zur Anwendung, soweit sich aus den Bestimmungen des gegenwärtigen Abschnitts und aus dem Wesen der Liquidation nicht ein anderes ergibt. [2])

Der Gerichtsstand, welchen die Genossenschaft zur Zeit ihrer Auflösung hatte, bleibt bis zur vollzogenen Verteilung des Vermögens bestehen. [3])

Vgl. § 298 Abs. 1 HGB., § 67 GmbHG.

1. Die Genossenschaft in Liquidation ist keine lebendige Gesamtpersönlichkeit mehr, sondern nur noch die zur Trägerin des Nachlebens einer Gesamtperson berufene Vielheit ihrer fortlebenden Glieder. Darum ist ihre Rechtsfähigkeit begrenzt durch die ihr gestellte Aufgabe der Selbstauflösung. Von der Körperschaftsgewalt geht nur so viel auf sie über, als sie davon für die Erreichung ihres Zieles bedarf. Wenn sie zum äußeren Zeichen der Identität ihrer Einheit mit der ehemaligen Verbandspersönlichkeit deren Namen beibehält, so soll sie doch zugleich durch einen Zusatz anzeigen, daß dieser Name nur noch eine erloschene Person bedeutet; so Gierke, GenTh. S. 892 ff. „Nach ihrer Auflösung besteht die Genossenschaft nur noch fort für den Zweck ihrer Liquidation oder der Durchführung des Liquidationsverfahrens; die Möglichkeit der Begründung neuer Mitgliedschaften liegt außerhalb dieses Zweckes" RG. 50, 130.

2. Zur Anwendung kommen, soweit sich aus den Bestimmungen des gegenwärtigen Abschnitts und dem Wesen der Liquidation nicht ein anderes ergibt, die Bestimmungen der §§ 17 mit 52. Damit entfällt ohne weiteres die Anwendung der §§ 19 (s. § 91), 20, 21, 22, 24 (s. §§ 83, 88, 89), 25 (s. § 85), 28 (s. § 84), 30, 33 u. 34 (s. § 89), 42, 49 (a. A. für § 49 MB., wie hier PC. S. 44 c.

3. Gemeint ist hiemit der allgemeine Gerichtsstand nach § 17 ZPO., vgl. § 6 Z. 1 GenG.

§ 88.

Die Liquidatoren haben die laufenden Geschäfte zu beendigen, die Verpflichtungen der aufgelösten Genossenschaft zu erfüllen, die Forderungen derselben einzuziehen und das Vermögen der Genossenschaft in Geld umzusetzen; sie haben die Genossenschaft gerichtlich und außergerichtlich zu vertreten. Zur Beendigung schwebender Geschäfte können die Liquidatoren auch neue Geschäfte eingehen.

1. Der Wirkungskreis der Liquidatoren (vgl. die inhaltlich gleiche Bestimmung § 70 GmbHG., ferner § 298 HGB.) als gesetzlicher Vertreter umfaßt alle Geschäfte, welche notwendig sind, die Rechte und Verpflichtungen der Genossenschaft auszugleichen und die Vermögensstücke in Geld umzusetzen, um die Mittel zu gewinnen zur Verteilung des Vermögens unter die Genossen nach § 91 bzw. 92 GenG. und damit die Beendigung der Liquidation und endgültige Auflösung der Genossenschaft herbeizuführen (vgl. § 149 HGB.).

Über die Verpflichtung der Liquidatoren einer aufgelösten EG., deren Vermögen flüssig zu machen, und über ihre Berechtigung, neue Geschäfte einzugehen s. RG. 44, 80; 72, 239; KG. 21, 256; 34, 125; DJZ. 4, 505; daher muß es auch für zulässig erachtet werden, das Geschäft im Ganzen (aber nicht die Firma) zu veräußern; das Liquidationsverfahren bleibt dann insolange bestehen, als bis die hieraus etwa bestehen bleibenden Forderungen realisiert sind; mit Zustimmung der Generalversammlung können die Liquidatoren die Realisierung durch Übernahme von Anteilen an einer GmbH. oder von Aktien betätigen; s. hierüber für GmbH. ROLG. 3, 67; vgl. hiezu Holdh. 10, 136; Neukamp S. 324.

Das Statut oder die Generalversammlung kann hierüber hinausgehende Rechte den Liquidatoren nicht einräumen, PC. S. 446. Die Generalversammlung kann eine anderweitige Verwertung des Vermögens, insbesondere die Verteilung in Natur oder etwa statt der Einziehung der Forderungen deren öffentliche Versteigerung beschließen; solche Beschlüsse haben ihre Schranke nur in einer besonderen Bestimmung des Gesellschaftsvertrags oder in dem von den Liquidatoren zu beachtenden Befriedigungsrechte der Gläubiger. Die Verteilung in Natur kann nur beschlossen werden, wenn sie das Recht des Aktionärs auf eine gleichmäßige, den Aktienbeträgen entsprechende Verteilung des Vermögens nicht verletzt (so RG. 62, 56 ff., für AG., die Grundsätze sind aber unbedenklich für „EG." analog anwendbar).

Nicht fällige Forderungen der Genossenschaft werden nicht durch den Eintritt der Liquidation fällig; andererseits haben Gesellschaftsgläubiger kein Recht, vorzeitig und ohne Rücksicht auf die Vertragsvereinbarungen und Bedingungen Bezahlung ihrer Forderung zu begehren, außer, wenn besondere Gründe hiezu vorliegen, RG. 9, 14.

Die Liquidatoren sind nicht berechtigt, bereits verjährte Forderungen anzuerkennen ROHG. 9, 85. Über den Einfluß der Liquidation auf die insbesondere mit den Angestellten geschlossenen Verträge s. RG. 24, 71.

Wegen der Zulässigkeit von Remunerationen s. ROHG. 24, 222.

2. Über die Beweislast bei Eingehung neuer Geschäfte vgl. ROHG. 13, 226, PC. S. 447; s. hiegegen Neukamp Anm. 3 zu § 70 S. 320 ff.

3. Über den Einfluß der Überschreitung der Befugnisse auf die Gültigkeit der abgeschlossenen Rechtsgeschäfte s. Neukamp S. 322 ff.

4. Innerhalb des durch § 88 gezogenen Rahmens wird die aufgelöste Genossenschaft durch die Liquidatoren gerichtlich und außergerichtlich vertreten (§ 24 Abs. 1).

§ 89.[1])

Die Liquidatoren haben die aus den §§ 26, 27, § 33 Absatz 1, § 34, §§ 44 bis 47, § 48 Absatz 2, § 51 sich ergebenden Rechte und Pflichten des Vor-

standes und unterliegen gleich diesem der Überwachung des Aufsichtsrats. Sie haben sofort bei Beginn der Liquidation und demnächst in jedem Jahre eine Bilanz aufzustellen. [2]) **Die erste Bilanz ist zu veröffentlichen; die Bekanntmachung ist zu dem Genossenschaftsregister einzureichen.** [3])

1. Der Paragraph enthielt noch einen 2. Absatz.

„Die Veräußerung unbeweglicher Sachen kann von den Liquidatoren, sofern nicht das Statut oder ein Beschluß der Generalversammlung anders bestimmt, nur durch öffentliche Versteigerung bewirkt werden."

Durch das EGzHGB. Art. 10 Ziff IX ist diese Bestimmung in Wegfall gekommen, da auch das HGB. diese Einschränkung nicht mehr enthält. Außerdem sind in dem nunmehr einzigen Absatz des Artikels die Rechte aus § 51 auch auf die Liquidatoren ausgedehnt.

2. a) Vgl. § 71 GmbHG., § 298 Abs. 2, § 299 HGB. S. ferner JW. 1906 S. 40 und LZ. 4, 330.

b) Auch § 39 findet Anwendung; dies folgt aus dem Überwachungsrecht des Aufsichtsrats, damit aber auch § 40 und andererseits § 38.

Die Liquidatoren haben auch an Stelle des Vorstands noch die Bilanz und die Mitgliederbewegung des letzten Geschäftsjahrs zu veröffentlichen und die Bekanntmachung zum Genossenschaftsregister einzureichen ROLG. 11, 37, ZBlFG. 6, 140.

c) Dagegen besteht keine Verpflichtung, in der Liquidationsbilanz und der dann in jedem Jahr aufzustellenden Bilanz die Mitgliederbewegung sowie die Haftsummen und Geschäftsguthaben der Genossen zu veröffentlichen. RJA. 10, 32; ZBlFG. 10, 88; ROLG. 19, 352. —

Über Jahresbilanz im Liquidationsverfahren s. Simon S. 450ff.

3. a) Zu veröffentlichen ist nur die erste Bilanz (sog. Liquidationsbilanz), anders § 299 Abs. 2 HGB., vgl. auch § 71 GmbHG.; sie umfaßt den Zeitraum vom letzten Geschäftsjahr ab bis zum Tage der Eintragung

der Auflösung in das Genossenschaftsregister. Die Bekanntmachung ist zu diesem einzureichen AV. § 7 Abs. 1.

Die Liquidationsbilanz wie die folgenden Bilanzen unterliegen vorher der Prüfung des Aufsichtsrats und der Beschlußfassung der Generalversammlung nach vorheriger Auflegung. ROLG. 19, 337. Ist über das Vermögen der in Liquidation getretenen Genossenschaft das Konkursverfahren eröffnet, so kann der Liquidator nicht mehr zur Vorlegung der aufzustellenden Eröffnungsbilanz an die Generalversammlung, sondern nur zur Einreichung der Bilanz beim Registergericht angehalten werden; vgl. LZ. 2, 710 für AG.

Über die Aufstellung der Liquidationsbilanz siehe Rehm, Sachregister unter Liquidation. — Liquidationsbilanz ist keine Gewinnverteilungsbilanz Holdh. 14, S. 214; Staub § 299 Anm. 6.

b) In jedem Jahr bedeutet hier „Kalenderjahr"; RGStr. 35, 137, ROLG. 8 S. 202 Anm. 1; vgl. ROLG. 4, 463; vgl. auch § 299 Abs. 1 HGB.

c) Für die Aufstellung der Bilanz ist der Gesichtspunkt des Liquidationsverfahrens maßgebend; vgl. § 40 HGB. Beiträge zu Reservefonds entfallen daher (vgl. § 87). Aufzustellen ist auch eine Gewinn- und Verlustrechnung; sie hat aber nur kalkulatorische Bedeutung. PC. S. 450; vgl. BlfGw. 1908 S. 66 ff.: Gewinn während der Liquidation und Verteilung desselben.

§ 90.

Eine Verteilung des Vermögens unter die Genossen darf nicht vor Tilgung oder Deckung der Schulden und nicht vor Ablauf eines Jahres seit dem Tage vollzogen werden, an welchem die Aufforderung der Gläubiger in den hierzu bestimmten Blättern (§ 82 Absatz 2) zum dritten Male erfolgt ist. [1])

Meldet sich ein bekannter Gläubiger nicht, so ist der geschuldete Betrag, wenn die Berechtigung zur Hinterlegung vorhanden ist, für den Gläubiger zu hinterlegen.[2]) Ist die Berichtigung einer Verbindlichkeit zur Zeit nicht ausführbar oder ist eine Verbindlichkeit streitig, so darf die Verteilung des Vermögens nur erfolgen, wenn dem Gläubiger Sicherheit geleistet ist.[3])

Liquidatoren, welche diesen Vorschriften zuwiderhandeln, sind außer der Genossenschaft den Gläubigern zum Ersatze des ihnen daraus erwachsenen Schadens persönlich und solidarisch verpflichtet. Die gleiche Verpflichtung trifft die Mitglieder des Aufsichtsrats, wenn die Zuwiderhandlung mit ihrem Wissen und ohne ihr Einschreiten geschieht.[4]) Die Verpflichtung wird den Gläubigern gegenüber dadurch nicht aufgehoben, daß die Zuwiderhandlung auf einem Beschlusse der Generalversammlung beruht.[5])

1. a) Vgl. §§ 300, 301 HGB., § 73 GmbHG.

b) Die Liquidation hat zunächst nach § 88 den Zweck, „die Verpflichtungen der aufgelösten Genossenschaft zu erfüllen"; bleibt hienach und nach Einziehung aller Forderungen und Realisierung aller Vermögensobjekte ein Überschuß, so gelangt derselbe zur Verteilung an die Genossen. Voraussetzung ist aber

1. daß die Schulden der Genossenschaft getilgt oder gedeckt sind und

2. daß seit der in § 82 Abs. 2 vorgeschriebenen, zum dritten Male erfolgten Aufforderung der Gläubiger ein Jahr verflossen ist (Sperrjahr).

Zu 1. Zu den Schulden der Genossenschaft in diesem Sinne gehören nicht die auf der Mitgliedschaft beruhenden Ansprüche; „alle Ansprüche der Gesellschafter, welche auf dem Boden des Sozialrechts erwachsen sind, also auch dann, wenn sie sich als den Mehrheitsbeschlüssen entzogene Sonderrechte charakterisieren, dürfen niemals den Forderungen der eigentlichen Gesellschaftsgläubiger gleichgestellt werden, sondern sind erst nach Beachtung der Vorschriften der Absätze 1 u. 2 des § 73 zu befriedigen", so mit Recht Neukamp S. 331 f. GmbH., was analog auf „EG." anzuwenden ist. —

Die Einzahlungen auf die Geschäftsanteile können daher nicht von den Genossen zum Gegenstand einer Rückforderung oder zur Grundlage eines Zurückbehaltungsrechts gemacht werden RG. 64, 192.

Der Genosse, welcher seinen Austritt erklärt hat, kann von den Liquidatoren der später aufgelösten Genossenschaft sein Geschäftsguthaben erst zurückfordern, wenn das Sperrjahr abgelaufen und ferner die Schulden der aufgelösten Genossenschaft getilgt oder gedeckt und das hernach noch vorhandene Vermögen zur Befriedigung aller Genossenschafter wegen ihrer vollen Geschäftseinlagen hinreicht und die bare Zahlung gestattet. Beweislast, daß das Vermögen hiezu nicht ausreiche, obliegt der verklagten Genossenschaft; RG. 48, 33 ff.; Holdh. 9, 151.

Die Deckung der noch ungetilgten Schulden hat nach dem Gesichtspunkte zu erfolgen, daß die Liquidatoren gehalten sind, hiefür eine solche Deckung zurückzubehalten, welche nach dem sorgfältigen Ermessen eines ordentlichen Geschäftsmannes die Befriedigung der Gläubiger sicherstellt, RG. 48, 33 ff., Holdh. 9, 152.

Zu 2. Das Sperrjahr ist keine Präklusivfrist; auch nach dessen Ablauf sind erst dann sich meldende Gläubiger der Genossenschaft aus dem noch vorhandenen Vermögen von den Genossen zu befriedigen oder sicherzustellen, JW. 1886, 119. Die Frist kann keinesfalls verkürzt werden; PC. S. 452 gegen Proebst S. 275; vgl. BlfGw. 1908 S. 152.

2. a) Abs. 2 lautete bisher:

„Nicht erhobene Schuldbeträge, sowie die Beträge für betagte oder streitige Forderungen sind zurückzubehalten. Dasselbe gilt von schwebenden Verbindlichkeiten", und ist abgeändert durch Art. 10 Z. X EGzHGB.; vgl. § 52 BGB., § 301 Abs. 2 HGB., § 73 Abs. 2 GmbHG.

b) Die Berechtigung zur Hinterlegung bemißt sich nach § 372 BGB.; s. auch § 75 ZPO.

3. Kann die Tilgung einer Schuld aus anderweitigen Gründen nicht erfolgen, so muß vorerst dem Gläubiger

nach § 232 ff. BGB. Sicherheit geleistet werden, bevor das Vermögen verteilt werden darf; dies gilt auch für den Fall, daß dem Gläubiger bereits Sicherheit bestellt ist, die bestehende Sicherheit aber nicht genügt; denn „die bestehende Sicherheit hat die Existenz der Gesellschaft und ihr normales Leben zur Voraussetzung"; Staub, Anm. 4 zu § 301. Anders bei rein dinglichen Verpflichtungen.

4. Wegen der Frage, ob die Gläubiger gleichmäßig oder nach der Reihenfolge der Anmeldung zu befriedigen s. Staub HGB. § 301 Anm. 6, Staub GmbHG. § 73 Anm. 10.

a) Haftung der Liquidatoren. Sind die Schutzvorschriften der Abs. 1 u. 2 durch die Liquidatoren nach irgendeiner Richtung verletzt, so haften dieselben der Genossenschaft sowohl wie den Gläubigern persönlich und solidarisch; vgl. § 34 Abs. 3; auf die Beurteilung der unzulässigerweise erfolgten Zahlungen findet §§ 812—814 BGB. Anwendung.

Die Geschäfte als solche sind nicht ungültig (vgl. RG. 58, 280, Staub § 301 Anm. 10; GmbH. § 73 Anm. 20).

b) Die gleiche Haftung trifft die Mitglieder des Aufsichtsrats für den hiedurch verursachten Schaden, wenn die Zuwiderhandlung mit ihrem Wissen und ohne ihr Einschreiten geschieht; vgl. § 41 Abs. 3.

c) Melden sich nach Ablauf des Sperrjahres und nach erfolgter Tilgung und Deckung der Schulden vollzogener Vermögensverteilung bis dahin unbekannte Gläubiger, so haben diese weder einen Schadensersatzanspruch gegen die Liquidatoren noch einen Bereicherungsanspruch gegen die Genossenschaft; Staub GmbH. § 73 Anm. 9 u. 21.

5. Gesetzwidrige Beschlüsse der Generalversammlung dürfen die Liquidatoren wie der Aufsichtsrat weder ausführen noch ausführen lassen; ein Beschluß, der die Liquidatoren zu einer durch Abs. 1 u. 2 verbotenen Zahlung direkt oder indirekt nötigen würde, ist ohne weiteres nichtig, da er „zwingende Vorschriften des Gesetzes" verletzt (FGG. § 144 Abs. 2). Es ist also eigentlich selbst-

verständlich, daß sich die Liquidatoren und Aufsichtsräte nicht darauf berufen können.

§ 91.

Die Verteilung des Vermögens unter die einzelnen Genossen erfolgt bis zum Gesamtbetrage ihrer auf Grund der ersten Liquidationsbilanz (§ 89) ermittelten Geschäftsguthaben nach dem Verhältnis der letzteren. [1a]) Bei Ermittelung der einzelnen Geschäftsguthaben bleiben für die Verteilung des Gewinnes oder Verlustes, welcher sich für den Zeitraum der letzten Jahresbilanz (§ 33) und der ersten Liquidationsbilanz ergeben hat, die seit der letzten Jahresbilanz geleisteten Einzahlungen außer Betracht. Der Gewinn aus diesem Zeitraum ist dem Guthaben auch insoweit zuzuschreiben, als dadurch der Geschäftsanteil überschritten wird. [1b])

Überschüsse, welche sich über den Gesamtbetrag dieser Guthaben hinaus ergeben, sind nach Köpfen zu verteilen. [2])

Durch das Statut kann die Verteilung des Vermögens ausgeschlossen oder ein anderes Verhältnis für die Verteilung bestimmt werden. [3])

1. Die Verteilung des verbleibenden Vermögens geschieht — abgesehen von statutarischen Abweichungen Abs. 3 — dadurch, daß zuerst die Geschäftsguthaben befriedigt (Abs. 1) und darnach die verbleibenden Überschüsse nach Köpfen verteilt werden (Abs. 2).

a) Die Auszahlung auf die Geschäftsguthaben erfolgt nach ihrer auf Grund der ersten Liquidationsbilanz vorgenommenen Feststellung und Ermittlung.

Die Bilanz hat daher die genaue Aufstellung der Geschäftsguthaben der Genossen zu enthalten; da dieses die Summe der auf Geschäftsanteilkonto des Mitglieds eingetragenen Guthabensposten ist, so ist die Liquidationsbilanz, welche die Geschäftsguthaben der Mitglieder unter der Bezeichnung „Geschäftsanteilkonto" aufführt, nicht zu beanstanden; diese Bezeichnung ist auch buchtechnisch richtiger wie Geschäftsguthabenskonto; vgl. § 7 Abs. 1 Z. 2 (s. ROLG. 19, 352; ZBlfG. 10, 53).

b) Auf die Ermittlung der Geschäftsguthaben (Abs. 1 Satz 2 u. 3), welche gleichzeitig mit der Aufstellung der ersten Liquidationsbilanz zu erfolgen hat, finden die Grundsätze des § 19 Anwendung.

Ergibt die Periode zwischen der letzten Jahresbilanz und der ersten Liquidationsbilanz einen Gewinn, so ist er dem Geschäftsguthaben zuzuschreiben, auch wenn der Geschäftsanteil dadurch überschritten wird; ein Verlust ist zu verteilen durch Abschreibung von dem nach der letzten Jahresbilanz ermittelten Geschäftsguthaben.

Die seit der letzten Jahresbilanz geleisteten Einzahlungen auf den Geschäftsanteil bleiben bei der Verteilung von Gewinn und Verlust außer Betracht.

2. Sind die Geschäftsguthaben ganz oder verhältnismäßig befriedigt, so wird ein weiter vorhandener Überschuß nach Köpfen verteilt.

3. Absatz 3 lautete nach dem Gesetze von 1889: „Durch das Statut kann ein anderes Verhältnis für die Verteilung bestimmt werden"; die Änderung erfolgte durch Art. 1 Nr. 4 der Novelle v. 12. August 1896.

Die Ausschließung der Gewinnverteilung kann auch durch spätere Statutänderung bestimmt werden.

§ 92.

Ein bei der Auflösung der Genossenschaft verbleibendes unverteilbares Reinvermögen (§ 91 Absatz 3) fällt, soferne dasselbe nicht durch das Statut einer physischen oder juristischen Person zu einem bestimmten Verwendungszweck überwiesen ist, an diejenige Gemeinde, in der die Genossenschaft ihren Sitz hatte. Die Zinsen dieses Fonds sind zu gemeinnützigen Zwecken zu verwenden.

Neu durch Art. 1 Ziff. 5 des Gesetzes vom 12. August 1896; vgl. § 20.

§ 93.

Nach Beendigung der Liquidation sind die Bücher und Schriften der aufgelösten Genossenschaft für die Dauer von zehn Jahren einem der gewesenen Genossen oder einem Dritten in Verwahrung zu geben. [1]) Der Genosse oder der Dritte wird in Ermangelung einer Bestimmung des Statuts oder eines Beschlusses der Generalversammlung durch das Gericht (§ 10) bestimmt. [2]) Dasselbe kann die Genossen und deren Rechtsnachfolger, sowie die Gläubiger der Genossenschaft zur Einsicht der Bücher und Schriften ermächtigen. [3]) [4])

Vgl. § 302 HGB., § 74 GmbHG.

1. Die Liquidation ist beendigt mit vollständiger Aufteilung des Vermögens. Die Liquidatoren haben daher zunächst und zwar nach Ablauf des Sperrjahrs

a) Schlußrechnung zu legen und Entlastung durch die Generalversammlung zu erwirken; vgl. RG. 34, 57; Holdh. 3, 447; §§ 675, 259 BGB.; ebenso Staub Anm. 1 zu § 302;

b) die Beendigung ihrer Vertretungsbefugnis und das Erlöschen der Firma (§ 31 Abs. 2 HGB., § 17 GenG.) zur Eintragung in das Genossenschaftsregister der Haupt- und Zweigniederlassung anzumelden (AB. § 21) und zwar sämtliche Liquidatoren; vgl. auch § 10 AB. und § 148 Abs. 1 FGG. Das Gericht hat die Löschung der Firma bekannt zu machen (§ 156 GenG., § 11 HGB.).

c) Die Bücher und Schriften der aufgelösten Genossenschaft einem der gewesenen Genossen oder einem Dritten in Verwahrung zu geben.

2. a) Für die Aufbewahrung findet § 44 HGB. Anwendung.

b) Über die Verwahrung und die Bestimmung des Gerichts s. ROLG. 11, 400 (für GmbH., aber auch für „EG." entsprechend anwendbar).

c) Die Übertragung der Aufbewahrung an einen Dritten darf nicht von der Übernahme der Kosten seitens der Genossenschaft abhängig gemacht werden (vgl. RJA. 10, 39 ZBlFG. 10, 93). Im übrigen hat die Genossenschaft für Deckung der Kosten aufzukommen (§ 689ff. BGB.).

3. Das Recht auf Einsicht ist von der Ermächtigung durch das Registergericht abhängig (§ 148 mit 145, 146 FGG.); antragsberechtigt sind auch die Genossen, welche vor Liquidation ausgeschieden sind; die Ermächtigung muß erteilt werden, wenn ein berechtigtes Interesse nachgewiesen wird. RJA. 5, 64.

§ 811 BGB. findet entsprechende Anwendung; der Berechtigte kann Auszüge und Abschriften machen; vgl. §§ 45—47 HGB.; §§ 142, 422, 423, 429 ZPO. Das Recht ist höchstpersönlich RJA. 6, 126, kann nicht übertragen, nicht verpfändet (§ 1274 BGB.) und nicht gepfändet werden (vgl. ROLG. 14, 185, § 851 ZPO.); dasselbe ist aber vererblich („Rechtsnachfolger", vgl. ROLG. 16, 91).

Ausübung durch Bevollmächtigte ist regelmäßig unzulässig (RJA. 6, 126).

Sachverständige dürfen nur soweit beigezogen werden, als der Berechtigte ohne solche nicht in der Lage ist, sich zu orientieren. RG. 25, 88; vgl. ROLG. 8, 96.

Über Rechtsmittel vgl. § 148, 146 FGG.

Die Ermächtigung kann nicht erteilt werden, wenn das Geschäft im ganzen und damit die Bücher und Schriften auf einen Dritten übergegangen sind; es kommen § 810 und 811 BGB. zur Anwendung (vgl. RG. 43, 133).

4. Wird nach Beendigung der Liquidation noch Vermögen bekannt, so lebt die Genossenschaft wieder auf bzw. sie gilt als noch fortbestehend (RG. 3, 55; 15, 102; 41, 95); schon ein Ersatzanspruch gegen die Liquidatoren

genügt, um dem Fortbestande der Parteifähigkeit die erforderliche Unterlage zu verschaffen. JW. 1906 S. 40. Es muß daher keine Liquidationsbilanz, es sind aber unter Umständen Jahresbilanzen aufzustellen.

Das Gericht hat auf Antrag Liquidatoren neu zu bestellen; die Generalversammlung hat den Aufsichtsrat wieder zu konstituieren; eventuell ist nach § 29 BGB. bzw. § 57 ZPO. zu verfahren.

Wegen der Aufhebung des Löschungseintrags s. § 142 FGG. und RJA. 14, 158, JW. 1906, 40; s. auch BlfGw. 1906, 149; 1907 S. 521 u. 562. S. hiezu Staub § 302 Anm. 16 ff.

§ 94.[1])

Enthält das Statut nicht die für dasselbe wesentlichen Bestimmungen oder ist eine dieser Bestimmungen nichtig,[2]) so kann jeder Genosse und jedes Mitglied des Vorstandes und des Aufsichtsrats[3]) im Wege der Klage[4]) beantragen, daß die Genossenschaft für nichtig erklärt werde.[5])[6])

1. Die §§ 94 mit 97 sind neu durch Art. 10 Ziff. XI Abs. 2 des EGzHGB.; durch dieselben sind die nach § 309—311 HGB. geltenden Bestimmungen auf die Genossenschaften übertragen.

„Daß eine Aktiengesellschaft trotz der Eintragung in das Handelsregister nicht besteht, wenn im Gesellschaftsvertrag eine der vom Gesetze für wesentlich erklärten Bestimmungen fehlt oder wenn eine solche Bestimmung ungültig ist, gilt schon jetzt als zweifellos. Andererseits wird in der Wissenschaft und Rechtsprechung überwiegend angenommen, daß sonstige Mängel des Gründungshergangs im allgemeinen nicht genügen, um die Gültigkeit der in das Handelsregister eingetragenen Gesellschaft nachträglich in Frage zu stellen."

„Auf diesen Standpunkt stellt sich auch der Entwurf: Die Vorschriften desselben beziehen sich nur auf den Fall, daß Mängel in betreff der wesentlichen Bestimmungen des Gesellschaftsvertrages vorliegen (Motive z. HGB. S. 183). Vgl. auch §§ 75—77 GmbHG.

Die Fälle der Nichtigkeit sind in § 94 ff. erschöpfend geregelt; § 139 BGB. findet nicht Anwendung (so LZ. 2, 546 für GmbH., was aber auch für Genossenschaften gelten muß).

2. Die „wesentlichen" Bestimmungen, um die es sich hier handelt, sind in § 95 aufgeführt, s. dort.

3. Klageberechtigt ist jeder Genosse und jedes einzelne Mitglied des Vorstands und Aufsichtsrats. Unter Umständen können die Genossen sich einredeweise auf die Nichtigkeit berufen so z. B. wenn sie für den Fortbetrieb des nichtigen Unternehmens Beiträge leisten sollen. Dieses Recht steht ihnen nicht zu gegenüber einer Klage, die lediglich die Abwicklung der Geschäfte einer liquidierenden und im Konkurse befindlichen Genossenschaft bezweckt. RG. 64, 193; vgl. ferner GruchotsBeitr. 49, 1016 u. 1100.

4. Wegen des Verfahrens und der Wirkung des Urteils s. § 96.

5. a) Die Nichtigkeit kann auch von Amts wegen verfolgt werden nach Maßgabe der §§ 147 Abs. 2, 142—144 FGG., wenn die Voraussetzungen vorliegen, unter denen nach den §§ 94, 95 GenG. die Nichtigkeitsklage erhoben werden kann (s. ROLG. 14, 158). Ob gegen die Löschung Beschwerde stattfindet, ist bestritten, s. RJA. 3, 126; ROLG. 12, 218; anders RJA. 7, 244, LZ. 1, 673. Stellt ein Dritter Antrag auf Löschung von Amts wegen, so hat dieser das Recht der einfachen Beschwerde, wenn ein Recht desselben beeinträchtigt wird (Entsch. d. ObLG. 3, n. F. 670; ROLG. 5, 445; 7, 211; RJA. 7, 120; 9, 255), aber nicht das Recht, durch weitere Beschwerde die Löschung rückgängig zu machen. RJA. 7, 120.

b) Über „die Nichtigkeit einer Aktiengesellschaft" vgl. die ausführliche Abhandlung in Holdh. 6, 46 ff., ferner 9, 158 ff., 178 ff.; Jherings Jahrbücher 33 n. F. 21. Bd. S. 389 ff. (Gründungsmängel und Eintragung der Aktiengesellschaft), „Der Konkurs der Aktiengesellschaft und ihre Erneuerung" in Rostocker rechtswissenschaftliche Studien III. Bd. 2. Heft 1904.

§ 95.

Als wesentlich im Sinne des § 94 gelten die in den §§ 6, 7 und 131 bezeichneten Bestimmungen des Statuts mit Ausnahme derjenigen über die Beurkundung der Beschlüsse der Generalversammlung und den Vorsitz in dieser, sowie über die Grundsätze für die Aufstellung und Prüfung der Bilanz.[1][2])

Ein Mangel, der eine hiernach wesentliche Bestimmung des Statuts betrifft, kann durch einen den Vorschriften dieses Gesetzes über Änderungen des Statuts entsprechenden Beschluß der Generalversammlung geheilt werden.[3])

Die Berufung der Generalversammlung erfolgt, wenn sich der Mangel auf die Bestimmungen über die Form der Berufung bezieht, durch Einrückung in diejenigen öffentlichen Blätter, welche für die Bekanntmachung der Eintragungen in das Genossenschaftsregister des Sitzes der Genossenschrft bestimmt sind.

Betrifft bei einer Genossenschaft mit beschränkter Haftpflicht der Mangel die Bestimmungen über die Haftsumme, so darf durch die zur Heilung des Mangels beschlossenen Bestimmungen der Gesamtbetrag der von den einzelnen Genossen übernommenen Haftung nicht vermindert werden.[4])

1. Als für das Statut wesentliche Bestimmungen sind die der §§ 6, 7 und 131 bezeichnet mit Ausnahme der Bestimmung in § 6 Z. 3 über die Form für die Beurkundung der Beschlüsse der Generalversammlung und über den Vorsitz sowie der in § 7 Z. 3.

Als Grundsätze über Aufstellung und Prüfung der Bilanz sind nicht solche gemeint, welche in den Begriff der Bilanz eingreifen; solche Vorschriften (z. B. daß einzelne Posten überhaupt nicht in die Bilanz einzusetzen sind) fallen nicht unter die hier vorgesehene Ausnahme und begründen sowohl ein Klagerecht nach § 94 wie ein Einschreiten des Registergerichts nach Art. 147 Abs. 1 und 142 Abs. 1 FGG. (DJZ. 8, 442).

2. Nach § 147 Abs. 3 FGG. kann auch ein in das Genossenschaftsregister eingetragener Beschluß der Generalversammlung einer Genossenschaft nach §§ 142, 143 als nichtig gelöscht werden, wenn er durch seinen Inhalt zwingende Vorschriften des Gesetzes verletzt und seine Beseitigung im öffentlichen Interesse erforderlich erscheint.

Die Löschung eingetragener Generalversammlungsbeschlüsse von Amts wegen ist aber nicht schon deshalb zulässig, weil sie unter Verletzung der Vorschriften über die Abstimmung zustande gekommen sind; Recht 9 Nr. 107, Nr. 254 S. 54 (RJA. 4, 214). Wegen Löschung eines Beschlusses der Generalversammlung s. § 23 AV.

3. Verstöße gegen solche wesentliche Mängel des Statuts können durch einen entsprechenden Beschluß der Generalversammlung geheilt werden (teilweise anders § 76 GmbHG.); dies kann auch dann noch erfolgen, wenn die Nichtigkeitsklage schon erhoben oder das Registergericht von Amts wegen das Nichtigkeitsverfahren eingeleitet hat; für den letzteren Fall s. die Vorschrift in § 22 Abs. 1 AV. Die Heilung hat rückwirkende Kraft.

4. S. Abs. 1; die Vorschrift ist im Interesse der Gläubiger getroffen.

§ 96.

Das Verfahren über die Klage auf Nichtigkeitserklärung und die Wirkungen des Urteils bestimmen sich nach den Vorschriften des § 51 Absatz 3 bis 5 und des § 52.

1. Vgl. hiezu Entwurf eines HGB. rc. nebst Denkschrift, Reichstagsvorlage S. 183 ff.

2. a) Die Klage ist gegen die Genossenschaft zu richten, welche durch Vorstand und Aufsichtsrat vertreten wird, auch wenn einzelne Mitglieder dieser Organe klagen, so lange als die statutgemäße Mindestzahl zur Vertretung und Beschlußfassung noch vorhanden ist.

b) Eine Frist für die Erhebung der Nichtigkeitsklage besteht nicht; die Anberaumung der mündlichen Verhandlung hängt also auch nicht von einer solchen ab.

c) Ausschließlich zuständig ist das Landgericht des Sitzes der Genossenschaft; daher findet nach § 547 ZPO. Revision statt.

d) Mehrere Nichtigkeitsklagen sind zu verbinden.

e) Klageerhebung und Verhandlungstermin sind vom Vorstand zu verkünden. Ordnungsstrafe wird nach § 160 zulässig sein.

f) Das Urteil, durch welches die Gesellschaft für nichtig erklärt wird, hat nur deklaratorische Bedeutung; es wirkt gegenüber allen Genossen, nicht aber gegen dritte.

Soweit, als es sich um die Abwicklung ihrer Verhältnisse handelt, wird der Gesellschaft eine gewisse Rechtsbeständigkeit beigelegt, s. § 97; vgl. ferner Denkschrift a. a. O. S. 184.

g) Das Urteil ist in das Genossenschaftsregister einzutragen und die Eintragung ist öffentlich bekannt zu machen; vgl. § 22 AV.

Die Löschung erfolgt im Register durch Eintragung eines Vermerks, der die Genossenschaft als nichtig bezeichnet; § 22 Abs. 2 u. 3 AV.

h) Für bösliche Handlungsweise bei Erhebung der Klage und dadurch entstandenen Schaden haften die Kläger solidarisch.

3. Ein Beschluß, der die Verlegung des Sitzes in das Ausland zum Gegenstand hat, ist weder nichtig noch begründet er die Auflösung der Genossenschaft mit der Folge der Liquidation nach § 83 ff. (ebenso Neukamp S. 275, wo zutreffend ausgeführt ist, daß, wenn das ausländische Recht die nunmehr im Auslande domizilierende Gesellschaft als Rechtspersönlichkeit anerkennt, für die deutschen Gerichte keine Veranlassung besteht,

ihr diese ausländische Rechtspersönlichkeit streitig zu machen und sie als aufgelöst zu behandeln; es ist nach Lage des Einzelfalls zu entscheiden, ob die bloße Verlegung des Sitzes in das Ausland die Auflösung der Gesellschaft nach sich zieht; a. A. die dort angeführten Schriftsteller, RG. 7, 68, vgl. Staudinger Anm. 7 zu § 23 BGB., MB. S. 58.

§ 97.[1])

Ist die Nichtigkeit einer Genossenschaft in das Genossenschaftsregister eingetragen, so finden zum Zwecke der Abwickelung ihrer Verhältnisse die für den Fall der Auflösung geltenden Vorschriften entsprechende Anwendung.[2])

Die Wirksamkeit der im Namen der Genossenschaft mit Dritten vorgenommenen Rechtsgeschäfte wird durch die Nichtigkeit nicht berührt.[3])

Soweit die Genossen eine Haftung für die Verbindlichkeiten der Genossenschaft übernommen haben, sind sie verpflichtet, die zur Befriedigung der Gläubiger erforderlichen Beträge nach Maßgabe der Vorschriften des folgenden Abschnitts zu leisten.[4])

1. „Ist die Genossenschaft durch rechtskräftiges Urteil für nichtig erklärt, so finden zum Zwecke der Abwickelung ihrer Verhältnisse die für den Fall der Auflösung geltenden Vorschriften entsprechende Anwendung. Über das Vermögen der betr. Genossenschaft kann daher auch das Konkursverfahren eröffnet werden, und nach § 97 Abs. 3 sind alsdann die Genossen, soweit sie eine Haftung für die Verbindlichkeiten der Genossenschaft übernommen haben, verpflichtet, die zur Befriedigung der Gläubiger erforderlichen Beträge in Gemäßheit der Vorschriften des 7. Abschnitts des GenG. zu leisten." (Denkschrift z. HGB. S. 314).

Vgl. § 311 HGB.; § 77 GmbHG.

2. Die selbständige Rechtspersönlichkeit der Genossenschaft bleibt bestehen; sie bleibt daher auch nach § 50 Abs. 1 ZPO. parteifähig; RG. 59, 325; 64, 194 und die dort zitierten GruchotsBeitr. Bd. 49 S. 1017, 1102; dies gilt auch für die vor 1. Januar 1900 errichtete Genossenschaft; Holdh. 10, 80.

3. Die Vorschrift bezieht sich auf die Rechtsgeschäfte vor Eintragung der Nichtigkeit. Ist das Urteil auf Nichtigkeitserklärung eingetragen oder der Erlaß desselben einem Dritten bekannt, so muß er dasselbe gemäß § 15 HGB. im Rechtsverkehr mit der Genossenschaft gegen sich gelten lassen; er kann nur solche Rechtsgeschäfte mit der Genossenschaft wirksam vornehmen, die zum Zwecke der Abwicklung vorgenommen werden (so mit Recht Neukamp S. 344 gegen Staub Anm. 4b zu § 311 HGB., Anm. 3b zu § 77 GmbHG.; § 32 FGG. findet hier nicht Anwendung, wie Ritter Anm. 2a zu § 311 HGB. meint).

4. Die Genossen sind, soweit das Vermögen der Genossenschaft nicht ausreicht, zu Nachschüssen nach §§ 98 ff. verpflichtet.

Siebenter Abschnitt.

Konkursverfahren und Haftpflicht der Genossen.[1])

§ 98.

Das Konkursverfahren findet im Falle der Zahlungsunfähigkeit,[2]) nach Auflösung der Genossenschaft auch im Falle der Überschuldung statt.[3])[4])

Nach Auflösung der Genossenschaft ist die Eröffnung des Verfahrens so lange zulässig, als die Verteilung des Vermögens nicht vollzogen ist.[5])

1. Vgl. hiezu Seuffert, Konkursprozeßrecht; Petersen-Kleinfeller, Konkursordnung 4. Aufl. S. 740 ff.

2. a) Bei bestehender Genossenschaft findet das Konkursverfahren im Falle der Zahlungsunfähigkeit statt,

nur bei e. G. m. b. H. auch in dem Falle der Überschuldung, wenn diese 1/4 des Betrages der Haftsummen aller Genossen übersteigt, § 140.

b) Auf den Begriff der Zahlungsunfähigkeit finden die Bestimmungen in § 102 KO. Anwendung; hierüber s. Jaeger § 30 Anm. 1—10, vgl. LZ. 4, 249.

3. Die Überschuldung ist mit der oben Z. 2a angeführten Ausnahme Konkursgrund nach Auflösung der Genossenschaft.

4. Die Eröffnung des Konkurses ist bei G. m. unbeschr. Haft- und Nachschußpflicht abhängig von einem vorherigen Beschluß der Generalversammlung, ob die Genossenschaft aufgelöst werden soll (§§ 121, 126), bei GmbH. ist der Vorstand, ohne solchen Beschluß herbeizuführen, zum Antrag auf Eröffnung des Konkursverfahrens verpflichtet (§ 140).

5. Da die Rechtspersönlichkeit der aufgelösten Genossenschaft bis zur vollständigen Verteilung des Vermögens fortdauert, ist insolange auch noch Eröffnung des Konkurses möglich; vgl. § 207 Abs. 2 KO. Das Vermögen ist noch nicht verteilt, so lange die Genossenschaft Ersatzansprüche gegen die Liquidatoren hat, LZ. 4, 330.

§ 99.[1])

Sobald die Zahlungsunfähigkeit der Genossenschaft eintritt, hat der Vorstand die Eröffnung des Konkursverfahrens zu beantragen;[2]) dasselbe gilt, wenn bei oder nach Auflösung der Genossenschaft aus der Jahresbilanz oder aus einer im Laufe des Jahres aufgestellten Bilanz Überschuldung sich ergibt.[3])

Die Mitglieder des Vorstandes sind der Genossenschaft zum Ersatz einer nach diesem Zeitpunkte geleisteten Zahlung nach Maßgabe des § 34 verpflichtet.[4])

Die Ansprüche auf Grund der vorstehenden Bestimmungen verjähren in fünf Jahren.[5])[6])

1. Vgl. § 240 HGB., § 64 GmbHG., § 42 Abs. 2 BGB.

2. Verpflichtet zur Stellung des Antrags ist der Vorstand in der nach § 25 bzw. durch das Statut vorgesehenen Anzahl; es findet keine Konkurseröffnung von Amts wegen statt.

Weitere Antragsberechtigte s. § 100 Abs. 1, § 118.

Sollte kein vertretungsfähiger Vorstand mehr vorhanden sein, so ist nach § 29 BGB. zu verfahren.

Der Aufsichtsrat hat kein Antragsrecht.

Zuständig ist das Amtsgericht des Sitzes der Genossenschaft.

3. Die Verpflichtung trifft die als Liquidatoren bestellten Vorstandsmitglieder; die Voraussetzung des § 121 entfällt natürlich hiebei.

Sind besondere Liquidatoren bestellt, so sind nur diese für Unterlassung der Stellung des Konkursantrags verantwortlich; § 148 Abs. 1 Z. 2, RGStr. 25, 86.

Wegen Aufstellung der Bilanz s. Rehm S. 6, 17; 26, 42, 73, 892 ff.

4. Die Bestimmung bezieht sich auch auf die Liquidatoren, § 118. Ersatzpflichtig sind nur diejenigen Mitglieder, welche bei der Zahlung mitgewirkt haben; diese haften aber solidarisch. Vgl. § 241 Abs. 3 Z. 6 HGB.

Die Ersatzpflicht bezieht sich auf jede Zahlung, auch wenn ein Schaden nicht eingetreten ist, besteht aber nur gegenüber der Genossenschaft; vgl. auch Recht 11 S. 70 Nr. 99. Schadensersatzpflicht des Vorstands wegen ungerechtfertigten Antrags auf Konkurseröffnung LZ. 4, 247.

5. Vgl. § 34 Abs. 4.

6. Die Anfechtung der nach der Zahlungseinstellung eingegangenen Rechtsgeschäfte richtet sich nach § 30 KO.; soweit hiedurch Ersatz erlangt wird, fällt der Anspruch gegen die Mitglieder des Vorstands und die Liquidatoren fort; andererseits können diese bei Rückerstattung der Zahlungen die Abtretung etwaiger Anfechtungsansprüche von dem Konkursverwalter fordern (Begründung des 2. Entw., s. PC. Anm. 6).

§ 100.

Zu dem Antrage auf Eröffnung des Verfahrens ist außer den Konkursgläubigern jedes Mitglied des Vorstandes berechtigt. [1])

Wird der Antrag nicht von allen Mitgliedern gestellt, so ist derselbe zuzulassen, wenn die ihn begründenden Tatsachen (§ 98) glaubhaft gemacht werden. Das Gericht hat die übrigen Mitglieder nach Maßgabe der Konkursordnung § 105 Absatz 2, 3 zu hören. [2])

Der Eröffnungsantrag kann nicht aus dem Grunde abgewiesen werden, daß eine den Kosten des Verfahrens entsprechende Konkursmasse nicht vorhanden sei. [3]) [4])

1. § 100 erweitert den Kreis der Antragsberechtigten. Dazu gehören selbstverständlich

a) die Konkursgläubiger, d. h. die Personen, welche in dem zu eröffnenden Verfahren die Eigenschaft eines Konkursgläubigers haben werden. Seuffert, KPR. § 20 Z. 1; auch wenn nur ein Gläubiger vorhanden, ist er antragsberechtigt, RG. 11, 40; LZ. 4, 329;

b) jedes einzelne Mitglied des Vorstands mit Rücksicht auf Art. 99 Abs. 2 und § 148 Z. 2;

c) der Aufsichtsrat und die Generalversammlung haben als solche kein Antragsrecht, auch nicht der einzelne Genosse, sofern er nicht auf Grund besonderer Rechtsgeschäfte Gläubiger der Genossenschaft ist.

2. a) Stellt nicht der Vorstand als solcher den Antrag, so hat das einzelne Mitglied oder die mehreren Mitglieder als Antragsteller die den Antrag begründenden Tatsachen glaubhaft zu machen; wegen Glaubhaftmachung s. § 294 ZPO.

b) Das Gericht hat vor Verbescheidung des Antrags die übrigen Mitglieder des Vorstands, sofern nicht die nach § 25 oder nach Statut erforderliche Zahl von Vorstandsmitgliedern den Antrag gestellt hat, zu hören.

c) Was hier vom Vorstand gesagt ist, gilt in gleicher Weise von den Liquidatoren.

3. Die Bestimmung ist eine Abweichung von § 107 KO., weil mit Rücksicht auf die Nachschußpflicht auch die Nachschußansprüche ein Aktivum der Masse bilden.

Die Pflicht zur Vorschußleistung nach § 82 GKG. wird hiedurch nicht berührt.

4. Wird der vom Vorstand gestellte Antrag abgewiesen, so steht ihm hiegegen die sofortige Beschwerde zu, §§ 73 Abs. 3, 109 KO.; die Kosten des Beschlusses fallen der Genossenschaft zur Last; ob Massekosten oder bevorrechtigte Forderung nach § 61 Z. 2 KO. s. BlfGw. 1907 S. 201, in letzterm Sinne Jaeger Anm. 17—19 zu § 61.

§ 101.

Durch die Eröffnung des Konkursverfahrens wird die Genossenschaft aufgelöst.

1. Trotz der Auflösung besteht die Genossenschaft noch fort bis zur Beendigung des Konkursverfahrens für den Zweck dieses Verfahrens RG. 50, 127; Entsch. d. ObLG. 8 n. F. S. 242, ZBlFG. 8, 256; vgl. LZ. 2, 711, Jaeger 3. u. 4. Aufl. § 25 Anm. 7—9; ferner §§ 42, 86 BGB.; vgl. Staub § 292 Anm. 2.

Nach Beendigung des Konkurses kann die Genossenschaft nicht wieder aufleben, sondern es ist nur mehr ein Liquidationsverfahren zulässig, Holdh. 17, 217 gegen ebenda S. 186; vgl. ferner Holdh. 1, 171 ff. gegen ebenda S. 146.

2. Bis zur Eröffnung des Konkursverfahrens ist das Fortbestehen einer zahlungsunfähigen Genossenschaft an sich nicht unzulässig; sie besteht fort bis zur wirklichen Konkurseröffnung und es kann bis dahin die Zahlungsunfähigkeit, ja selbst die Überschuldung, beseitigt und dadurch die Konkurseröffnung abgewendet werden. ROLG. 1, 64.

3. Eine notwendige Folge der Konkurseröffnung ist, daß das Eintreten neuer Mitglieder nicht mehr möglich ist. ROLG. 1, 58 ff.

Die Genossen werden von der Verpflichtung zur

Leistung der noch nicht fälligen Einzahlungen frei; LZ. 1, 759; anders ROLG. 6, 500, wie hier LZ. 4, 331.
4. Erwirbt der Konkursverwalter für die Masse im Wege des Kaufs ein Grundstück, so ist als gewollt anzusehen, daß die Genossenschaft als Eigentümerin und nach § 113 KO. die Eröffnung des Konkursverfahrens über das Vermögen der Genossenschaft eingetragen werden solle, Entsch. d. OLG. 8 n. F. S. 240, ZBlFG. 8, 256; ebenso Jaeger Anm. 3 zu § 115. — S. auch Anm. 3a zu § 89.

§ 102.

Die Eröffnung des Konkursverfahrens ist unverzüglich in das Genossenschaftsregister einzutragen. [1]) Die Eintragung wird nicht bekannt gemacht. [2])

1. Das Registergericht erhält hievon Kenntnis durch Mitteilung einer beglaubigten Formel des Eröffnungsbeschlusses seitens des Gerichtsschreibers des Konkursgerichts nach § 112 KO.; vgl. § 20 Z. 2 AV.

Das Gericht der Hauptniederlassung hat zu dem Genossenschaftsregister einer jeden Zweigniederlassung von der Konkurseröffnung sofort Mitteilung zu machen, § 19 Abs. 4 AV.

2. Die Mitteilung erfolgt durch das Konkursgericht nach § 111 KO.

§ 103.

Bei der Eröffnung des Verfahrens ist von dem Gerichte ein Gläubigerausschuß zu bestellen. Die Gläubigerversammlung hat über die Beibehaltung der bestellten oder die Wahl anderer Mitglieder zu beschließen. Im übrigen kommen die Vorschriften im § 87 der Konkursordnung in Anwendung.

Der Gläubigerausschuß ist obligatorisch; er wird zunächst von dem Gericht bestellt.

Die Gläubigerversammlung beschließt über die endgültige Bestellung der Mitglieder. Zu Mitgliedern können Gläubiger oder andere Personen gewählt werden.

§ 104.

Die Generalversammlung ist ohne Verzug zur Beschlußfassung darüber zu berufen (§§ 44 bis 46), ob die bisherigen Mitglieder des Vorstandes und des Aufsichtsrats beizubehalten oder andere zu bestellen sind.

1. Die Organe der Genossenschaft bleiben während des Konkurses bestehen; s. §§ 108—117. RG. 14, 19. JW. 1896 S. 373 u. 697. ROLG. 6, 500; „für den Bereich der Verwaltung und der Verwertung des Gesellschaftsvermögens werden sie vom Konkursverwalter verdrängt." LZ. 2, 712; 4, 331.

2. Die Generalversammlung hat nur zu beschließen über die Beibehaltung der bisherigen Mitglieder des Vorstands und Aufsichtsrats oder die Neubestellung derselben.

„Ansprüche auf Gehalt oder sonstige Vergütung können nur durch Vertrag der Gewählten mit dem Konkursverwalter begründet werden."

„Die Ansprüche der beibehaltenen früheren Vorstands- und Aufsichtsratsmitglieder können, soweit sie zur Zeit der Konkurseröffnung begründet waren, als Konkursforderungen geltend gemacht werden; begründet sind sie nur soweit, als die Vergütung vor der Konkurseröffnung verdient war; Ansprüche auf das frühere Dienstverhältnis können für die Zeit nach der Konkursordnung überhaupt nicht geltend gemacht werden; eine Kündigung des Dienstverhältnisses ist nicht erforderlich." DJZ. 8 S. 23. Dagegen hat nach ROLG. 6, 500 der Konkursverwalter das Kündigungsrecht auszuüben (§ 22 KO.; ebenso LZ. 1, 60; hier ist auch ausgesprochen, daß durch die nach § 22 KO. erfolgte Kündigung die Mitglieder des Vorstands von einem für den Fall vertragsmäßiger Kündigung vereinbarten Konkurrenzverbot frei werden; dagegen Jaeger KO. § 22 Anm. 16; vgl. auch § 24 Anm. 4 dieses Gesetzes).

Die Generalversammlung kann nicht die Beibehaltung der Vorstandsmitglieder beschließen, denen der Verwalter gekündigt hat.

3. Die Berufung der Generalversammlung erfolgt nach Maßgabe der §§ 44—46; s. ferner § 121 Abs. 2.

§ 105.[1])

Soweit die Konkursgläubiger[2]) wegen ihrer bei der Schlußverteilung (Konkurs-Ordnung § 161)[3]) berücksichtigten Forderungen aus dem zur Zeit der Eröffnung des Konkursverfahrens vorhandenen Vermögen der Genossenschaft nicht befriedigt werden,[4]) sind die Genossen[5]) verpflichtet, Nachschüsse zur Konkursmasse zu leisten.[6])

Die Nachschüsse sind von den Genossen, wenn nicht das Statut ein anderes Beitragsverhältnis festsetzt, nach Köpfen zu leisten.[7])

Beiträge, zu deren Leistung einzelne Genossen unvermögend sind, werden auf die übrigen verteilt.[8])

Zahlungen, welche Genossen über die von ihnen nach den vorstehenden Bestimmungen geschuldeten Beiträge hinaus leisten, sind ihnen, nachdem die Befriedigung der Gläubiger erfolgt ist, aus den Nachschüssen zu erstatten.[9])

Gegen die Nachschüsse kann der Genosse eine Forderung an die Genossenschaft aufrechnen, sofern die Voraussetzungen vorliegen, unter welchen er als Konkursgläubiger Befriedigung wegen der Forderung aus den Nachschüssen zu beanspruchen hat.[10])[11])[12])[13])

1. a) Das Gesetz von 1868 hatte ein Umlageverfahren vorgesehen, durch welches die Mitglieder den Gläubigern der Genossenschaft gegenüber verpflichtet waren, den das Vermögen der Genossenschaft übersteigenden Verlustbetrag gemeinschaftlich zu decken; „dasselbe trat aber erst

am Ende des Konkurses, wenn der Schlußverteilungsplan feststeht, also fast gleichzeitig mit der Zulassung des direkten Einzelangriffs ein".

Hierin lag der Hauptmangel des Gesetzes von 1868. Das jetzige Gesetz konstruiert die Nachschußpflicht als eine selbständige Verbindlichkeit der Genossen gegenüber der Genossenschaft, behandelt den Anspruch auf die Nachschüsse als einen Bestandteil des Vermögens der Genossenschaft und macht dadurch das Nachschußverfahren zu einem Teil des Konkursverfahrens.

b) Das Verfahren zerfällt in zwei Hauptabschnitte. Der erste Abschnitt (§§ 106—113) hat die Feststellung und Einziehung der vorläufigen Beiträge der Genossen zum Gegenstande; dieselben haben den Charakter von Vorschüssen, welche auf Grund der endgültigen Feststellung der Nachschüsse entweder von den Genossen zu ergänzen oder, soweit sie die Nachschüsse übersteigen, vom Konkursverwalter zurückzuerstatten sind. Den zweiten Abschnitt des Verfahrens bildet die definitive Feststellung der Nachschüsse (§ 114). Dieselbe kann nicht vor dem Anfang der Schlußverteilung im Konkurse beginnen, da erst dann die nach § 105 für die Berechnung des endgültigen Ausfalls maßgebenden Gesichtspunkte Anwendung finden können. Jeder der beiden Hauptabschnitte erweitert sich möglicherweise durch ein Zusatzverfahren (Zusatzberechnung). Das Verfahren ist ein Teil des Konkursverfahrens s. Begr. II, 16; ferner JW. 1890 S. 334, 1900 S. 567, ROLG. 1, 58, 307, LZ. 4, 332.

2. Hieher gehören:

a) Die Gläubiger festgestellter Forderungen (§§ 144, 145 KO.).

b) Die Gläubiger nach § 152, 146 Abs. 6 KO.

c) Die Gläubiger nach § 153 KO.

d) Die Gläubiger von Forderungen nach § 154 KO.

e) Gläubiger von Forderungen unter auflösender Bedingung, § 66 KO.

3. Maßgebend ist für die Schlußverteilung das Schlußverzeichnis nach § 162 KO.

4. Der Umfang der Nachschußpflicht bestimmt sich nach

dem Ausfall, der für die Konkursgläubiger mit ihren im Schlußverzeichnis aufgeführten Forderungen nach der Verwertung des zur Zeit der Eröffnung des Konkurses vorhandenen Vermögens besteht.

5. Genossen sind die, welche bei der Konkurseröffnung in die Liste der Genossen eingetragen sind und welche sechs Monate vor Konkurseröffnung ausgeschieden sind (§ 75, § 76 Abs. 4, § 77 Abs. 3).

6. Auf der Beitrags- und Nachschußpflicht beruht die Sicherheit der Gläubiger; der Konkursverwalter fordert die Beiträge zwar im Namen der Genossenschaft, aber im Interesse der Gläubiger. RG. 45, 109; vgl. ROLG. 1, 307.

7. Die Vorschrift der Verteilung nach Köpfen ist zwingenden Rechts, sofern nicht das Statut eine andere Verteilung vorsieht.

8. Es bedarf nicht erst eines gerichtlichen Verfahrens, um das Unvermögen festzustellen s. hierüber § 106 Abs. 2.

Die Verteilung geschieht auch hier nach Absatz 2.

9. Die Bestimmung soll freiwillige Zahlungen der Genossen behufs beschleunigter Befriedigung der Gläubiger erleichtern und befördern und solchen Genossen die Zahlung der Mehrleistungen ohne Weitläufigkeit sichern; vgl. § 115 Abs. 3.

Wer im Umlageverfahren keine Befriedigung erhält, hat Regreß gegen die einzelnen Genossen. Seuffert KPR. S. 330.

10. Die Aufrechnung kann nur gegen solche Beträge stattfinden, welche bei der Schlußverteilung auf Grund der Nachschußberechnung von dem Genossen eingezogen werden sollen. Voraussetzung ist, daß der Genosse seine Forderung angemeldet hat, daß dieselbe im Schlußverzeichnis berücksichtigt und liquid ist.

11. Die im Nachschußverfahren festgesetzten Beiträge können vom Konkursverwalter nicht an einen Dritten abgetreten werden. ROLG. 1, 307; ebenso ist vorzugsweise Befriedigung einzelner Konkursgläubiger durch Abtretung dieser Ansprüche an dieselben ausgeschlossen, BlfGw. 1908 S. 248.

Andererseits berechtigt die Möglichkeit, daß auf dem hier vorgeschriebenen Wege mehr erhoben werden kann als zur Deckung des Ausfalls nötig ist, nicht dazu, dem pflichtgemäßen Ermessen bei Einzug der Beiträge Schranken zu setzen. Holdh. 16, 175; JW. 1907 S. 370.

12. Zweckmäßiger gehört § 105 in der Anordnung des Gesetzes nach § 114, da das Nachschußverfahren den zweiten Teil des Abschnitts bildet; s. Anm. 1 b.

13. Über die Anfechtung von Änderungen des ehelichen Güterstandes und Haftung der Ehefrau wegen Verbindlichkeiten ihres Ehemanns als Mitglied einer Genossenschaft bei deren Konkurs s. LZ. 2, 922 ff.

§ 106.[1])

Der Konkursverwalter hat sofort, nachdem die Bilanz auf der Gerichtsschreiberei niedergelegt ist (KonkOrdn. § 124),[2]) zu berechnen, wieviel zur Deckung des in der Bilanz bezeichneten Fehlbetrages die Genossen vorschußweise beizutragen haben.[3])

In der Berechnung (Vorschußberechnung) sind die sämtlichen Genossen namentlich zu bezeichnen und auf sie die Beiträge zu verteilen.[4]) Die Höhe der Beiträge ist jedoch derart zu bemessen, daß durch ein vorauszusehendes Unvermögen einzelner Genossen zur Leistung von Beiträgen ein Ausfall an dem zu deckenden Gesamtbetrage nicht entsteht.[5])

Die Berechnung ist dem Konkursgerichte mit dem Antrage einzureichen, dieselbe für vollstreckbar zu erklären.[6]) Wird das Genossenschaftsregister nicht bei dem Konkursgerichte geführt, so ist dem Antrage eine beglaubigte Abschrift des Statuts und der Liste der Genossen beizufügen.[7])

1. Die §§ 106—113 bilden den ersten Abschnitt des Umlageverfahrens.

2. Der Konkursverwalter hat nach § 124 KO. ein Inventar und eine Bilanz aufzustellen, eine Abschrift derselben auf der Gerichtsschreiberei zur Einsicht der Beteiligten niederzulegen.

3. Auf Grund des in der Bilanz festgestellten Fehlbetrags hat er sofort die zur Deckung nötigen vorschußweisen Beiträge zu berechnen.

4. a) Als Grundlage der Verteilung dient die gerichtliche Liste der Genossen. JW. 1900 S. 567; die namentliche Bezeichnung ist nötig wegen § 109 Abs. 2; aufzunehmen sind auch solche in der Liste noch eingetragene Genossen, welche klagend ihren rechtzeitigen Austritt aus der Genossenschaft geltend gemacht haben und zwar auch dann, wenn eine den rechtzeitigen Austritt betreffende Vormerkung in die Genossenschaftsliste eingetragen ist, Holdh. 13, 167; ferner ein in die Liste eingetragener Genosse, dessen Ausscheiden aus der Genossenschaft aus Verschulden des Vorstands nicht angemeldet und selbst dann, wenn eine von der Genossenschaft vor der Konkurseröffnung gegen ihn angestellte Klage auf Einzahlung des durch Beschluß der Generalversammlung erhöhten Geschäftsanteils rechtskräftig abgewiesen worden war, da der Genosse unterlassen hatte, Anfechtungsklage nach § 111 zu stellen. RG. 69, 366.

b) „Die Vorschußberechnung hat aber nur den Zweck, rechnerisch darzulegen, wieviel die einzelnen Genossen zur Deckung des in der Bilanz bezeichneten Fehlbetrags vorschußweise beizutragen haben"; „außer den Vorschüssen darf der Konkursverwalter den Genossen nicht Forderungen irgend welcher Art zur Last schreiben, welche die Genossenschaft gegen die einzelnen Genossen zu haben glaubt". RG. 69, 370.

5. Die Verteilung geschieht nach Maßgabe von § 105 Abs. 2 u. 3; in der Verteilung ist der Konkursverwalter, soweit er ein Unvermögen einzelner Genossen voraussehen kann, im übrigen frei; s. § 105 Anm. 8. „Der Gesamtbetrag der verteilten Beträge ist also höher zu bemessen als der bilanzmäßige Fehlbetrag" Recht 11, 712. Unvermögen umfaßt die tatsächliche Zahlungsunfähig-

keit wie Unmöglichkeit der Erhebung der Beiträge durch unbekannten Aufenthalt des Genossen u. ä.

Vgl. hiezu § 113 wegen Zusatzberechnung.

6. S. § 109.

7. Die Beglaubigung hat durch das Registergericht zu erfolgen.

§ 107.

Zur Erklärung über die Berechnung bestimmt das Gericht einen Termin, welcher nicht über zwei Wochen hinaus anberaumt werden darf.[1] Derselbe ist öffentlich bekannt zu machen; die in der Berechnung aufgeführten Genossen sind besonders zu laden.[2]

Die Berechnung ist spätestens drei Tage vor dem Termine auf der Gerichtsschreiberei zur Einsicht der Beteiligten niederzulegen. Hierauf ist in der Bekanntmachung und den Ladungen hinzuweisen.

1. Die Frist beginnt mit dem Tage der Einreichung der Berechnung beim Konkursgericht; für die Berechnung gibt § 72 KO., § 222 ZPO. Maß.

2. a) Die Veröffentlichung bestimmt sich nach § 76 KO.; Abs. 3 des § 76 ist aber nicht entsprechend anwendbar. Recht 1908 Nr. 2501.

b) Die Unterlassung der besonderen Ladung ist kein Grund für die Anfechtungsklage, § 111.

c) Auch Vorstand und Aufsichtsrat sind als Genossen zu laden, nicht aber der Konkursverwalter und der Gläubigerausschuß.

§ 108.

In dem Termine sind Vorstand und Aufsichtsrat der Genossenschaft, sowie der Konkursverwalter und der Gläubigerausschuß und, soweit Einwendungen[1] erhoben werden, die sonst Beteiligten zu hören.

Das Gericht entscheidet über die erhobenen Einwendungen, berichtigt, soweit erforderlich, die Berechnung oder ordnet die Berichtigung an und erklärt die Berechnung für vollstreckbar.[2]) Die Entscheidung ist in dem Termine oder in einem sofort anzuberaumenden Termine, welcher nicht über eine Woche hinaus angesetzt werden soll, zu verkünden.[3]) Die Berechnung mit der sie für vollstreckbar erklärenden Entscheidung ist zur Einsicht der Beteiligten auf der Gerichtsschreiberei niederzulegen.

Gegen die Entscheidung findet ein Rechtsmittel nicht statt.[4])

1. Über die erhobenen Einwendungen ist in eine Erörterung einzutreten. Die Geltendmachung der Anfechtungsgründe in diesem Termine ist Voraussetzung für die Zulässigkeit der Anfechtungsklage, s. § 111; BlfRA. 64, 515.

Die Anfechtung der Vorschuß- und Nachschußberechnung kann nicht auf die Einrede der betrüglichen Verleitung zum Beitritt zur Genossenschaft durch ein Vorstandsmitglied der Genossenschaft gestützt werden. RG. 45, 106; 57, 292; s. ferner Seufferts Archiv n. F. 25, 312; JW. 1900 S. 254, 158; RG. 9, 37; 19, 124; 24, 146; 36, 105; vgl. § 123 BGB.

2. Führen die Erörterungen nicht zur Klarstellung der Sachlage, so bleiben illiquide Einwendungen gegen die Berechnung der Geltendmachung im Wege der Anfechtungsklage vorbehalten. Begr. II, 118. Der Termin kann ausgesetzt werden. Die Entscheidung darf aber niemals eine bloße Zurückweisung des Antrags auf Vollstreckbarkeitserklärung enthalten; es ist solange zu verhandeln, bis eine zur Vollstreckbarkeitserklärung geeignete Berechnung vorliegt. Begr. ebenda.

3. Vgl. § 329 ZPO., die Zustellung der Entscheidung entfällt; anders § 73 Abs. 2 KO.

4. An die Stelle der Beschwerde tritt die Anfechtungsklage, § 111.

§ 109.

Nachdem die Berechnung für vollstreckbar erklärt ist,[1]) hat der Konkursverwalter ohne Verzug die Beiträge von den Genossen einzuziehen.[2])

Die Zwangsvollstreckung gegen einen Genossen findet in Gemäßheit der Zivilprozeßordnung auf Grund einer vollstreckbaren Ausfertigung der Entscheidung und eines Auszuges aus der Berechnung statt.[3])

Für die in den Fällen der §§ 731, 767, 768 der Zivilprozeßordnung zu erhebenden Klagen ist das Amtsgericht, bei welchem das Konkursverfahren anhängig ist, und, wenn der Streitgegenstand zur Zuständigkeit der Amtsgerichte nicht gehört, das Landgericht ausschließlich zuständig, zu dessen Bezirke der Bezirk des Konkursgerichts gehört.[4])

1. Die Vollstreckbarkeitserklärung findet nach §§ 724, 725 ZPO. statt.
2. Die Einziehung in Raten ist für zulässig zu erachten.
3. Für den Beginn der Zwangsvollstreckung ist § 750 Abs. 1 ZPO. maßgebend. Die Entscheidung ist die Vollstreckbarkeitserklärung, § 108 Abs. 3.
4. Es handelt sich um die Klagen gegen den Rechtsnachfolger nach § 727 mit § 325 ZPO. auf Erteilung der Vollstreckungsklausel, um die Einwendungen gegen den in der vollstreckbaren Berechnung geltend gemachten Anspruch nach Maßgabe des § 767 Abs. 2 und um die Klagen, bei denen der Schuldner nach Maßgabe des § 768 den bei Erteilung der Vollstreckungsklausel als bewiesen angenommenen Eintritt der Voraussetzung für die Erteilung der Vollstreckungsklausel bestreitet.

§ 110.

Die eingezogenen Beträge sind bei der von der Gläubigerversammlung bestimmten Stelle (KonkOrdn. § 132) zu hinterlegen oder anzulegen.

Die eingezogenen Beträge bilden einen Bestandteil der Konkursmasse. Die Gläubigerversammlung bestimmt die Hinterlegungsstelle; sie kann das auch dem Gläubigerausschuß oder dem Konkursverwalter übertragen. Die Anlegung hat soweit möglich verzinslich zu geschehen und wird zweckmäßig den für Mündelgeldern bestehenden Vorschriften gemäß erfolgen; §§ 1806 ff. BGB.; unter Umständen wird sich Anlegung auf Scheckkonto empfehlen. — Einspruchsrecht des Konkursgerichts § 99 KO.

§ 111.

Jeder Genosse [1]) ist befugt, die für vollstreckbar erklärte Berechnung im Wege der Klage anzufechten. Die Klage ist gegen den Konkursverwalter zu richten. Sie findet nur binnen der Notfrist eines Monats seit Verkündung der Entscheidung und nur insoweit statt, als der Kläger den Anfechtungsgrund in dem Termine (§ 107) geltend gemacht hat oder ohne sein Verschulden geltend zu machen außer Stande war.

Das rechtskräftige Urteil wirkt für und gegen alle beitragspflichtigen Genossen. [2])

1. D. h. jeder Genosse, der in die vollstreckbar erklärte Vorschußberechnung aufgenommen ist.

Die Voraussetzungen der Klageerhebung (welche nicht als Feststellungsklage auf Feststellung der Nichtzugehörigkeit zur Genossenschaft erhoben werden kann, Recht 12 Nr. 2502) sind:

a) Der Kläger muß den Anfechtungsgrund in dem nach § 107 abgehaltenen Termin geltend gemacht haben oder ohne sein Verschulden außerstande gewesen sein, denselben dort geltend zu machen.

b) Die Klage muß binnen der Notfrist eines Monats seit der Verkündung der Entscheidung (§ 108 Abs. 2) bei dem zuständigen Gerichte eingelegt werden d. h. der Schriftsatz muß bis zum Ablauf dieser Frist zugestellt sein (§ 253 ZPO.).

Das Vorhandensein dieser beiden Voraussetzungen ist vom Gericht von Amts wegen zu prüfen; RG. 40, 151 ff.

Zu a): Der Anfechtungsgrund kann nur im Termine nach § 107 geltend gemacht werden; ein anderweit eingelegter Widerspruch ist nicht zu beachten. Unmöglichkeit der Geltendmachung liegt vor, wenn der Kläger ohne Verschulden von dem Anfechtungsgrunde keine Kenntnis hatte; ob hiebei Rechtsunkenntnis unter allen Umständen unberücksichtigt gelassen werden soll, darüber vgl. RG. 50, 133.

Zu b): Wegen Notfrist s. § 224 ZPO. Die Vorschrift des § 707 ZPO. wegen Wiedereinsetzung in den vorigen Stand findet nicht Anwendung (Seuffert Anm. 6 zu § 707; Gaupp-Stein Anm. IV; RG. 7, 318); dagegen kommt § 233 ZPO. zur Anwendung; vgl. Holdh. 13, 167.

2. „Da nicht immer alle Genossen als Intervenienten oder Streitgenossen auftreten, so rechtfertigt sich die Vorschrift, daß das im Anfechtungsprozeß rechtskräftig ergehende Urteil für und gegen alle Genossen wirkt", Begr. II, 120. Dies ist wesentlich mit Rücksicht darauf, daß die Anfechtungsklage die Änderung der Vorschußberechnung bezweckt.

§ 112.

Die Klage [1]) ist ausschließlich bei dem Amtsgerichte zu erheben, welches die Berechnung für vollstreckbar erklärt hat. Die mündliche Verhandlung erfolgt nicht vor Ablauf der bezeichneten Notfrist. Mehrere Anfechtungsprozesse sind zur gleichzeitigen Verhandlung und Entscheidung zu verbinden.

Übersteigt der Streitgegenstand eines Prozesses die sonst für die sachliche Zuständigkeit der Amtsgerichte geltende Summe, so hat das Gericht, sofern eine Partei in einem solchen Prozesse vor der Verhandlung zur Hauptsache darauf anträgt, durch Beschluß die sämtlichen Streitsachen an das Landgericht, in dessen Bezirke es seinen Sitz hat, zu verweisen. Gegen diesen Beschluß findet die sofortige Beschwerde statt. Die Notfrist beginnt mit der Verkündung des Beschlusses.[2])

Ist der Beschluß rechtskräftig, so gelten die Streitsachen als bei dem Landgerichte anhängig.[3]) Die im Verfahren vor dem Amtsgerichte erwachsenen Kosten werden als Teil der bei dem Landgerichte erwachsenen Kosten behandelt und gelten als Kosten einer Instanz.[4])

Die Vorschriften der Zivilprozeßordnung §§ 769, 770 über die Einstellung der Zwangsvollstreckung und die Aufhebung der Vollstreckungsmaßregeln finden entsprechende Anwendung.[5])

1. Die Natur der Klage ist bestritten; nach Seuffert ZPO. I S. 343, 345 ist dieselbe eine Bewirkungsklage (konstitutive Klage), ebenso Gaupp-Stein I S. 513 (Rechtsgestaltungsklage); nach RG. 14, 90 ist sie eine Feststellungsklage.

2. Da durch die ausschließliche Zuständigkeit der Amtsgerichte das Rechtsmittel der Revision entfallen würde (§ 545 ZPO.), kann eine Partei vor der Verhandlung zur Hauptsache Antrag auf Verweisung der sämtlichen Streitsachen an das Landgericht stellen.

Der Streitgegenstand muß diesfalls die Summe von 600 Mark übersteigen (GVG. § 23 Z. 1 in der Fassung vom 1. Juni 1909). Zuständig ist die Kammer für Handelssachen (§ 101 GVG.).

Die Verweisung erfolgt durch Beschluß; derselbe ist zu verkünden; vgl. § 329 ZPO. Sofortige Beschwerde nach § 77 ZPO.

Die Zuständigkeit des Landgerichts besteht nach erfolgter Verweisung für alle auch für die verspätet erhobenen Anfechtungsklagen. RG. 32, 395. Recht 12 Nr. 2504.

3. Ist der Beschluß rechtskräftig, so gelten die Streitsachen als bei dem Landgericht anhängig. Mit der Ladung des Gegners ist die Aufforderung zur Bestellung eines Anwalts zu verbinden.

4. In dem Beschluß ist über die Kosten des Verfahrens vor dem Amtsgericht nicht zu entscheiden; sie sind Teile der beim Landgericht erwachsenen Kosten und gelten als Kosten einer Instanz (vgl. § 30, 28 GKG.).

5. Die Vorschrift ist zur Vermeidung von Härten bei Geltendmachung der Einziehung der Vorschüsse getroffen.

§ 113.

Soweit infolge des Unvermögens einzelner Genossen zur Leistung von Beiträgen der zu deckende Gesamtbetrag nicht erreicht wird, oder in Gemäßheit des auf eine Anfechtungsklage ergehenden Urteils oder aus anderen Gründen die Berechnung abzuändern ist, hat der Konkursverwalter eine Zusatzberechnung aufzustellen. Rücksichtlich derselben kommen die Vorschriften in §§ 106 bis 112 zur Anwendung.

Die Aufstellung einer Zusatzberechnung ist erforderlichenfalls zu wiederholen.

Der Konkursverwalter ist ohne weiteres zur Aufstellung einer Zusatzberechnung veranlaßt:

1. wenn der zu deckende Gesamtbetrag durch Unvermögen einzelner Genossen nicht erreicht wird,
2. wenn ein auf eine Anfechtungsklage ergehendes Urteil die Abänderung der Berechnung notwendig macht.

Inwieweit andere Gründe eine Zusatzberechnung erforderlich machen, hängt von dem Ermessen des Konkursverwalters bzw. des Gläubigerausschusses ab. „Eine zu niedere Veranschlagung der Unterbilanz ist kein Grund, um eine Zusatzberechnung vorzunehmen, da sich die Korrektur bei der Nachschußberechnung ergibt", s. Seuffert, KPrR. S. 333.

§ 114.[1])

Sobald mit dem Vollzuge der Schlußverteilung (Konkursordnung § 161) begonnen wird, hat der Konkursverwalter in Ergänzung oder Berichtigung der Vorschußberechnung und der zu derselben etwa ergangenen Zusätze zu berechnen, wieviel die Genossen in Gemäßheit des § 105 an Nachschüssen zu leisten haben.

Die Berechnung (Nachschußberechnung) unterliegt den Vorschriften in §§ 106 bis 109, 111 bis 113, der Vorschrift im § 106 Absatz 2 mit der Maßgabe, daß auf Genossen, deren Unvermögen zur Leistung von Beiträgen sich herausgestellt hat, Beiträge nicht verteilt werden.

Nach § 161 KO. erfolgt die Schlußverteilung, sobald die Verwertung der Masse erfolgt ist und das Konkursgericht die Genehmigung hiezu erteilt hat; vgl. § 161 u. 162 KO.

Mit diesem Zeitpunkt ist es dem Konkursverwalter möglich festzustellen, welchen Ausfall die Konkursgläubiger erleiden; demgemäß ergibt sich für den Konkursverwalter die Notwendigkeit, die Vorschußberechnung bzw. die erfolgten Zusatzberechnungen zu ergänzen oder zu berichtigen und zu berechnen, wie viel die Genossen an Nachschüssen zu leisten haben.

Es tritt die in § 105 behandelte Nachschußpflicht ein.

Die im GenG. aufgestellten Grundsätze über das Vorschuß- und Nachschußverfahren sind entsprechend anwendbar erklärt auf den Konkurs eines Versicherungsvereins; s. § 52 RG. über die privaten Versicherungsunternehmungen vom 12. Mai 1901.

§ 115.

Der Verwalter hat, nachdem die Nachschußberechnung für vollstreckbar erklärt ist, [1]) unverzüglich den gemäß § 110 vorhandenen Bestand und, so oft von den noch einzuziehenden Beiträgen hinreichender Bestand eingegangen ist, diesen im Wege der Nachtragsverteilung (Konkursordnung § 166) unter die Gläubiger zu verteilen. [2])

Außer den Anteilen auf die im § 168 der Konkursordnung bezeichneten Forderungen sind zurückzubehalten die Anteile auf Forderungen, welche im Prüfungstermine von dem Vorstande ausdrücklich bestritten worden sind. [3]) Dem Gläubiger bleibt überlassen, den Widerspruch des Vorstandes durch Klage zu beseitigen. [4]) Soweit der Widerspruch rechtskräftig für begründet erklärt wird, werden die Anteile zur Verteilung unter die übrigen Gläubiger frei.

Die zur Befriedigung der Gläubiger nicht erforderlichen Überschüsse hat der Konkursverwalter an die Genossen zurückzuzahlen. [5])

1. Nach Maßgabe der §§ 108 Abs. 2, 114.

2. Die Grundlage der Verteilung bildet das Schlußverzeichnis (§ 162 KO.); maßgebend ist die Nachschußberechnung.

Über die Grundsätze der Nachtragsverteilung s. Jaeger zu § 166 KO.

Nicht zur Verteilung gelangen und zurückzubehalten sind

3. a) die Anteile:
   1. auf Forderungen, welche infolge eines bei der Prüfung erhobenen Widerspruches im Prozesse befangen sind,
   2. auf Forderungen, welche von einer aufschiebenden Bedingung abhängen,

3. auf Forderungen, für welche eine abgesonderte Befriedigung beansprucht und der Vorschrift des § 153 Abs. 2 KO. genügt ist,
4. auf Forderungen unter auflösender Bedingung, sofern der Gläubiger zu einer Sicherheitsleistung verpflichtet ist und die Sicherheit nicht leistet;

b) die Anteile auf Forderungen, welche im Prüfungstermine von dem Vorstand ausdrücklich bestritten sind.

4. Die Klage ist gegen den Vorstand oder die Liquidatoren zu richten; sie ist auch dann gegen diese Organe zu richten, wenn für die Forderung ein mit der Vollstreckungsklausel versehener Schuldtitel, ein Endurteil oder ein Vollstreckungsbefehl vorliegt.

5. Zuerst sind die freiwillig geleisteten Zahlungen (§ 105 Abs. 4) zu berücksichtigen; die weitere Erstattung hat nach Verhältnis der geleisteten Nachschüsse zu erfolgen (s. PC. S. 503 ff.).

§ 116.

Eine Aufhebung des Konkursverfahrens durch Zwangsvergleich findet nicht statt.[1])

Eine Einstellung des Verfahrens[2]) ist erst zulässig, nachdem mit dem Vollzuge der Schlußverteilung begonnen ist. Die Zustimmung aller bei der letzteren berücksichtigten Konkursgläubiger ist beizubringen. Inwieweit es der Zustimmung oder der Sicherstellung von Gläubigern bedarf, deren Forderungen nicht festgestellt sind, entscheidet das Konkursgericht nach freiem Ermessen.[3])

1. Der Zwangsvergleich im Genossenschaftskonkurse müßte sich notwendig auf die Haftpflicht der einzelnen Genossen erstrecken; so würde der majorisierte Teil der Konkursgläubiger gezwungen, auf das in dieser Haftung der Mitglieder gerade für den Fall des Konkurses ihnen

zugesicherte Mittel der vollen Befriedigung zu verzichten, was nicht zulässig. Begr. II, 125.

Dieselbe Erwägung führte auch zu einer Beschränkung der Einstellung des Verfahrens.

2. Vgl. § 202 KO.

Eine Einstellung des Verfahrens wegen nicht genügender Masse ist unzulässig.

3. Die Aufhebung oder Einstellung des Konkursverfahrens ist auf Grund der Mitteilung des Gerichtsschreibers des Konkursgerichts im Genossenschaftsregister zu vermerken. § 21 Abs. 2 AV.

§ 117.

Der Vorstand ist verpflichtet, den Konkursverwalter bei den diesem in § 106 Absatz 1, § 109 Absatz 1, §§ 113, 114 zugewiesenen Obliegenheiten zu unterstützen.

Entspricht dem § 100 KO.

§ 118.

Die in diesem Abschnitte hinsichtlich des Vorstandes getroffenen Bestimmungen gelten auch hinsichtlich der Liquidatoren.

Achter Abschnitt.

Besondere Bestimmungen.

I. Für Genossenschaften mit unbeschränkter Haftpflicht.

§ 119.

Bei Genossenschaften mit unbeschränkter Haftpflicht darf ein Genosse nicht auf mehr als einen Geschäftsanteil beteiligt sein.

§ 120.

Die Beitrittserklärungen (§ 15) müssen die ausdrückliche Bemerkung enthalten, daß die einzelnen Genossen für die Verbindlichkeiten der Genossenschaft dieser sowie unmittelbar den Gläubigern derselben nach Maßgabe des Gesetzes mit ihrem ganzen Vermögen haften. [1] [2]

Die Beschränkung des Genossen bei einer Genossenschaft mit unbeschränkter Haftung auf einen Geschäftsanteil soll einer allzugroßen Ungleichheit in der Beteiligung und Verhältnissen vorbeugen, die mit dem Zweck und Charakter der Genossenschaften unvereinbar sind (Motive 191 ff.).

1. Die Bemerkung bildet einen wesentlichen Bestandteil der Beitrittserklärung; auf dieselbe erstreckt sich das Prüfungsrecht des Registerrichters.

2. Die unmittelbare Haftung gegenüber den Gläubigern regelt § 122 ff.

§ 121.

Sobald sich bei der Geschäftsführung [1] ergibt, daß das Vermögen der Genossenschaft einschließlich des Reservefonds und der Geschäftsguthaben zur Deckung der Schulden nicht ausreicht, hat der Vorstand die Generalversammlung zur Beschlußfassung, ob die Genossenschaft aufgelöst werden soll, zu berufen. [2]

Für den Fall, daß die Auflösung beschlossen wird, ist zugleich die im § 104 vorgesehene Beschlußfassung herbeizuführen. [3]

1. Die Überschuldung muß sich nicht notwendig gerade aus der Bilanz ergeben.

2. a) „Der Zustand der Überschuldung ist so gefahrdrohend, daß die Generalversammlung sofort davon Kenntnis erhalten muß, um sich darüber zu entscheiden,

ob sie zur Auflösung schreiten oder trotz der Überschuldung die Geschäfte weiter geführt wissen will", Begr. II, 127; bei Unterlassung der Einberufung machen sich die Vorstandsmitglieder nach § 34 Abs. 2 schadensersatzpflichtig.

b) Zutreffend ist die Ansicht Merzbachers Anm. 2 zu § 122 gegen MB. S. 386 und PC. S. 511, daß den rückständigen Einzahlungen auf Geschäftsanteile als Aktivposten keine entsprechenden Passivposten gegenüber zu stehen brauchen; es handelt sich nicht lediglich um eine Unterbilanz, sondern um das Vorliegen einer Überschuldung; für diese ist maßgebend, daß die tatsächlichen Schulden die vorhandenen Vermögenswerte übersteigen, weshalb auch der oder die Reservefonds und die Geschäftsguthaben bei der Berechnung des Vermögens in Betracht kommen. Passivposten ist eben nicht immer gleichbedeutend mit Schuldposten; vgl. RGStr. 41, 314.

3. Der Auflösungsbeschluß muß in den Formen des § 78 erfolgen und hat die Konkurseröffnung zur Folge (§ 98). Die Frage über die Beibehaltung der bisherigen oder Neubestellung der Vorstands- und Aufsichtsratsmitglieder ist auf die Tagesordnung der Generalversammlung zu setzen „für den Fall, daß die Auflösung beschlossen wird".

§ 122.

Im Falle des Konkursverfahrens sind neben der Genossenschaft die einzelnen Genossen solidarisch und mit ihrem ganzen Vermögen den Konkursgläubigern für den Ausfall verhaftet, welchen diese an ihren bei der Schlußverteilung (KonkOrdn. § 161) berücksichtigten Forderungen bei derselben erleiden. [1])

Nach Ablauf von drei Monaten nach dem Termine, in welchem die Nachschußberechnung für vollstreckbar erklärt ist, [2]) können die Gläubiger, soweit sie bisher nicht befriedigt sind, die einzelnen Genossen in Anspruch nehmen. [3])

Festgestellte Forderungen, welche im Prüfungstermine von dem Vorstande oder den Liquidatoren nicht ausdrücklich bestritten sind, können auch von den in Anspruch genommenen Genossen nicht bestritten werden.[4])

Das rechtskräftige Urteil, welches in dem Prozeß über eine im Prüfungstermine von dem Vorstand oder den Liquidatoren bestrittene Forderung für oder gegen dieselben ergeht, wirkt gegenüber allen Genossen.[5])

In Ansehung einer im Konkursverfahren streitig gebliebenen Forderung kann, solange dieselbe nicht festgestellt ist, eine Verurteilung der Genossen nicht erfolgen.[6]) [7])

1. Hier ist das Recht des Einzelangriffs der Konkursgläubiger gegen die Genossen geregelt als Folge der subsidiären Haftpflicht der Genossen gegenüber den Gläubigern; vgl. Holdh. 7, 283.

Gegenstand desselben sind diejenigen Forderungen, welche bei der Schlußverteilung berücksichtigt sind, soweit für die Konkursgläubiger hiebei eine Befriedigung nicht erreicht wurde.

2. Voraussetzung des Einzelangriffs ist

a) die Vollstreckbarkeitserklärung der Nachschußberechnung (§ 114);

b) Ablauf von drei Monaten seit dem Termin, in welchem die Vollstreckbarkeitserklärung erfolgte.

Der Einzelangriff sollte nicht früher zugelassen werden, als bis bei ordnungsmäßigem Sachbetrieb das Nachschußverfahren im wesentlichen erledigt sein wird. Die Frist ist in § 125 für in den letzten zwei Jahren ausgeschiedene Genossen auf sechs Monate festgesetzt.

3. Der Einzelangriff erfolgt im Wege der Klage; der Gläubiger kann sich an eine beliebige Zahl von Genossen halten.

Absatz 2 enthielt den Schlußsatz „ohne daß der letzteren die Einrede der Teilung entsteht“; dieser wurde gestrichen durch Art. 10 Ziff. XII EGzHGB. mit Rücksicht auf § 421 BGB.

Die Verurteilung ist bedingt durch die Feststellung der Forderung gegenüber den Konkursgläubigern (Abs. 5).

4. Das Recht der Bestreitung entfällt nicht für die individuelle Haftpflicht der einzelnen Genossen (Begr. II, 130).

5. S. § 115 Abs. 2.

6. Wird die Klage vor der Feststellung der Forderung erhoben, kommt § 148 ZPO. zur Anwendung.

7. Auch der Genosse, welcher Konkursgläubiger ist, hat das Recht des Einzelangriffs; vgl. hiezu PC. S. 512, ferner § 124.

§ 123.[1])

Die Klage der Gläubiger gegen die einzelnen Genossen verjährt, soferne nicht nach Beschaffenheit der Forderung eine kürzere Verjährungsfrist gesetzlich eintritt, in zwei Jahren seit Ablauf der im § 122 Absatz 2 bestimmten Frist.[2])

Die Verjährung zu Gunsten eines Genossen wird durch Rechtshandlungen unterbrochen, welche gegen die Genossenschaft oder von derselben vorgenommen werden; sie wird nicht unterbrochen durch Rechtshandlungen, welche gegen einen anderen Genossen oder von demselben vorgenommen werden.[3])

1. Der bisherige 3. Absatz, lautend: Die Verjährung läuft auch gegen Minderjährige und bevormundete Personen, sowie gegen juristische Personen, denen gesetzlich die Rechte der Minderjährigen zustehen, ohne Zulassung der Wiedereinsetzung in den vorigen Stand, jedoch mit Vorbehalt des Rückgriffs gegen die Vormünder und Verwalter, ist weggefallen durch Art. 10 Ziff. XIII EGzHGB., weil nunmehr die Vorschriften des BGB. hiefür Platz greifen.

Die Bestimmungen des Paragraphen beziehen sich nur auf die Verjährung der aus der direkten Haftpflicht der Genossen hervorgehenden Ansprüche; in betreff der Verjährung der Nachschußpflicht muß es bei den allgemeinen Bestimmungen des bürgerlichen Rechts bewenden (Motive S. 197 ff.).

2. Die Verjährung beginnt mit Ablauf der Frist des § 122 Abs. 2 bzw. § 125 Abs. 1.

Diese Frist ist auch maßgebend für betagte Forderungen, da diese nach § 65 KO. als fällig gelten.

4. Die Bestimmung bezieht sich insbesondere auf Rechtshandlungen nach § 209 BGB.; s. ferner § 217 BGB.

§ 124.

Soweit Genossen in Gemäßheit des § 122 Konkursgläubiger befriedigen, treten sie in die Rechte der letzteren gegen die Genossenschaft ein.

Die Bestimmungen über das Rückgriffsrecht der Genossen entsprechen dem § 774 BGB. Ausgeschlossen ist der Rückgriff gegenüber Genossen; anders, wenn der Genosse die Forderung des Konkursgläubigers durch besonderen Vertrag mit demselben erworben hat. RG. 18, 90.

§ 125.

Die Bestimmungen der §§ 122 bis 124 finden auf die in den letzten zwei Jahren vor der Eröffnung des Konkursverfahrens aus der Genossenschaft ausgeschiedenen Genossen (§§ 70, 76), welche nicht schon in Gemäßheit des § 75 der Haftpflicht unterliegen, wegen der bis zu dem Zeitpunkte ihres Ausscheidens von der Genossenschaft eingegangenen Verbindlichkeiten mit der Maßgabe Anwendung, daß der Anspruch der Gläubiger erst nach Ablauf von sechs Monaten seit dem Termine, in welchem die Nachschußberechnung (§ 114) für vollstreckbar erklärt ist, erhoben werden kann. [1])

Dieser Anspruch erstreckt sich, wenn im Falle des Todes eines Genossen dessen Ausscheiden nach dem in § 77 Absatz 1 bezeichneten Zeitpunkte eingetragen ist, auf die bis zum Tage der Eintragung von der Genossenschaft eingegangenen Verbindlichkeiten, sofern nicht der Erbe beweist, daß bei ihrer Eingehung dem Gläubiger der Tod des Genossen bekannt war. [2])

1. Die Haftung für die im Vorschuß- und Nachschußverfahren geltend gemachten Ansprüche trifft auch die nach Maßgabe der §§ 65—69 ausgeschiedenen Genossen, sofern die Konkurseröffnung innerhalb sechs Monate nach dem Ausscheiden erfolgt; der Genosse, welcher gemäß § 76 ausscheidet, ist nur nach Maßgabe des § 76 Abs. 4 verhaftet. Fällt die Konkurseröffnung in den Zeitraum von zwei Jahren nach dem Ausscheiden gemäß §§ 65—69, aber später als sechs Monate nach dem Ausscheiden, so nehmen die Genossen zwar nicht am Vorschuß- und Nachschußverfahren teil, sie unterliegen aber dem Einzelangriff der Konkursgläubiger nach Maßgabe von §§ 122—124.

Dies gilt auch von dem nach § 76 Ausgeschiedenen, wenn der Erwerber des Geschäftsguthabens unvermögend ist.

Die Haftung ist aber nur für diejenigen Verbindlichkeiten begründet, welche bis zum Zeitpunkt des Ausscheidens eingegangen sind; für Verbindlichkeiten, welche nach dem Ausscheiden zur Beendigung schwebender Geschäfte eingegangen sind, haften die ausgeschiedenen Genossen nicht. RG. 12, 57. Voraussetzung des Einzelangriffs ist, daß seit dem Termin der Vollstreckbarkeitserklärung der Nachschußberechnung sechs Monate abgelaufen sind.

2. Der Erbe haftet für die Nachschuß- und Vorschußverbindlichkeiten nur, wenn innerhalb sechs Monate

nach dem Zeitpunkt des Ausscheidens Konkurs eröffnet wird.

Ist aber die Eintragung des Ausscheidens durch Tod erst nach Ablauf des Geschäftsjahrs erfolgt, in welchem der Tod eintrat, so unterliegt der Erbe dem Einzelangriff nach §§ 122—124 für die bis zur Eintragung des Todes von der Genossenschaft eingegangenen Verbindlichkeiten; der Erbe wird von dem Anspruche frei, wenn er beweist, daß der Tod dem Gläubiger bei Eingehung der Verbindlichkeit bekannt war.

II. Für Genossenschaften mit unbeschränkter Nachschußpflicht.

§ 126.

Die Bestimmungen des § 119 über die Beschränkung der Beteiligung auf einen Geschäftsanteil und des § 121 über die Berufung der Generalversammlung im Falle der Überschuldung finden auf die Genossenschaften mit unbeschränkter Nachschußpflicht Anwendung.

§ 127.

Die Beitrittserklärungen (§ 15) müssen die ausdrückliche Bemerkung enthalten, daß die einzelnen Genossen mit ihrem ganzen Vermögen verpflichtet sind, der Genossenschaft die zur Befriedigung der Gläubiger derselben erforderlichen Nachschüsse nach Maßgabe des Gesetzes zu leisten.

§ 128.

Ist im Falle der Eröffnung des Konkursverfahrens nach Ablauf von drei Monaten seit dem Termine, in welchem die Nachschußberechnung (§ 114) für vollstreckbar erklärt ist, die Befriedigung oder Sicherstellung der im § 105 Absatz 1 bezeichneten Konkursgläubiger noch nicht bewirkt, so sind die hierzu erforderlichen Beiträge von den innerhalb der letzten achtzehn Monate vor der Eröffnung des Konkursverfahrens ausgeschiedenen Genossen, welche nicht schon in Gemäßheit des § 75 oder des § 76 Absatz 4 der Nachschußpflicht unterliegen, nach Maßgabe des § 105 zur Konkursmasse zu leisten. [1])

1. Bei e. G. m. u. N. ist die Erhebung des Einzelangriffs ausgeschlossen; die Genossenschaften stehen hiebei „in keinerlei Beziehungen zu den Gläubigern".

Voraussetzungen der Nachschußpflicht für ausgeschiedene Genossen sind:

a) Ablauf von drei Monaten seit dem Termin der Vollstreckbarkeitserklärung der Nachschußberechnung.

b) Nichtbefriedigung oder Nichtsicherstellung der Konkursgläubiger, welche in der Schlußverteilung zu berücksichtigen waren.

c) Ausscheiden der Genossen innerhalb der letzten 18 Monate vor Eröffnung des Konkursverfahrens und nach Ablauf der in § 75 bzw. § 76 Abs. 4 bezeichneten 6 Monate. Bei Konkurseröffnung innerhalb 6 Monate nach dem Ausscheiden wird der Genosse nicht als ausgeschieden behandelt.

§ 129.

Der Konkursverwalter hat ohne Verzug eine Berechnung über die Beitragspflicht der Ausgeschiedenen aufzustellen.

In der Berechnung sind dieselben namentlich zu bezeichnen und auf sie die Beiträge zu verteilen, soweit nicht das Unvermögen Einzelner zur Leistung von Beiträgen vorauszusehen ist.

Im Übrigen finden die Vorschriften in § 106 Absatz 3, §§ 107 bis 109, 111 bis 113 und 115 entsprechende Anwendung.

Die unvermögenden Genossen sind dabei nicht zu berücksichtigen (mangels Anwendbarkeit von § 106 Abs. 2); auch § 110 ist nicht für anwendbar erklärt.

§ 130.

Durch die Bestimmungen der §§ 128, 129 wird die Einziehung der Nachschüsse von den in der Genossenschaft verbliebenen Genossen nicht berührt.

Aus den Nachschüssen der letzteren sind den Ausgeschiedenen die von diesen geleisteten Beiträge zu erstatten, sobald die Befriedigung oder Sicherstellung der sämtlichen in § 105 Absatz 1 bezeichneten Konkursgläubiger bewirkt ist.

Die Nachschußpflicht der nach Maßgabe des § 128 ausgeschiedenen Genossen ist nur eine subsidiäre; haben die in der Genossenschaft verbliebenen Genossen die Gläubiger nach § 105 völlig befriedigt, so haben die Ausgeschiedenen einen Anspruch auf Rückgewähr der geleisteten und überschüssigen Beträge; die Bestimmung des § 124 findet analoge Anwendung.

III. Für Genossenschaften mit beschränkter Haftpflicht.

§ 131.

Bei Genossenschaften mit beschränkter Haftpflicht darf die Haftsumme der einzelnen Genossen (§ 2) nicht niedriger als der Geschäftsanteil sein.

Die Haftsumme muß bei Errichtung der Genossenschaft durch das Statut bestimmt werden. Die Bestimmung oder eine Abänderung derselben ist zu veröffentlichen (§§ 12, 16).

Bei Genossenschaften mit *beschränkter* Haftpflicht ist die Mitgliederhaft die gleiche wie bei den Genossenschaften mit *unbeschränkter* Haftpflicht; dieselbe ist aber durch einen bestimmten, für alle Genossen an sich gleichen Höchstbetrag (Haftsumme) begrenzt, über welche hinaus der Genosse weder von der Genossenschaft auf Leistung von Nachschüssen zur Deckung des Ausfalls der Gläubiger noch von diesen direkt in Anspruch genommen werden kann (Motive S. 56).

Haftsumme und Geschäftsanteil sind getrennte Begriffe; der letztere gehört weder selbst zur Haftsumme, noch verstärkt er dieselbe in dem Sinne, daß die auf die einzelnen Geschäftsanteile noch nicht eingezahlten Beträge den Haftsummen der betreffenden Genossen hinzuzurechnen wären. Soweit Einzahlungen, welche nach dem Statut auf den Geschäftsanteil geleistet werden müssen, bei Eröffnung des Konkursverfahrens gegen die Genossenschaft fällig sind oder im Laufe des Verfahrens fällig werden, bilden sie eine Forderung der Genossenschaft, welche, wie jede andere Forderung derselben, durch den Konkursverwalter einzuziehen ist; darüber hinaus findet eine Haftung mit den auf den Geschäftsanteil noch nicht einbezahlten Beträgen nicht statt (Motive S. 201) s. § 101 Anm. 3.

Es steht im freien Belieben der Genossenschaft, die Höhe der Haftsumme zu bestimmen, nur darf dieselbe nicht niedriger sein als der Geschäftsanteil.

Die Einführung von Kapitaleinlagen unabhängig von den Geschäftsanteilen ist nicht zulässig. RJA. 8, 202; ZBlFG. 8, 101; Holdh. 17, 254.

§ 132.

Zu einer Erhöhung der Haftsumme bedarf es einer Mehrheit von drei Vierteilen der in der Generalversammlung erschienenen Genossen. Das Statut kann noch andere Erfordernisse aufstellen.

Zur Stärkung des Kredits einer Genossenschaft kann es erforderlich werden, die Haftsumme zu erhöhen; hiefür ist 3/4 Stimmenmehrheit notwendig, wenn das Statut nicht noch strengere Erfordernisse aufstellt.

Diese Erhöhung bedingt eine Statutenänderung; wegen Anmeldung vgl. § 6 Abs. 2 Z. 2 AV.

§ 133.

Eine Herabsetzung der Haftsumme kann nur unter Beobachtung der Bestimmungen erfolgen, welche für die Verteilung des Genossenschaftsvermögens im Falle der Auflösung maßgebend sind (§ 82 Absatz 2, § 90 Absatz 1 bis 3). Bekannte Gläubiger sind durch besondere Mitteilung zur Anmeldung aufzufordern. [1])

Die Anmeldung des Herabsetzungsbeschlusses zum Genossenschaftsregister erfolgt nicht vor Ablauf des im § 90 Absatz 1 bezeichneten Jahres. Mit der Anmeldung sind die Bekanntmachungen des Beschlusses einzureichen. Zugleich hat der Vorstand die schriftliche Versicherung abzugeben, daß die Gläubiger, welche sich bei der Genossenschaft gemeldet und der Herabsetzung nicht zugestimmt haben, befriedigt oder sichergestellt sind. [2])

1. Satz 2 des 1. Absatzes ist hinzugefügt durch Art. 10 Ziff. XIV EGzHGB. in Anlehnung an § 289 Abs. 2 HGB. und § 59 des Gesetzes über die GmbH.

Die Herabsetzung der Haftsumme bringt eine Verminderung des Gesellschaftsvermögens mit sich und bedarf deshalb besonderer Kautelen.

Die Herabsetzung kann keinesfalls unter den Betrag des Geschäftsanteils erfolgen.

Herabsetzung der Haftsumme kann auch mit Herabsetzung des Geschäftsanteils nach § 22 verbunden werden.

2. Nur solche Gläubiger sind zu befriedigen oder sicherzustellen, welche sich melden (ebenso PC. S. 527); von den sich nicht meldenden Gläubigern ist anzunehmen, daß sie der Herabsetzung zustimmen. Anmeldung nach Ablauf des Sperrjahrs durch sämtliche Mitglieder des Vorstands, § 157 Gesetz; § 6 Abs. 2 Z. 6 AV.; Einreichung und Eintragung § 17 Abs. 2 AV.; Prüfungsrecht des Registerrichters hinsichtlich der Voraussetzungen der Eintragung. Strafvorschrift § 147.

§ 134.

Durch das Statut kann die Beteiligung des Genossen auf mehrere Geschäftsanteile, unter Festsetzung der höchsten Zahl derselben, gestattet werden.

Die Bestimmung oder eine Abänderung derselben ist zu veröffentlichen (§§ 12, 16).

Um eine mäßige, nach der Leistungsfähigkeit der einzelnen Mitglieder sich abstufende Verschiedenheit der Beteiligung mit Kapitaleinlagen und Garantieübernahmen zu ermöglichen, sieht das Gesetz bei den Genossenschaften mit beschränkter Haftpflicht von dem Verbot der mehrfachen Beteiligung ab (Motive S. 205).

Es bleibt dem Statut überlassen, die Zulassung weiterer Geschäftsanteile zu bestimmen; es muß jedoch eine Maximalzahl derselben bestimmt werden.

Die Bestimmung muß im Statut getroffen sein; vgl. RG. 47, 154. Jeder der mehreren Geschäftsanteile muß von gleicher Höhe sein; Holdh. 17, 254.

Die „Gestattung" schließt nicht aus, daß den Genossen im Statut die Verpflichtung zu der mehrfachen Beteiligung auferlegt wird. RG. 62, 309.

Die mehrfache Beteiligung gibt nur eine Stimme; s. § 43. — Über den Zeitpunkt des Inkrafttretens der Beteiligung mit mehreren Anteilen s. § 137.

§ 135.

Die Haftung eines Genossen, welcher auf mehr als einen Geschäftsanteil beteiligt ist, erhöht sich auf das der Zahl der Geschäftsanteile entsprechende Vielfache der Haftsumme.

Die Vorschrift ist zwingenden Rechts. Eine Statutbestimmung, wodurch zur Deckung einer Unterbilanz durch Heranziehung der Haftsumme eine Nachschußpflicht zur Abwendung des Konkursverfahrens eingeführt werden soll, ist ungültig. Recht 6, 618.

§ 136.

Bevor der erste Geschäftsanteil erreicht ist, darf die Beteiligung des Genossen auf einen zweiten Geschäftsanteil seitens der Genossenschaft nicht zugelassen werden. Das Gleiche gilt von der Zulassung zu jedem weiteren Geschäftsanteile.

Wird der erste Geschäftsanteil sofort voll einbezahlt, so ist auch der gleichzeitige Erwerb eines weiteren oder der mehreren zulässigen Geschäftsanteile — Vollzahlung der übrigen vorausgesetzt — zulässig; so im Anschluß an die 1. Aufl. RG. 20, 53 ff.; RJA. 1, 7 u. 11; ebenso RG. 62, 309; ROLG. 6, 195.

Bei Übertragung von Geschäftsguthaben s. § 76.

§ 137.

Ein Genosse, welcher auf einen weiteren Geschäftsanteil beteiligt sein will, hat darüber eine von ihm zu unterzeichnende, unbedingte Erklärung abzugeben. [1])

Die Erklärung ist von dem Vorstande nach der Zulassung des Genossen zu dem weiteren Geschäftsanteile behufs Eintragung des letzteren in die Liste der Genossen dem Gerichte (§ 10) einzureichen. Zugleich hat der Vorstand schriftlich zu versichern, daß die übrigen Geschäftsanteile des Genossen erreicht seien. [2])

Die Beteiligung auf den weiteren Geschäftsanteil tritt mit der in Gemäßheit der vorstehenden Absätze erfolgten Eintragung in Kraft. [3])

Im übrigen kommen die Vorschriften des § 15 zur entsprechenden Anwendung.[4]) [5])

1. Die Bestimmung kommt auch zur Anwendung, wenn das Statut eine Verpflichtung zum Erwerb weiterer Anteile vorsieht. Die Erklärung darf an keine Bedingung geknüpft sein; der Gebrauch des Wortes „unbedingt" ist nicht wesentlich; es genügt z. B. „ich erkläre auf einen weiteren Geschäftsanteil beteiligt sein zu wollen".

2. a) Der Vorstand hat sich über die Zulassung, die abgesehen von einer statutarischen Verpflichtung im übrigen seinem freien Ermessen unterliegt, schlüssig zu machen; in dem Eintragungsantrag liegt die Zulassung.

b) über die Zahl der zur Anmeldung nötigen Vorstandsmitglieder § 7 Abs. 2 AV.; über Eintragung § 30 AV.; Strafvorschrift § 147.

Die Vorschrift über die Versicherung hat nur instruktionelle Bedeutung. KOLG. 6, 195.

3. Hienach bemißt sich sowohl die Teilnahme am Gewinn wie am Verlust.

4. Damit kommen auch zur Anwendung die Bestimmungen der §§ 16, 19, 21, 22.

5. Ein mit mehreren Geschäftsanteilen beteiligter Genosse kann nicht einen oder einzelne Geschäftsanteile abtreten; vgl. RG. 15, 57; RJA. 9, 177; ZBlFG. 9, 266; 10, 732; die in 1. Aufl. dargelegte gegenteilige Ansicht muß aufgegeben werden.

Die Beschränkung führt zu Härten, wenn z. B. bei einem Kreditverein die Beteiligung auf mehrere Anteile abhängig ist von einer bestimmten Höhe des Darlehens, dieses aber durch Rückzahlungen wieder auf einen Stand kommt, nach welchem nach Statut nur ein Geschäftsanteil nötig wäre.

§ 138.

Eine Übertragung des Geschäftsguthabens findet in dem Falle des § 134 an einen anderen Genossen

nur statt, sofern dessen bisheriges Guthaben mit dem ihm zuzuschreibenden Betrage die der höchsten Zahl der Geschäftsanteile entsprechende Gesamtsumme nicht übersteigt. Hierauf ist die im § 76 vorgesehene Versicherung des Vorstandes zu richten. Im übrigen verbleibt es bei den Bestimmungen im § 137.

Die Übertragung vollzieht sich in den Formen des § 76. Voraussetzung der Übertragung ist, daß der Übernehmer Genosse ist und dessen bisheriges und das übernommene Guthaben die Summe nicht übersteigt, welche dem zulässigen Höchstbetrag der Geschäftsanteile entspricht; hierüber ist die Versicherung des Vorstands abzugeben; die Versicherung hat sich ferner darauf zu erstrecken, daß „die Geschäftsanteile des übertragenden Genossen erreicht sind"; mit dieser Modifikation ist § 137 Abs. 2 Satz 2 anzuwenden. Denn es ist denkbar, daß der zuletzt vom Übertragenden erworbene Geschäftsanteil noch nicht erreicht d. h. voll einbezahlt ist; das muß aber der Fall sein wegen § 136; so auch RG. 20, 58; unzutreffend Entsch. d. OLG. 6, 184; siehe die Ausführungen hiezu bei PC. S. 416/7, dem im Ergebnis nicht zugestimmt werden kann, vgl. hiezu auch § 137 Anm. 5.

§ 139.

Mit der Bilanz eines jeden Geschäftsjahres ist außer den im § 33 vorgesehenen Angaben über die Zahl der Genossen der Gesamtbetrag, um welchen in diesem Jahre die Geschäftsguthaben, sowie die Haftsummen der Genossen sich vermehrt oder vermindert haben, und der Betrag der Haftsummen zu veröffentlichen, für welche am Jahresschluß alle Genossen zusammen aufzukommen haben.

Die Vorschrift bezweckt, den Gläubigern ein Urteil über die Kreditfähigkeit der Genossenschaft zu ermöglichen.

Die Haftsummen der Mitglieder, welche mit Jahresschluß ausscheiden, sind nicht einzurechnen; näh. s. zu § 33.

Strafvorschriften § 147; auch die des § 160 findet Anwendung wegen Zusammenhangs mit § 33 Abs. 2.

§ 140.

Das Konkursverfahren findet bei bestehender Genossenschaft außer dem Falle der Zahlungsunfähigkeit in dem Falle der Überschuldung statt, sofern diese ein Viertel des Betrages der Haftsummen aller Genossen übersteigt. Der Vorstand hat, wenn eine solche Überschuldung sich aus der Jahresbilanz oder aus einer im Laufe des Jahres aufgestellten Bilanz ergibt, die Eröffnung des Konkursverfahrens zu beantragen. Die Vorschriften des § 99 Absatz 2, 3, § 100 finden entsprechende Anwendung.

Bei e. GmbH. findet das Konkursverfahren auch während des Bestehens der Genossenschaft im Fall der Überschuldung statt; diese muß sich aus der Jahresbilanz oder aus einer im Laufe des Jahres aufgestellten Bilanz ergeben und 1/4 des Betrags der Haftsummen betragen und verpflichtet dann den Vorstand, die Konkurseröffnung zu beantragen, ohne daß er vorher eine Generalversammlung hierüber einzuberufen hat (anders nach §§ 121, 126). Stellt sich analog der Bestimmung des § 121 anderweitig eine Überschuldung heraus, so entfällt auf dieser Grundlage zunächst die Verpflichtung zum Konkursantrag.

Schuldhafte Unterlassung des Antrags ist strafbar nach § 148 Abs. 1 Z. 2 und macht die Mitglieder des Vorstands schadensersatzpflichtig; § 99 Abs. 2, s. aber auch LZ. 4, 247 wegen ungerechtfertigten Antrags. Ein Beschluß, der einen Sanierungsakt darstellt, ist **nicht** als solcher **nichtig**. ROLG. 14, 362. — S. ferner § 100.

§ 141.

Die einzelnen Genossen können über ihre Haftsumme hinaus weder auf Leistung von Nachschüssen, noch von den Konkursgläubigern in Anspruch genommen werden. Im übrigen finden auf den Anspruch der Gläubiger die Bestimmungen in §§ 122 bis 125 Anwendung.

Die Haftsumme bildet den Höchstbetrag, mit welchem der Genosse zur Konkursmasse oder im Einzelangriff herangezogen werden kann; die entrichteten Nachschüsse und die an andere Gläubiger geleisteten Zahlungen können jedem Gläubiger gegenüber geltend gemacht werden.

Eine Verpflichtung, die seit Konkurseröffnung fällig gewordenen Beiträge zur Einzahlung auf den Geschäftsanteil zu leisten, besteht nicht mehr. ROLG. 16, 104.

Die Aufstellung einer Nachschußberechnung ist nicht notwendig, wenn in der vollstreckbaren Vorschußberechnung die Genossen zu Beiträgen herangezogen sind, welche die Haftsummen voll erschöpfen. BlfGw. 1897 S. 84 ff.

§ 142.

Außer dem Falle des § 90 kann in dem Falle, daß entgegen den Vorschriften in §§ 19, 22 der Gewinn oder das Geschäftsguthaben ausgezahlt wird, der Ersatzanspruch gegen die Mitglieder des Vorstandes oder des Aufsichtsrats oder gegen die Liquidatoren von den Gläubigern der Genossenschaft, soweit sie von dieser ihre Befriedigung nicht erlangen können, selbständig geltend gemacht werden. Dasselbe findet gegen die Mitglieder des Vorstandes oder die Liquidatoren statt, wenn nach dem Zeitpunkte, mit welchem die Verpflichtung zum Antrage auf Eröffnung des Konkursverfahrens eingetreten ist, eine Zahlung geleistet wird, rücksichtlich des Ersatzes derselben.[1])

Die Ersatzpflicht wird den Gläubigern gegenüber dadurch nicht aufgehoben, daß die Handlung auf einem Beschlusse der Generalversammlung beruht.[2])

1. Die persönliche, direkte Haftung der Liquidatoren und des Aufsichtsrats nach § 90 ist hier ausgedehnt auf die Fälle der Zuwiderhandlung gegen § 19 u. 22 und Voraussetzung der Inanspruchnahme ist, daß von der Genossenschaft eine Befriedigung nicht erlangt werden kann; die Haftung für Auszahlungen nach dem Zeitpunkte, mit welchem die Verpflichtung zum Antrage auf Konkurseröffnung eingetreten ist, trifft aber nur die Vorstandsmitglieder und die Liquidatoren, nicht den Aufsichtsrat.

Die Ansprüche, welche hiedurch geltend gemacht werden, sind Ansprüche der Genossenschaft; Holdh. 9, 189; vgl. RG. 63, 210 für AG.; s. ferner § 241 und § 249 HGB.

Für die Haftung gegenüber der Genossenschaft kommen §§ 34 Abs. 3, 41 Abs. 3, 89, 99, 140 zur Anwendung.

2. Die Ersatzpflicht kann nicht beseitigt werden durch Berufung auf einen Beschluß der Generalversammlung; dagegen besteht keine Haftung aus einem solchen Beschlusse gegenüber der Genossenschaft; Holdh. 9, 189.

IV. Für die Umwandlung von Genossenschaften.

§ 143.[1])

Eine Genossenschaft mit unbeschränkter Haftpflicht kann sich in eine solche mit unbeschränkter Nachschußpflicht nur unter Beobachtung der Bestimmungen umwandeln, welche für die Verteilung des Genossenschaftsvermögens im Falle der Auflösung maßgebend sind (§ 82 Absatz 2, § 90 Absatz 1 bis 3).

Dasselbe gilt von der Umwandlung einer Genossenschaft mit unbeschränkter Haftpflicht oder mit unbeschränkter Nachschußpflicht in eine solche mit beschränkter Haftpflicht.[3])

Die Vorschriften im § 133 Absatz 2 finden entsprechende Anwendung.[3])[4])

1. Die Umwandlung der hier genannten Genossenschaften bedarf im Interesse der Gläubiger besonderer Kautelen, da die Sicherheit derselben herabgemindert wird.

Über die Form s. DLGPr. 1900 S. 303.

2. Zur Bekanntmachung der Umwandlung genügt, daß die Umwandlung selbst in der Generalversammlung beschlossen ist; dagegen braucht nicht schon in diesem Stadium darüber beschlossen zu sein, mit welch näherer Maßgabe die Umwandlung vorgenommen werden soll. RJA. 1, 108.

Der erste Geschäftsbericht nach der Umwandlung muß unter der neuen Firma veröffentlicht werden, auch der Betrag der Haftsummen ist anzugeben; die Angabe über die Mitgliederbewegung entfällt. BlfGw. 1907 S. 288.

3. Über die Anmeldung der Umwandlung s. § 17 AV. Wegen Veröffentlichung § 156 Ges., § 10 HGB.

4. Bis zur Eintragung behält die Genossenschaft ihre bisherige Form bei. Über Umwandlung einer Genossenschaft in eine Aktiengesellschaft s. Holdh. 7, 171.

§ 144.

Zu dem Beschluß auf Umwandlung einer Genossenschaft mit unbeschränkter Nachschußpflicht in eine solche mit unbeschränkter Haftpflicht oder einer Genossenschaft mit beschränkter Haftpflicht in eine solche mit unbeschränkter Haftpflicht oder mit unbeschränkter Nachschußpflicht bedarf es einer Mehrheit von drei Vierteilen der in der Generalversammlung erschienenen Genossen. Das Statut kann noch andere Erfordernisse aufstellen.

Besondere Kautelen für die Gläubiger sind hier nicht erforderlich, weil die Haftung verschärft wird. Wegen Anmeldung s. § 157; ferner § 6, 17 AB.

Das Sperrjahr entfällt hier.

§ 145.

Die Umwandlung (§§ 143, 144) ist auch gegenüber den vor der Eintragung des Beschlusses in das Genossenschaftsregister aus der Genossenschaft Ausgeschiedenen wirksam.

Im Falle der Umwandlung einer Genossenschaft mit unbeschränkter Nachschußpflicht können dieselben für die Verbindlichkeiten der Genossenschaft nicht in Anspruch genommen werden, sofern ihr Ausscheiden früher als achtzehn Monate vor der Eintragung erfolgt ist. Im Falle der Umwandlung einer Genossenschaft mit beschränkter Haftpflicht bleibt der Anspruch gegen sie auf ihre bisherige Haftsumme beschränkt.

Bei der Umwandlung einer e. G. m. unbeschr. Haftpflicht in eine solche mit unbeschr. Nachschußpflicht tritt Haftung nach § 128 ein.

Bei der Umwandlung einer e. G. m. unbeschr. Nachschußpflicht in eine solche mit unbeschr. Haftpflicht können die 18 Monate vor der Umwandlung Ausgeschiedenen nicht mehr in Anspruch genommen werden; im übrigen haften sie nach den Grundsätzen unbeschr. Haftpflicht.

Bei Umwandlung einer e. G. m. unbeschr. Haftpflicht in eine solche mit mit beschr. Haftpflicht haften die Ausgeschiedenen nur bis zur Haftsumme.

Bei Umwandlung einer e. G. m. unbeschr. Nachschußpflicht in eine solche mit beschr. Haftpflicht gilt Abs. 2 Satz 1.

Bei Umwandlung einer e. G. m. beschr. Haftpflicht in eine der andern Arten haften die Ausgeschiedenen nur bis zu ihrer Haftsumme.

Neunter Abschnitt.

Strafbestimmungen.

§ 146.

Mitglieder des Vorstandes und des Aufsichtsrats und Liquidatoren werden, wenn sie absichtlich zum Nachteile der Genossenschaft handeln, mit Gefängnis und zugleich mit Geldstrafe bis zu dreitausend Mark bestraft.

Zugleich kann auf Verlust der bürgerlichen Ehrenrechte erkannt werden.

§ 146 entspricht dem § 312 HGB. und gibt den Begriff der Untreue wieder, wie derselbe dem § 266 StGB. zugrunde liegt; vgl. auch § 36 HypBankG. Verhältnis zu § 266 Nr. 2 StGB. s. BayZfR. 5, 276.

„Absichtlich" ist gleichbedeutend mit vorsätzlich; ein Vermögensnachteil muß herbeigeführt sein, derselbe braucht aber nicht bezweckt zu sein. RGStr. 38, 1 ff.; vgl. ferner RGStr. 1, 172, 329; 7, 279; 9, 168; 11, 413; 14, 401; 16, 77; 19, 83; 26, 137; 27, 41; 36, 69.

Die Strafbestimmung findet auch Anwendung, wenn ein solches Mitglied der Genossenschaft als Vertragskontrahent gegenübertritt. RGStr. 26, 136; 9. Spr.S. d. DJZ. 1907 S. 275; s. Recht 6 S. 81, 514; 9, 624.

§ 147.

Mitglieder des Vorstandes und des Aufsichtsrats und Liquidatoren werden mit Gefängnis bis zu einem

Jahre und zugleich mit Geldstrafe bis zu dreitausend Mark bestraft, wenn sie in den von ihnen dem Gerichte (§ 10) zu machenden Anmeldungen, Anzeigen und Versicherungen [1]) wissentlich falsche Angaben machen, oder in ihren Darstellungen, ihren Übersichten über den Vermögensstand der Genossenschaft, über die Mitglieder und die Haftsummen, oder den in der Generalversammlung gehaltenen Vorträgen den Stand der Verhältnisse der Genossenschaft wissentlich unwahr darstellen. [2])

Zugleich kann auf Verlust der bürgerlichen Ehrenrechte erkannt werden.

Sind mildernde Umstände vorhanden, so tritt ausschließlich die Geldstrafe ein. [3])

Vgl. §§ 313, 314 HGB.; § 82 GmbHG., § 22 SchuldverschrG.

1. Das Vergehen ist mit der Einreichung der Versicherung vollendet (vgl. DJZ. 9, 995 Nr. 60).

2. Vgl. RGStr. 5, 146 (Mitteilung an den Aufsichtsrat erfüllt den Tatbestand); vgl. ferner RGStr. 14, 81; 18, 114; 36, 437; 37, 433; 38, 195; 41, 293; Holdh. 13, 192; LZ. 2, 298 u. 469; Recht 6 S. 245.

Über Beihilfe zur Bilanzverschleierung s. DJZ. 15 S. 81, BayZfR. 6, 137.

3. Die Vorschrift des Abs. 1 ist ein Schutzgesetz im Sinne des § 823 Abs. 2 BGB.; so für AG. Holdh. 18, 135; LZ. 2, 844.

§ 148.

Mit Geldstrafe bis zu sechshundert Mark oder mit Gefängnis bis zu drei Monaten oder mit beiden Strafen zugleich werden bestraft:

1. die Mitglieder des Vorstandes und des Aufsichtsrats und die Liquidatoren, wenn länger als

drei Monate die Genossenschaft ohne Aufsichtsrat geblieben ist, oder in dem letzteren die zur Beschlußfähigkeit erforderliche Zahl von Mitgliedern gefehlt hat;

2. die Mitglieder des Vorstandes oder die Liquidatoren, wenn entgegen den Vorschriften in §§ 99, 118, 140 der Antrag auf Eröffnung des Konkursverfahrens unterlassen ist.

Die Strafe tritt nicht gegen denjenigen ein, welcher nachweist, daß die Unterlassung ohne sein Verschulden geschehen ist.

Vgl. § 315 HGB., dessen Bestimmungen hier aber gemildert sind. Vgl. ferner § 244, §§ 239—241 KO.

§ 149.

Mitglieder des Vorstandes werden mit Geldstrafe bis zu sechshundert Mark bestraft, wenn ihre Handlungen auf andere als die im § 1 erwähnten geschäftlichen Zwecke gerichtet sind, oder wenn sie in der Generalversammlung die Erörterung von Anträgen gestatten oder nicht hindern, welche auf öffentliche Angelegenheiten gerichtet sind, deren Erörterung unter die Gesetze über das Versammlungs- und Vereinsrecht fällt.

„Nicht hindern" heißt soviel, als „nicht das Ihrige tun, um zu verhindern"; dies ist von Bedeutung, wenn der Vorsitz in der Generalversammlung, wie regelmäßig der Fall, dem Vorsitzenden des Aufsichtsrats zusteht. Vgl. hiezu RVG. vom 19. April 1908.

§ 150.

Die Mitglieder des Vorstandes eines Revisionsverbandes werden, wenn unterlassen ist, die Versammlung in Gemäßheit des § 59 Absatz 2 anzuzeigen, mit Geldstrafe bis zu sechshundert bestraft.

Die Strafe tritt nicht gegen denjenigen ein, welcher nachweist, daß die Unterlassung ohne sein Verschulden geschehen ist.

§ 151.

Wer sich besondere Vorteile dafür hat gewähren oder versprechen lassen, daß er bei einer Abstimmung in der Generalversammlung in einem gewissen Sinne stimme, wird mit Geldstrafe bis zu dreitausend Mark oder mit Gefängnis bis zu einem Jahre bestraft.

§ 151 richtet sich gegen den sog. Stimmenkauf; vgl. § 317 HGB.; § 243 KO.; § 23 SchuldverschrG.

Vgl. RGStr. 4, 48; 9, 167; 11, 222; 12, 123.

Ungültigkeit des Stimmenkaufs. ROLG. 6, 503; s. auch RG. 25, 261; 38, 260; ferner LZ. 3, 52.

§ 152.

Personen, welche für einen Konsumverein den Warenverkauf bewirken, werden, wenn sie der Vorschrift des § 8 Absatz 4 zuwider wissentlich oder ohne Beobachtung der nach § 31 von dem Vorstande erlassenen Anweisung Waren an andere Personen als an Mitglieder oder deren Vertreter verkaufen, mit Geldstrafe bis zu einhundertfünfzig Mark bestraft.

Gleiche Strafe trifft das Mitglied, welches seine Legitimation, durch die es zum Warenkauf in einem Konsumverein oder bei einem mit diesem wegen Warenabgabe an die Mitglieder in Verbindung stehenden Gewerbetreibenden berechtigt wird, einem Dritten zum Zweck unbefugter Warenentnahme überläßt.

Dritte, welche von solcher Legitimation zu demselben Zweck Gebrauch machen, oder auf andere Weise zu unbefugter Warenabgabe zu verleiten unternehmen, werden in gleicher Weise bestraft.

§ 153.

Mit Geldstrafe bis zu einhundertfünfzig Mark wird bestraft, wer Waren, die er aus dem Konsumverein oder von einem mit diesem wegen Warenabgabe in Verbindung stehenden Gewerbeteibenden auf Grund seiner Mitgliedschaft bezogen hat, gegen Entgelt gewohnheitsmäßig oder gewerbsmäßig an Nichtmitglieder veräußert.

Diese Bestimmung findet keine Anwendung:

1. wenn ein Mitglied eines Konsumvereins die von ihm bezogenen Waren in seiner Speiseanstalt oder an seine Kostgänger zum alsbaldigen persönlichen Verbrauch abgibt;
2. wenn ein Konsumverein, welcher Mitglied eines anderen Konsumvereins ist, die aus letzterem bezogenen Waren an seine Mitglieder abgibt.

§ 154.

Zuwiderhandlungen gegen die Vorschrift des § 32 werden mit Geldstrafe bis zu einhundertfünfzig Mark bestraft.

Die Bestimmungen der §§ 152, 153, 154 sind durch Art. 1 Ziff. 7 des Gesetzes vom 12. August 1896 als Art. 145a, b, c in das Gesetz aufgenommen worden.

§ 152 behandelt dreierlei Reate:

1. Verkauf seitens der Angestellten eines Konsumvereins an Nichtmitglieder;
2. Überlassung der Legitimation seitens des Mitglieds an Dritte zum Zwecke des Warenkaufs;

3. unbefugter Gebrauch der Legitimation zum Warenkauf oder Unternehmung der Verleitung zu unbefugter Warenabgabe.

§ 153 Abs. 1 bestraft die gewohnheitsmäßige oder gewerbsmäßige entgeltliche Veräußerung von aus Konsumvereinen oder durch einen mit diesen wegen Warenabgabe in Verbindung stehenden Gewerbetreibenden bezogenen Waren an Nichtmitglieder.

§ 154 bedroht die Ausgabe von Marken als Zahlungssurrogaten.

Zehnter Abschnitt.

Schlußbestimmungen.

§ 155.

In bürgerlichen Rechtsstreitigkeiten, in welchen durch Klage oder Widerklage ein Anspruch auf Grund der Bestimmungen dieses Gesetzes geltend gemacht ist, wird die Verhandlung und Entscheidung letzter Instanz im Sinne des § 8 des Einführungsgesetzes zum Gerichtsverfassungsgesetze dem Reichsgerichte zugewiesen.

Nach § 8 EGzGVG. kann durch die Gesetzgebung eines Bundesstaats, in welchem mehrere Oberlandesgerichte errichtet werden die Verhandlung und Entscheidung der zur Zuständigkeit des Reichsgerichts gehörenden Revisionen und Beschwerden *) in bürgerlichen Rechtsstreitigkeiten einem obersten Landesgerichte zugewiesen werden.

Für Bayern vgl. Art. 42 ff. AGzGVG. und Art. 167 Ziff. XII AGzBGB. s. auch S. 115 Anm. 3 Abs. 5.

Im Interesse einheitlicher Rechtsprechung wurde die Bestimmung des § 155 getroffen und die Zuständigkeit des BayObLG. damit für die Entscheidung der obersten Instanz über Klage oder Widerklage ausgeschaltet; vgl. Art. 6 EGzBGB. und die Ausführungen über die Zukunft des BayObLG. in BlfRA. Bd. 62 S. 97 ff. insbes. S. 103.

*) Siehe oben, Einleitung S. XI.

§ 156.

Die Vorschriften in §§ 9 bis 11 des Handelsgesetzbuchs finden auf das Genossenschaftsregister Anwendung. Die Eintragungen sind durch den Deutschen Reichsanzeiger bekannt zu machen.[1]) Die anderen Blätter hat das Gericht zu bestimmen, für kleinere Genossenschaften nur ein anderes Blatt.[2])

1. Nach § 9 HGB. ist die Einsicht des Handelsgesetzbuchs, sowie der zum Handelsregister eingereichten Schriftstücke jedem gestattet.

Abschriften hieraus werden erteilt, sofern ein berechtigtes Interesse glaubhaft gemacht wird.

Das Gericht hat auf Verlangen eine Bescheinigung darüber zu erteilen, daß bezüglich des Gegenstandes einer Eintragung weitere Eintragungen nicht vorhanden sind, oder daß eine bestimmte Eintragung nicht erfolgt ist.

§§ 10 und 11 behandeln die Veröffentlichungen der Bekanntmachungen und die jährlich im Dezember zu erfolgende Bezeichnung der Blätter, in denen die handelsgerichtlichen Eintragungen veröffentlicht werden. Vgl. ferner §§ 4 und 5 AV.; Holdh. 10, 32, BayZfR. 2, 335.

2. Gegen die Auswahl der zur Veröffentlichung der Eintragungen bestimmten Blätter durch das Registergericht hat die Genossenschaft kein Beschwerderecht. Entsch. d. ObLG. 6, 752; ROLG. 12, 436; s. dagegen PC. S. 563 und Recht 11, 40. — Entstandene Einrückungsgebühren sind zu zahlen ohne Rücksicht darauf, ob die Einrückung notwendig war oder nicht. Recht 6 S. 299; dagegen DLGPr. 1902 S. 67.

§ 157.

Die Anmeldungen zum Genossenschaftsregister sind durch sämtliche Mitglieder des Vorstandes oder sämtliche Liquidatoren persönlich zu bewirken [1]) oder in beglaubigter Form [2]) einzureichen.

Die in §§ 16, 28, § 33 Absatz 2, § 51 Absatz 5, § 63 Absatz 2, § 84, § 85 Absatz 2 vorgeschriebenen Anmeldungen und Einreichungen müssen auch zu dem Genossenschaftsregister einer jeden Zweigniederlassung erfolgen.[3])

Absatz 3 des Paragraphen lautend: „Für den Eintritt der im § 13, § 16 Abs. 4, §§ 29, 84, 139 vorgesehenen Wirkungen entscheidet die Eintragung in das Genossenschaftsregister der Hauptniederlassung", ist weggefallen durch Art. 10 Ziff. XV EGzHGB.

1. S. hiezu § 6 und 7 AV.; vgl. RJA. 9, 42; ZBlFG. 8, 435.
2. Vgl. § 8 AV.
3. Vgl. §§ 19, 28 AV.; s. RJA. 9, 42.

§ 158.

Von der Eintragung eines beitretenden Genossen, der Eintragung oder Vormerkung des Austritts, der Ausschließung oder des Todes von Genossen, sowie von der Eintragung weiterer Geschäftsanteile in die Liste der Genossen hat das Gericht (§ 10) dem Gerichte einer jeden Zweigniederlassung zur Berichtigung der dort geführten Liste Mitteilung zu machen.[1])

Imgleichen ist die Eintragung der Auflösung einer Genossenschaft, sowie der Eröffnung des Konkursverfahrens zu dem Genossenschaftsregister einer jeden Zweigniederlassung mitzuteilen.[2])

1. Vgl. § 28 AV.
2. Vgl. § 19 AV.

§ 159.

Gebühren für die Verhandlung und Entscheidung erster Instanz über die in vorstehendem Paragraphen[1])

bezeichneten Anträge, sowie für die Eintragungen und Vormerkungen werden nicht erhoben. Die Erhebung von Auslagen findet nach §§ 79, 80 und 80 b des Gerichtskostengesetzes statt.[2])

1. § 159 entspricht dem § 151 des Gesetzes in der Fassung vom 1. Mai 1889.

Dem damaligen § 151 ging § 150 folgenden Inhalts voraus:

„Gegen die Entscheidung über Anträge auf Eintragung in das Genossenschaftsregister oder die Liste der Genossen oder auf Vormerkung in der letzteren finden die Rechtsmittel statt, welche gegen die Entscheidung über Eintragungen in das Handelsregister zulässig sind."

Dieser § 150 ist aufgehoben durch § 187 FGG.; an dessen Stelle treten die Bestimmungen der §§ 19 ff. FGG.

Durch Art. 13 EGzHGB. wurde der Reichskanzler ermächtigt, den Text des GenG., wie er sich aus den Änderungen nach Art. 10 a. a. O. ergibt, bekannt zu machen; das geschah mit der Redaktionsbekanntmachung vom 20. Mai 1898; hiebei blieb aber der Text des bisherigen § 150 (dies wegen § 187 FGG.), ferner die §§ 154—171 des bisherigen Gesetzes weg.*) § 159 hängt somit in der Luft und muß nach wie vor in Anlehnung an den früheren § 150 angewendet werden (vgl. hiezu DJZ. 3 Nr. 17; 5 S. 392; ferner Entsch. d. ObLG. 10, 162, 169 ff.).

2. Die für die Mitteilung der erfolgten Eintragungen an die Genossen entstehenden Schreib- und Portoauslagen gehen zu Lasten der Genossenschaft. KG. 9, 137.

§ 160.

Die Mitglieder des Vorstandes sind von dem Gerichte (§ 10) zur Befolgung der im § 8 Absatz 2,

*) Siehe unten S. 251 ff.

§ 14, §§ 28, 30, § 61 Absatz 2, § 63, § 78 Absatz 2, § 79 Absatz 2, enthaltenen Vorschriften durch Ordnungsstrafen anzuhalten; die einzelne Strafe darf den Betrag von dreihundert Mark nicht übersteigen. In gleicher Weise sind die Mitglieder des Vorstandes und die Liquidatoren zur Befolgung der im § 33 Absatz 2, § 47, § 48 Absatz 2, § 51 Absatz 4 und 5, § 84, § 85 Absatz 2, § 89, § 157 Absatz 2 enthaltenen Vorschriften anzuhalten.[2])

Rücksichtlich des Verfahrens sind die Vorschriften maßgebend, welche zur Erzwingung der im Handelsgesetzbuch angeordneten Anmeldungen zum Handelsregister gelten.[3])

1. Die Fassung beruht auf Art. 10 Ziff. XVI EGzHGB.; vgl. § 319 HGB.

2. Das Verfahren richtet sich nicht gegen den Vorstand als Organ sondern gegen die einzelnen Vorstandsmitglieder, ROLG. 7, 211; RG. 56, 430; ferner wegen Nichtanwendung von §§ 84, 85 Abs. 2, 89 auf Vorstandsmitglieder und von § 33 Abs. 2 auf Liquidatoren ROLG. 19, 354; ZBlFG. 10, 89.

3. Maßgebend sind hiefür die §§ 132 ff. FGG.; § 132 tritt an die Stelle von § 33 a. a. O.

Das Verfahren kann nur vom Amtsgericht eingeleitet werden, nicht z. B. vom Landgericht in der Beschwerdeinstanz; s. KG. 31, 201.

§ 161.

Die zur Ausführung der Vorschriften über das Genossenschaftsregister und die Anmeldungen zu demselben erforderlichen Bestimmungen werden von dem Bundesrat erlassen.[1])

Welche Behörden in jedem Bundesstaate unter der Bezeichnung Staatsbehörde (§ 47) und höhere

Verwaltungsbehörde (§§ 58, 59, 61, 81) zu verstehen sind, wird von der Zentralbehörde des Bundesstaates bekannt gemacht.[2])

1. Ergangen ist hiezu die „Bekanntmachung betr. die Führung des Genossenschaftsregisters und die Anmeldungen zu diesem Register vom 1. Juli 1899" (RGBl. S. 347); dieselbe trat an die Stelle der §§ 3—17, 19 bis 35 der Bekanntmachung vom 11. Juli 1889 (RGBl. 1889 S. 150).

Mit Rücksicht auf diese gesetzlich dem Bundesrat erteilte Ermächtigung hat die Bekanntmachung den Charakter einer Rechtsverordnung (vgl. § 27 FGG.); s. ROLG. 14, 159.

2. S. auch § 57, im übrigen vgl. die ausführliche Zusammenstellung bei PC. S. 604 ff.

Übergangsbestimmungen.

Wie zu § 159 bemerkt, sind in der Redaktionsbekanntmachung vom 20. Mai 1898 die §§ 154—171 des Gesetzes vom 1. Mai 1889 fortgelassen, ohne daß hiefür eine gesetzliche Ermächtigung vorlag. Die Bestimmungen gelangen daher nachstehend zum Abdruck.

Die §§ 153—170 enthalten Übergangsbestimmungen für die e. G. nach dem Gesetz vom 4. Juli 1868.

§ 153. Das Gesetz, betreffend die privatrechtliche Stellung der Erwerbs- und Wirtschaftsgenossenschaften vom 4. Juli 1868 (Bundesgesetzbl. S. 415) mit der Deklaration vom 19. Mai 1871 (Reichsgesetzbl. S. 101), sowie die Vorschriften in §§ 195 bis 197 der Konkursordnung[1]) und im § 3 Abs. 4 des Einführungsgesetzes zu derselben[2]) werden aufgehoben. Unberührt bleibt die Vorschrift im § 6 des letzteren Gesetzes.[3])

Wo in anderen Gesetzen auf die Bestimmungen des Gesetzes vom 4. Juli 1868 Bezug genommen ist, treten an deren Stelle die Bestimmungen des gegenwärtigen Gesetzes.

1. Nun §§ 98, 102, 116, 105, 122 GenG.
2. Nun § 123 Abs. 2 GenG.
3. § 6 EG. z. KO. vom 10. Februar 1877 lautet: „Die Bestimmungen der §§ 193, 194, 196, 214 KO. (nun §§ 207, 208, 244) finden auf Vereine und registrierte Gesellschaften, welche auf Grund der bayer. Gesetze vom 29. April 1869, betr. die privatrechtliche Stellung der Vereine, sowie der Erwerbs- und Wirtschaftsgesellschaften bestehen, entsprechende Anwendung." Neue Fassung durch Art. II Nr. 2 EG. z. Konkursnovelle vom 17. Mai 1898 (RGBl. S. 248), durch welche die Vereine nach dem Gesetz vom 29. April 1869 ausgeschieden sind. Für diese nun § 213 KO., vgl. hiezu Art. 161 AG. z. BGB., Art. 175 Z. 23 ebenda.

§ 154. Auf die in Gemäßheit des Gesetzes vom 4. Juli 1868 eingetragenen Genossenschaften findet das gegenwärtige Gesetz mit den in den nachfolgenden Paragraphen enthaltenen Maßgaben Anwendung.

§ 155. Die Genossenschaften haben in die Firma die zusätzliche Bezeichnung: „eingetragene Genossenschaft mit unbeschränkter Haftpflicht" aufzunehmen. Zur Anmeldung dieses Zusatzes ist der Vorstand von dem Gerichte (§§ 10, 14) durch Ordnungsstrafen in Gemäßheit des § 152 anzuhalten.

§ 156. Solange in dem Statut einer Genossenschaft die im § 7 Nr. 4 vorgesehene Bestimmung über die Bildung eines Reservefonds nicht getroffen ist, hat die Genossenschaft von dem nach Inkrafttreten des Gesetzes beginnenden Geschäftsjahre an zur Bildung des Reservefonds mindestens den zehnten Teil des jährlichen Reingewinns zu verwenden.

§ 157. Die Vorschrift der Nr. 3 im § 8 Absatz 1 über das Geschäftsjahr findet nach Ablauf von drei Monaten seit dem Inkrafttreten des Gesetzes Anwendung.

Eine Genossenschaft, deren Statut die Ausdehnung des Geschäftsbetriebes durch Gewährung von Darlehen an Personen gestattet, welche nicht Mitglieder der Genossenschaft sind, unterliegt dem Verbote des § 8 Absatz 2 nach Ablauf von zwei Jahren seit dem Inkrafttreten des Gesetzes.

§ 158. Auf den Vorstand findet die Bestimmung im § 24 Absatz 2 über die Mindestzahl der Mitglieder, auf den Aufsichtsrat finden die Bestimmungen in § 9, § 34 Absatz 1 [1]) nach Ablauf von sechs Monaten seit dem Inkrafttreten des Gesetzes Anwendung. Das Gleiche gilt von der Bestimmung im § 81 [2]) Absatz 2 über die Zahl der Liquidatoren.

1. Nun § 36. 2. Nun § 83.

§ 159. Die Bestimmung des § 66 [1]) über die Ausschließung von Genossen wegen der Mitgliedschaft in einer gleichartigen Genossenschaft findet, soweit der Beitritt zu dieser vor dem Inkrafttreten des Gesetzes erfolgt ist, keine Anwendung.

1. Nun § 68.

§ 160. Auf eine Genossenschaft, welche bei dem Inkrafttreten des Gesetzes weniger als sieben Mitglieder hat, findet der § 78[1]) solange keine Anwendung, als nicht diese Mitgliederzahl erreicht wird.

1. Nun § 80.

§ 161. Die Haftpflicht der Genossen bestimmt sich nach den Vorschriften in §§ 52 bis 65 des Gesetzes vom 4. Juli 1868 und im § 197 der Konkursordnung, sofern vor dem Inkrafttreten des gegenwärtigen Gesetzes der Verteilungsplan zur Erklärung der Vollstreckbarkeit eingereicht oder ohne Einreichung eines solchen das Konkursverfahren aufgehoben war.

§ 162. Außer den Fällen des vorhergehenden Paragraphen kommen rücksichtlich der Haftpflicht der Genossen, welche vor dem Tage des Inkrafttretens des Gesetzes aus der Genossenschaft ausgeschieden und noch nicht durch Verjährung der Klage befreit sind, die Vorschriften des gegenwärtigen Gesetzes mit der Maßgabe zur Anwendung, daß mit dem bezeichneten Tage die zweijährige Frist des § 119 Absatz 1[1]) beginnt, und daß die im zweiten Absatze desselben Paragraphen bestimmte Ausdehnung der Haftpflicht nicht eintritt.

1. Nun § 125.

§ 163. Die Bestimmung im § 112[1]) findet nicht Anwendung, insoweit beim Inkrafttreten des Gesetzes ein Genosse auf mehr als einen Geschäftsanteil beteiligt ist.

1. Nun § 119.

§ 164. Der Vorstand hat dem Gerichte (§ 10) binnen einem Monate nach dem Tage des Inkrafttretens des Gesetzes anzuzeigen, welche Personen außer den in der gerichtlichen Mitgliederliste (§§ 4, 25 Absatz 2 des Gesetzes vom 4. Juli 1868) aufgeführten bis zu dem bezeichneten Tage Mitglieder der Genossenschaft geworden sind, und welche von den in der Liste aufgeführten Personen an diesem Tage der Genossenschaft nicht angehört haben.

Zugleich sind die Mitglieder, welche nach dem Inkrafttreten des Gesetzes infolge vorher geschehener Aufkündigung oder Ausschließung ausscheiden, und der Tag ihres Ausscheidens zu bezeichnen.

Zur Befolgung dieser Vorschriften ist der Vorstand durch Ordnungsstrafen in Gemäßheit des § 152[1]) anzuhalten.

1. Nun § 160.

§ 165. Das Gericht hat die Liste nach den in vorstehendem Paragraphen bezeichneten Angaben zu berichtigen.

Es hat mittels öffentlicher Bekanntmachung eine allgemeine Aufforderung zu erlassen, inhalts deren die in der Liste aufgeführten Personen, welche behaupten, daß sie am Tage des Inkrafttretens des Gesetzes nicht Mitglieder der Genossenschaft gewesen sind oder daß ihr Ausscheiden nicht richtig in die Liste eingetragen ist, sowie die in derselben nicht aufgeführten Personen, welche behaupten, daß sie an dem bezeichneten Tage Mitglieder der Genossenschaft gewesen sind, ihren Widerspruch gegen die Liste bis zum Ablauf einer Ausschlußfrist von einem Monate schriftlich oder zum Protokolle des Gerichtsschreibers zu erklären haben.[1])

1. Siehe hiezu RG. 40, 156.

§ 166. Die Bekanntmachung erfolgt durch einmalige Einrückung in die für die Bekanntmachungen der Genossenschaft bestimmten Blätter.

Die Kosten der Bekanntmachungen werden von der Genossenschaft getragen.

§ 167. Die Ausschlußfrist beginnt mit dem Tage, an welchem das letzte der die Bekanntmachung enthaltenden Blätter erschienen ist.

§ 168. Nach Ablauf der Ausschlußfrist ist für die Mitgliedschaft am Tage des Inkrafttretens des Gesetzes und für das Ausscheiden infolge vorher geschehener Aufkündigung oder Ausschließung (§ 164 Absatz 2) der Inhalt der Liste maßgebend.

Einwendungen gegen die Liste bleiben den im § 165 Absatz 2 bezeichneten Personen vorbehalten, sofern sie in Gemäßheit desselben den Widerspruch erklärt haben oder hieran ohne ihr Verschulden verhindert waren und binnen einem Monate nach Beseitigung des Hindernisses den Widerspruch schriftlich oder zum Protokolle des Gerichtsschreibers erklärt haben.

Auf diese Rechtsfolgen ist in der im § 165 vorgeschriebenen Bekanntmachung hinzuweisen.

§ 169. Das Gericht hat die in Gemäßheit des § 165 Absatz 2 und § 168 Absatz 2 erklärten Widersprüche in der Liste zu vermerken und dem Vorstande der Genossenschaft zur Erklärung mitzuteilen.

Soweit der Vorstand die Widersprüche in beglaubigter Form als begründet anerkennt oder zur Anerkennung rechtskräftig verurteilt wird, ist die Liste zu berichtigen. Wird das Anerkenntnis oder Urteil oder eine die vorläufige Aufrechterhaltung des Widerspruchs anordnende einstweilige Verfügung des Prozeßgerichts nicht binnen 2 Jahren seit Eintragung des Widerspruchs dem Gerichte (§ 10) eingereicht, so ist derselbe als nicht erfolgt anzusehen und von Amtswegen zu löschen.

§ 170. Das Gericht hat von den zufolge § 165 Absatz 1, § 169 vorgenommenen Eintragungen dem Gerichte einer jeden Zweigniederlassung zur Berichtigung der dort geführten Liste Mitteilung zu machen.

Auf die Eintragungen finden die Vorschriften in §§ 150[1]), 151[2]) entsprechende Anwendung.

1. Siehe § 187 FGG. 2. Nun § 159.

Der § 171 ist inhaltlich identisch mit § 161 des Gesetzes in der neuen Fassung, § 172 bestimmt die Zeit des Inkrafttretens des Gesetzes, d. i. der 1. Oktober 1889. —

Anhang.

I.

Gesetz, betreffend die Abänderung des Gesetzes über die Erwerbs- und Wirtschaftsgenossenschaften vom 1. Mai 1889 sowie den Geschäftsbetrieb von Konsumanstalten. Vom 12. August 1896.

(RGBl. 1896 S. 695 ff.)

Art. 2. Die im Artikel 1 Nr. 1, 3 und 7 enthaltenen Vorschriften finden auf Konsumanstalten, welche von Arbeitgebern für ihre Arbeiter und Beamten betrieben werden, sowie auf Vereinigungen (Gesellschaften, Korporationen), deren wesentlicher Geschäftszweck es ist, ihren Mitgliedern oder bestimmten Berufskreisen in dem Bezug von Waren Vorteile zu verschaffen, insbesondere auch auf Beamten- und Offiziervereine mit der Maßgabe sinngemäße Anwendung, daß die hinsichtlich der Mitglieder der Konsumvereine getroffenen Bestimmungen bei den vorbezeichneten Konsumanstalten und Vereinigungen hinsichtlich derjenigen Personen gelten, für welche die Einrichtung bestimmt ist. Jedoch ist es den Konsumanstalten und Vereinigungen der vorbezeichneten Art gestattet, in ihren Speiseanstalten Waren zum alsbaldigen persönlichen Verbrauch auch an Dritte abzugeben.

Artikel 1 Nr. 1 des Gesetzes vom 12. August 1896 bildet den 4. Absatz des § 8 des GenG. (oben S. 25). Nr. 3 bildet die §§ 31 und 32 (oben S. 78 ff), Nr. 7 bildet die §§ 152, 153, 154 des Gesetzes (oben S. 243 ff.).

Der Artikel 2 wurde erst in der Kommission gegen den Widerspruch der Regierungsvertreter geschaffen.

Nach Artikel 2 dürfen Arbeitgeber aus den von ihnen betriebenen Konsumanstalten nur an ihre Arbeiter und Beamte Waren verabfolgen; das Gleiche wurde festgesetzt für Vereinigungen, die ihren Mitgliedern oder bestimmten Berufskreisen in dem Bezuge von Waren Vorteile zu verschaffen bezwecken; der Geschäftsbetrieb darf sich nur auf die Mitglieder oder den bestimmten Berufskreis beschränken.

Nicht in Betracht kommt, auf welcher rechtlichen Grundlage die Konsumanstalt oder die Vereinigung aufgebaut ist.

Der Schlußsatz des Paragraphen entspricht der Ziffer 1 des 2. Absatzes des § 153 des GenG.

Artikel 3 des Gesetzes vom 12. August 1896 bestimmt den Zeitpunkt des Inkrafttretens des Gesetzes und setzt als solchen den 1. Januar 1897 fest.

II.

a) Bekanntmachung, betreffend die Führung des Genossenschaftsregisters und die Anmeldungen zu demselben vom 11. Juli 1889.

Auf Grund des § 171 Absatz 1 des Gesetzes, betreffend die Erwerbs- und Wirtschaftsgenossenschaften, vom 1. Mai 1889 (Reichs-Gesetzbl. S. 55) hat der Bundesrat folgende Bestimmungen über die Führung des Genossenschaftsregisters und die Anmeldungen zu demselben erlassen.

I. Allgemeine Bestimmungen.

§ 1. Das Genossenschaftsregister bildet fortan nicht einen Teil des Handelsregisters, sondern wird von dem zur Führung des letzteren zuständigen Gericht (Gesetz, betreffend die Erwerbs- und Wirtschaftsgenossenschaften, vom 1. Mai 1889, Reichs-Gesetzbl. S. 55, § 10 Absatz 2) als ein selbständiges Register geführt.

§ 2. Die in Gemäßheit des Gesetzes vom 4. Juli 1868 (Bundes-Gesetzbl. S. 415) angelegten Register gelten als Genossenschaftsregister im Sinne des neuen Gesetzes und dieser Bestimmungen.

Wo bisher die dem Gesetze vom 4. Juli 1868 unterstehenden Genossenschaften nicht in eine besondere, als

Genossenschaftsregister dienende Abteilung des Handelsregisters, sondern zusammen mit den Handelsgesellschaften in das letztere eingetragen sind, ist ein besonderes Genossenschaftsregister anzulegen. In dasselbe sind aus dem Handelsregister die auf die vorgedachten Genossenschaften bezüglichen Eintragungen, soweit sie noch Geltung haben, von Amtswegen zu übertragen; hierbei ist die erfolgte Übertragung aus dem Handelsregister zu vermerken.

§ 18. Die Eintragung des Zusatzes „eingetragene Genossenschaft mit unbeschränkter Haftpflicht", welchen die unter dem Gesetz vom 4. Juli 1868 eingetragenen Genossenschaften in ihre Firma aufzunehmen haben (Gesetz § 155), erfolgt auf Grund der Anmeldung des Vorstandes. Eines Beschlusses der Generalversammlung bedarf es nicht; die bezeichnete Änderung der Firma tritt kraft Gesetzes ein. Der Vorstand ist jedoch gegebenenfalls durch Ordnungsstrafen zur Anmeldung anzuhalten.

Die vorstehende Bestimmung findet auf Genossenschaften, welche die Umwandlung in eine Genossenschaft mit unbeschränkter Nachschußpflicht oder mit beschränkter Haftpflicht beschließen, solange Anwendung, bis der Umwandlungsbeschluß in das Genossenschaftsregister eingetragen ist.

Auf Genossenschaften, welche beim Inkrafttreten des Gesetzes bereits aufgelöst sind, findet die Bestimmung des ersten Absatzes keine Anwendung.

Die Bestimmungen der §§ 3—17, 19—35 sind als Übergangsvorschriften in der folgenden Bekanntmachung weggefallen.

b) Bekanntmachung, betreffend die Führung des Genossenschaftsregisters und die Anmeldungen zu diesem Register. Vom 1. Juli 1899.

Auf Grund des § 161 Abs. 1 des Gesetzes, betreffend die Erwerbs- und Wirtschaftsgenossenschaften (Reichs-Gesetzbl. 1898 S. 810), hat der Bundesrat beschlossen, daß vom 1. Januar 1900 ab an die Stelle der §§ 3 bis

17 und der §§ 19 bis 35 der Bestimmungen über die Führung des Genossenschaftsregisters und die Anmeldungen zu demselben (Reichs-Gesetzbl. 1889 S. 150) die folgenden Vorschriften treten:

I. Allgemeines.

Obliegenheiten des Richters und des Gerichtsschreibers.

§ 1. Die Obliegenheiten des Richters und des Gerichtsschreibers bei der Führung des Genossenschaftsregisters und der Liste der Genossen sowie bei den auf die Eintragungen bezüglichen Verhandlungen bestimmen sich, soweit nicht durch Reichsgesetz oder durch diese Vorschriften besondere Anordnungen getroffen sind, nach den in den einzelnen Bundesstaaten für das Handelsregister geltenden Vorschriften.

Zur Ausführung und Ergänzung der gegenwärtigen Bekanntmachung ist in Bayern ergangen die Justiz-Ministerial-Bekanntmachung vom 24. Dezember 1899, die Registerführung bei den Amtsgerichten betr., III Z. 11 mit 16 (JMBl. 1899 S. 932 ff., insbes. S. 959; s. ferner die Notiz wegen Bedarf an Formularpapier im JMBl. 1901 S. 440; die Bekanntmachung vom 10. März 1903, die Statistik des Genossenschaftswesens betr. (JMBl. 1903 S. 100.)

Eintragungsverfügung.

§ 2. Die Eintragungen in das Genossenschaftsregister und in die Liste der Genossen erfolgen auf Grund einer Verfügung des Registergerichts. Werden die Geschäfte des Registerführers nicht von einem Richter wahrgenommen, so soll die Verfügung für das Genossenschaftsregister den Wortlaut, für die Liste der Genossen den Inhalt der Eintragungen feststellen.

Die Eintragungen sind unverzüglich zu bewirken. Die erfolgte Eintragung ist bei der gerichtlichen Verfügung zu vermerken.

Benachrichtigung der Beteiligten.

§ 3. Von jeder Eintragung in das Genossenschaftsregister oder in die Liste der Genossen ist dem Vorstand oder den Liquidatoren Nachricht zu geben. Das Gleiche gilt von der Ablehnung einer beantragten Eintragung.

Diese Benachrichtigungen sowie die in den Fällen der §§ 15, 72, 76, 77, 137 des Gesetzes weiter vorgeschriebenen Benachrichtigungen von Genossen und von Gläubigern oder Erben eines Genossen können ohne Förmlichkeiten, insbesondere durch einfache Postsendung erfolgen. Für die Benachrichtigungen über Eintragungen in die Liste der Genossen sind Formulare zu verwenden, deren Ausfüllung dem Gerichtsschreiber obliegt; die Benachrichtigung ist in der Regel mittelst einer Postkarte zu bewirken, auf deren Rückseite sich das Formular befindet.

Wird eine Eintragung abgelehnt, so sind die Gründe der Ablehnung mitzuteilen.

Bekanntmachung der Registereintragungen.

§ 4. Die öffentliche Bekanntmachung einer Eintragung in das Genossenschaftsregister (Gesetz § 156; Handelsgesetzbuch § 10) ist zu veranlassen, sobald die Eintragung bewirkt ist und ohne daß eine andere Eintragung abgewartet werden darf.

§ 5. Für die Bekanntmachungen aus dem Genossenschaftsregister können neben dem Deutschen Reichsanzeiger andere als die für die Bekanntmachungen aus dem Handelsregister dienenden Blätter bestimmt werden. Hinsichtlich der Bekanntmachung der hiernach bestimmten Blätter finden die Vorschriften entsprechende Anwendung, welche für die Bekanntmachung der zu den Veröffentlichungen aus dem Handelsregister benutzten Blätter gelten.

Hört eines der Blätter im Laufe des Jahres zu erscheinen auf, so hat das Gericht unverzüglich ein anderes Blatt zu bestimmen.

Bei kleineren Genossenschaften, für welche gemäß § 156 des Gesetzes neben dem Reichsanzeiger nur ein anderes Blatt zu bestimmen ist, hat die Auswahl dieses Blattes hauptsächlich mit Rücksicht auf die Verbreitung im Gerichtsbezirke zu erfolgen. Bei der Entscheidung, ob eine Genossenschaft zu den kleineren Genossenschaften zu rechnen ist, hat das Registergericht sowohl die Zahl der vorhandenen Mitglieder und die Größe des Genossenschaftsvermögens als die Art und den Umfang des Geschäftsbetriebs zu berücksichtigen.

Die Bekanntmachungen im Deutschen Reichsanzeiger sind in einem bestimmten Teile des Blattes zusammenzustellen.

Form der Anmeldungen sowie der sonstigen Anzeigen, Erklärungen und Einreichungen.

§ 6. Die Vorschrift, daß Anmeldungen zum Genossenschaftsregister durch sämtliche Mitglieder des Vorstandes oder durch sämtliche Liquidatoren persönlich zu bewirken oder in beglaubigter Form einzureichen sind (Gesetz § 157 Abs. 1), gilt nur von den Anmeldungen, welche in dem Gesetz als solche ausdrücklich bezeichnet sind.

Dahin gehören:

1. die Anmeldung des Statuts (Gesetz §§ 10, 11);
2. die Anmeldung von Abänderungen des Statuts (Gesetz § 16) einschließlich der Anmeldung einer Herabsetzung der Haftsumme und der Umwandlung einer Genossenschaft nebst den von dem Vorstande hierbei abzugebenden Versicherungen (Gesetz §§ 133, 143, 144);
3. die Anmeldung einer Zweigniederlassung (Gesetz § 14) oder der Aufhebung einer solchen;
4. die Anmeldung der Bestellung, des Ausscheidens oder der vorläufigen Enthebung von Vorstandsmitgliedern und Liquidatoren (Gesetz §§ 10, 11, 28, 84, § 85 Abs. 2);
5. die Anmeldung der Auflösung einer Genossenschaft in den Fällen der §§ 78, 79 des Gesetzes.

Die Anmeldung durch einen Bevollmächtigten ist ausgeschlossen.

§ 7. Für die sonstigen Anzeigen und Erklärungen, die zum Genossenschaftsregister oder zur Liste der Genossen zu bewirken sind, bedarf es weder der Mitwirkung sämtlicher Vorstandsmitglieder oder Liquidatoren noch, soweit nicht ein anderes vorgeschrieben ist, der beglaubigten Form (zu vergl. Gesetz § 33 Abs. 2, § 63 Abs. 2, § 89).

Sind jedoch solche Anzeigen oder Erklärungen mit rechtlicher Wirkung für die Genossenschaft verbunden, so müssen sie in der für die Willenserklärungen des

Vorstandes oder der Liquidatoren vorgeschriebenen Form, insbesondere unter Mitwirkung der hiernach erforderlichen Zahl von Vorstandsmitgliedern oder Liquidatoren erfolgen (Gesetz §§ 25, 85). Dahin gehören die sämtlichen Einreichungen, Anzeigen und Versicherungen, die bezüglich des Beitritts und des Ausscheidens von Genossen sowie bezüglich der Beteiligung von Genossen auf weitere Geschäftsanteile von dem Vorstande zur Liste der Genossen zu bewirken sind (Gesetz § 15 Abs. 2, § 69, § 71 Abs. 2, § 76 Abs. 2, § 77 Abs. 2, § 137 Abs. 2, § 138).

Die Einreichungen und Anzeigen können persönlich bei dem Gericht oder schriftlich mittelst Einsendung bewirkt werden. Im ersteren Falle wird über den Vorgang ein Vermerk unter Bezeichnung der erschienenen Vorstandsmitglieder oder Liquidatoren aufgenommen; im Falle schriftlicher Einreichung ist die ordnungsmäßige Zeichnung durch den Vorstand oder die Liquidatoren erforderlich.

Beglaubigung.

§ 8. Ist für eine Erklärung die beglaubigte Form erforderlich (§ 6 und § 36 Abs. 1 dieser Vorschriften, § 71 Abs. 2 des Gesetzes), so können außer den Notaren und den sonst zuständigen Behörden und Beamten auch der Gemeindevorsteher sowie die Polizeibehörde die Beglaubigung der Unterschriften bewirken.

In den Fällen, in welchen die Abschrift einer Urkunde zum Genossenschaftsregister oder zur Liste der Genossen einzureichen ist, genügt, sofern nicht ein anderes vorgeschrieben ist, eine einfache Abschrift (Gesetz § 11 Abs. 2 Nr. 3, § 28, § 69 Abs. 2). Ist die Einreichung einer beglaubigten Abschrift vorgeschrieben, so hat die Beglaubigung durch eine zuständige Behörde oder einen zuständigen Beamten oder Notar zu erfolgen (§ 14 Abs. 2, § 58, § 66 Abs. 2, § 69 Abs. 1 des Gesetzes, § 31 Nr. 2, 5 dieser Vorschriften).

Löschungen von Amtswegen.

§ 9. Soll eine Eintragung im Genossenschaftsregister von Amtswegen gelöscht werden, weil sie wegen Mangels einer wesentlichen Voraussetzung unzulässig war (Gesetz über die Angelegenheiten der freiwilligen Gerichtsbarkeit §§ 142, 143), so erfolgt die Löschung durch Eintragung des Vermerkes: „Von Amtswegen gelöscht".

Die für die Löschung unzulässiger Eintragungen im Genossenschaftsregister maßgebenden Vorschriften finden auch auf die Liste der Genossen Anwendung.

Gegenstandslos gewordene Eintragungen.

§ 10. Eine Eintragung in das Genossenschaftsregister oder in die Liste der Genossen, die durch eine spätere Eintragung ihre Bedeutung verloren hat, ist rot zu unterstreichen oder in einer ihre Leserlichkeit nicht beeinträchtigenden Weise zu durchstreichen.

Kosten.

§ 11. Für die Eintragungen in das Genossenschaftsregister oder in die Liste der Genossen mit Einschluß der Vormerkungen sowie für die Verhandlung und Entscheidung erster Instanz über Anträge auf solche Eintragungen werden Gebühren nicht erhoben; die Erhebung von Auslagen findet nach §§ 79, 80 und 80b des Gerichtskostengesetzes statt (Gesetz § 159). Für die Benachrichtigungen über Eintragungen in die Liste der Genossen werden Schreibgebühren nicht erhoben.

II. Eintragungen in das Genossenschaftsregister.

Einrichtung des Registers.

§ 12. Das Genossenschaftsregister wird nach dem in den einzelnen Bundesstaaten vorgeschriebenen Formulare geführt.

Jede Genossenschaft ist auf einem besonderen Blatte des Registers einzutragen; die für spätere Eintragungen noch erforderlichen Blätter sind freizulassen.

Registerakten.

§ 13. Für jede in das Register eingetragene Genossenschaft werden besondere Akten gehalten.

In die Registerakten sind aufzunehmen die zur Eintragung in das Register bestimmten Anmeldungen nebst den ihnen beigefügten Schriftstücken, insbesondere den

Zeichnungen von Unterschriften, die sonstigen dem Gericht eingereichten Urkunden und Belege, soweit sie sich nicht auf die Liste der Genossen beziehen (§ 27 Abs. 4), ferner die gerichtlichen Verfügungen sowie die Mitteilungen anderer Behörden und die Nachweise über die Bekanntmachungen.

Inhalt der Eintragung.

§ 14. Jeder Eintragung ist außer der Angabe des Tages der Eintragung und der Unterschrift des Registerführers eine Verweisung auf die Stelle der Registerakten beizufügen, wo sich die zu Grunde liegende gerichtliche Verfügung (§ 2 dieser Vorschriften) befindet.

Eintragung des Statuts.

§ 15. Vor der Eintragung des Statuts (Gesetz §§ 10 bis 12) hat das Gericht zu prüfen, ob das Statut den Vorschriften des Gesetzes genügt, insbesondere ob die in dem Statute bezeichneten Zwecke der Genossenschaft den Voraussetzungen des § 1 des Gesetzes entsprechen und ob das Statut die erforderlichen Bestimmungen (Gesetz §§ 6, 7, § 36 Abs. 1 Satz 2, § 131 Abs. 2 Satz 1) enthält.

Die Eintragung des Statuts in das Register erfolgt durch Aufnahme eines Auszugs. Der Auszug hat die im § 12 Abs. 2, 4 des Gesetzes bezeichneten Angaben, bei Genossenschaften mit beschränkter Haftpflicht auch die Höhe der Haftsumme und im Falle des § 134 des Gesetzes die höchste Zahl der Geschäftsanteile, auf welche ein Genosse sich beteiligen kann, zu enthalten.

Die Urschrift des Statuts (Gesetz § 11 Abs. 2 Nr. 1) ist zu den Akten zu nehmen; in dem Register ist auf die Stelle der Akten, wo das Statut sich befindet, zu verweisen.

Eintragung von Abänderungen des Statuts.

§ 16. Beschlüsse der Generalversammlung, die eine Abänderung der im § 15 Abs. 2 dieser Vorschriften bezeichneten Bestimmungen des Statuts oder die Fortsetzung einer auf bestimmte Zeit beschränkten Genossenschaft zum Gegenstande haben, werden nach ihrem Inhalte, Beschlüsse, die eine sonstige Abänderung des Statuts betreffen, nur unter allgemeiner Bezeichnung des Gegenstandes eingetragen (Gesetz § 16).

Die eine der mit der Anmeldung eingereichten Abschriften des Beschlusses (Gesetz § 16 Abs. 3 Satz 1) ist zu den Akten zu nehmen; in dem Register ist auf die Stelle der Akten, wo die Abschrift sich befindet, zu verweisen.

insbesondere der Umwandlung einer Genossenschaft und der Herabsetzung der Haftsumme.

§ 17. Im Falle der Umwandlung einer Genossenschaft (Gesetz §§ 143, 144) ist außer dem Umwandlungsbeschluß auch die durch den Beschluß bedingte Änderung der Firma (Gesetz §§ 2, 3) und bei der Umwandlung in eine Genossenschaft mit beschränkter Haftpflicht die Höhe der Haftsumme, sowie im Falle des § 134 des Gesetzes die höchste Zahl der Geschäftsanteile, auf welche ein Genosse sich beteiligen kann, einzutragen.

In den im § 143 des Gesetzes bezeichneten Umwandlungsfällen sowie im Falle einer Herabsetzung der Haftsumme bei einer Genossenschaft mit beschränkter Haftpflicht (§ 133 daselbst) sind mit der Anmeldung des Beschlusses die Belege über die vorgeschriebenen Bekanntmachungen des Beschlusses einzureichen; zugleich haben die sämtlichen Mitglieder des Vorstandes die im § 133 Abs. 2 des Gesetzes vorgesehene schriftliche Versicherung abzugeben. Die Eintragung darf nur stattfinden, wenn zwischen der letzten der bezeichneten Bekanntmachungen und der Anmeldung ein Jahr verstrichen ist.

Im übrigen finden die Vorschriften des § 16 Anwendung.

Eintragungen in Ansehung der Mitglieder des Vorstandes.

§ 18. Die Anmeldung und Eintragung der Vorstandsmitglieder (Gesetz § 10 Abs. 1, § 28) hat mit dem Beginn ihres Amtes zu erfolgen. Dasselbe gilt für den Fall der Bestellung von Stellvertretern behinderter Vorstandsmitglieder (Gesetz § 35). Bei der Eintragung sind die Vorstandsmitglieder nach Familiennamen, Vornamen, Beruf und Wohnort anzugeben.

Die Beendigung der Vertretungsbefugnis eines Vorstandsmitglieds ist alsbald nach dem Ausscheiden des Mitglieds aus dem Vorstand anzumelden und einzutragen. Als Beendigung der Vertretungsbefugnis gilt auch eine vorläufige Enthebung durch den Aufsichtsrat (Gesetz § 40).

Eine Beschränkung der Vertretungsbefugnis des Vorstandes kann nicht eingetragen werden.

Eintragung von Zweigniederlassungen.

§ 19. Die Errichtung einer Zweigniederlassung außerhalb des Gerichtsbezirkes der Hauptniederlassung ist bei dem Gericht, in dessen Bezirke die erstere sich befindet, gemäß § 14 des Gesetzes zur Eintragung anzumelden. Die Eintragung erfolgt nicht, bevor die Eintragung der Hauptniederlassung nachgewiesen ist.

Von der bewirkten Eintragung der Zweigniederlassung hat das Gericht dem Gerichte der Hauptniederlassung Mitteilung zu machen. Auf Grund dieser Mitteilung wird die Errichtung der Zweigniederlassung im Register der Hauptniederlassung vermerkt (Gesetz über die Angelegenheiten der freiwilligen Gerichtsbarkeit §§ 131, 147).

Die bei dem Gerichte der Hauptniederlassung zu bewirkenden Anmeldungen und Einreichungen zum Genossenschaftsregister haben mit Ausnahme des Falles der Auflösung der Genossenschaft in der gleichen Weise auch bei dem Gerichte jeder Zweigniederlassung zu erfolgen (Gesetz § 157 Abs. 2).

Im Falle der Auflösung der Genossenschaft hat das Gericht der Hauptniederlassung von der in seinem Register bewirkten Eintragung unverzüglich zu dem Genossenschaftsregister einer jeden Zweigniederlassung Mitteilung zu machen; auf Grund dieser Mitteilung wird die Auflösung im Register der Zweigniederlassung vermerkt. Das Gleiche gilt im Falle der Konkurseröffnung sowie im Falle einer von Amtswegen im Register der Hauptniederlassung bewirkten Löschung (§§ 9, 22, 23 dieser Vorschriften).

Wird abgesehen von den Fällen der Auflösung und

der Nichtigkeit der Genossenschaft eine Zweigniederlassung aufgehoben, so ist dies in der gleichen Weise, wie die Errichtung, bei dem Gerichte der Zweigniederlassung zur Eintragung anzumelden und auf Grund der Mitteilung dieses Gerichts über die bewirkte Eintragung im Register der Hauptniederlassung zu vermerken (Gesetz über die Angelegenheiten der freiwilligen Gerichtsbarkeit §§ 131, 147).

Wird eine Zweigniederlassung in dem Gerichtsbezirk errichtet, welchem die Hauptniederlassung angehört, so ist nur die Errichtung und der Ort der Zweigniederlassung durch den Vorstand anzumelden und in dem Register bei der Hauptniederlassung einzutragen. Diese Vorschrift findet im Falle der Aufhebung entsprechende Anwendung.

Eintragung der Auflösung.

§ 20. Die Eintragung der Auflösung einer Genossenschaft in das Register der Hauptniederlassung erfolgt

1. in den Fällen der §§ 78 und 79 des Gesetzes auf Grund der Anmeldung des Vorstandes,
2. in den übrigen Fällen von Amtswegen, und zwar in dem Falle des § 80 nach Eintritt der Rechtskraft des von dem Registergericht erlassenen Auflösungsbeschlusses, in dem Falle des § 81 auf Grund der von der zuständigen Verwaltungsgerichts- oder Verwaltungsbehörde erster Instanz dem Registergerichte mitgeteilten rechtskräftigen Entscheidung, durch welche die Auflösung ausgesprochen ist, im Falle der Eröffnung des Konkursverfahrens auf Grund der Mitteilung des Gerichtsschreibers des Konkursgerichts (Konkursordnung § 112); in dem letzteren Falle unterbleibt die Veröffentlichung der Eintragung (Gesetz § 102).

In allen Fällen der Auflösung, außer dem Falle der Eröffnung des Konkursverfahrens, sind die Liquidatoren von dem Vorstand anzumelden. Dies gilt auch dann, wenn die Liquidation durch die Mitglieder des Vorstandes als Liquidatoren erfolgt (Gesetz §§ 83, 84).

Sind die Liquidatoren durch das Gericht ernannt, so geschieht die Eintragung der Ernennung und der Abberufung von Amtswegen (Gesetz § 84 Abs. 2).

Ist über die Form, in welcher die Liquidatoren ihre Willenserklärungen kundzugeben und für die Genossenschaft zu zeichnen haben, insbesondere über die Zahl der Liquidatoren, welche dabei mitwirken müssen, eine Bestimmung getroffen, so ist auch diese anzumelden und einzutragen (Gesetz § 85).

Im übrigen finden die auf den Vorstand bezüglichen Vorschriften des § 18 entsprechende Anwendung.

§ 21. Sobald mit der vollständigen Verteilung des Genossenschaftsvermögens die Liquidation beendigt ist, haben die Liquidatoren die Beendigung ihrer Vertretungsbefugnis zur Eintragung anzumelden.

Die Aufhebung oder Einstellung des Konkursverfahrens (Konkursordnung §§ 163, 205, Gesetz § 116) ist auf Grund der Mitteilung des Gerichtsschreibers des Konkursgerichts im Genossenschaftsregister zu vermerken.

Eintragung der Nichtigkeit der Genossenschaft.

§ 22. Soll eine Genossenschaft von Amtswegen als nichtig gelöscht werden, so ist in der Verfügung, welche nach § 142 Abs. 2, § 147 Abs. 2, 4 des Gesetzes über die Angelegenheiten der freiwilligen Gerichtsbarkeit der Genossenschaft zugestellt wird, ausdrücklich darauf hinzuweisen, daß der Mangel bis zur Löschung durch Beschluß der Generalversammlung gemäß § 95 Abs. 2 bis 4 des Genossenschaftsgesetzes geheilt werden kann.

Die Löschung erfolgt durch Eintragung eines Vermerkes, der die Genossenschaft als nichtig bezeichnet. Das Gleiche gilt in dem Falle, daß die Genossenschaft durch rechtskräftiges Urteil für nichtig erklärt ist (Gesetz §§ 94, 96).

Im übrigen finden die Vorschriften des § 20 Abs. 2 bis 4 und des § 21 Abs. 1 entsprechende Anwendung.

Eintragung der Nichtigkeit von Beschlüssen der Generalversammlung.

§ 23. Soll ein eingetragener Beschluß der Generalversammlung von Amtswegen als nichtig gelöscht werden (Gesetz über die Angelegenheiten der freiwilligen Gerichtsbarkeit § 147 Abs. 3, 4), so erfolgt die Löschung durch Eintragung eines Vermerkes, der den Beschluß als nichtig bezeichnet. Das Gleiche gilt, wenn der Beschluß durch rechtskräftiges Urteil für nichtig erklärt ist (Gesetz § 51 Abs. 5).

Berichtigung von Schreibfehlern.

§ 24. Schreibfehler und ähnliche offenbare Unrichtigkeiten, die in einer Eintragung vorkommen, sind von dem Gerichte zu berichtigen, ohne daß es einer vorgängigen Benachrichtigung der Genossenschaft bedarf. Die Berichtigung erfolgt durch Eintragung eines Vermerkes.

§ 25. Das Genossenschaftsregister ist dauernd aufzubewahren.

Die Registerakten (§ 13) können nach Ablauf von dreißig Jahren seit der Eintragung einer der im § 21 bezeichneten Tatsachen vernichtet werden.

III. Die Eintragungen in die Liste der Genossen.

Öffentlichkeit der Liste.

§ 26. Die Einsicht der Liste der Genossen ist Jedem gestattet (Gesetz § 12 Abs. 3).

Die Vorschriften des § 9 Abs. 2, 3 des Handelsgesetzbuchs über die Erteilung von Abschriften und Bescheinigungen aus dem Handelsregister und aus den zu dem Handelsregister eingereichten Schriftstücken finden auch auf die Liste der Genossen und auf die zu der Liste eingereichten Schriftstücke Anwendung.

Einrichtung der Liste.

§ 27. Die Liste der Genossen wird für jede in das Register eingetragene Genossenschaft nach dem anliegenden Formulare geführt. Sie bildet eine besondere Beilage zum Genossenschaftsregister.

Auf dem Titelblatte der Liste sind die Firma und der Sitz der Genossenschaft sowie Beginn und Ende des Geschäftsjahrs (Gesetz § 8 Abs. 1 Nr. 3, § 12 Abs. 1 Nr. 6) anzugeben.

Bei jeder Eintragung ist der Tag der Eintragung anzugeben; eine Unterzeichnung der Eintragung ist nicht erforderlich.

Die Anträge, Schriftstücke und Verfügungen, auf Grund deren die Eintragung stattfindet, sind mit der laufenden Nummer, unter welcher der Genosse in die Liste eingetragen ist, zu versehen und, nach Jahrgängen gesammelt, aufzubewahren.

Liste der Zweigniederlassung.

§ 28. Eine Liste der Genossen wird auch bei jedem Gerichte geführt, in dessen Register eine Zweigniederlassung der Genossenschaft eingetragen ist. Die Eintragungen in diese Liste erfolgen nicht auf Grund unmittelbarer Anzeigen oder Anträge der Beteiligten, sondern auf Grund der von dem Gerichte der Hauptniederlassung dem Gerichte der Zweigniederlassung gemachten Mitteilungen über die in der Hauptliste bewirkten Eintragungen (Gesetz § 158 Abs. 1).

Eintragung des Beitritts.

§ 29. In den Spalten 1 bis 4 werden die Mitglieder der Genossenschaft unter laufenden Nummern nach Familiennamen, Vornamen, Beruf und Wohnort eingetragen.

Als erste Mitglieder einer zur Eintragung angemeldeten Genossenschaft sind die Unterzeichner des Statuts einzutragen. Es ist darauf zu achten, daß diese auch in der mit der Anmeldung des Statuts von dem Vorstand eingereichten besonderen Liste (Gesetz § 11 Abs. 2 Nr. 2) aufgeführt sind.

Bei der Eintragung eines Genossen, der nach der Anmeldung des Statuts der Genossenschaft beitritt, hat das Gericht zu prüfen, ob die Beitrittserklärung (Gesetz § 15) die Unterschrift des Genossen trägt, eine unbedingte ist und bei Genossenschaften mit unbeschränkter Haftpflicht oder unbeschränkter Nachschußpflicht die in den §§ 120, 127 des Gesetzes vorgeschriebene Bemerkung enthält, sowie ob die Einreichung ordnungsmäßig durch den Vorstand erfolgt ist (§ 7 dieser Vorschriften).

Auf die Echtheit der Unterschrift und die Wirksamkeit der Beitrittserklärung erstreckt sich die Prüfung des Gerichts nicht; vielmehr bleibt es im Allgemeinen den Beteiligten überlassen, Mängel in dieser Richtung im Wege der Klage geltend zu machen. Eine Ablehnung der Eintragung aus solchen Gründen ist jedoch nicht ausgeschlossen, falls die Unwirksamkeit der Beitrittserklärung, ohne daß es weiterer Ermittelungen bedarf, aus den dem Gerichte bekannten Tatsachen sich als zweifellos ergibt.

Bei der Benachrichtigung des Genossen und des Genossenschaftsvorstandes über die Vornahme der Eintragung (Gesetz § 15 Abs. 4, oben § 3) ist die laufende Nummer, unter welcher die Eintragung bewirkt ist, anzugeben.

Eintragung weiterer Geschäftsanteile.

§ 30. Die Spalten 5 und 6 dienen zur Eintragung der weiteren Geschäftsanteile bei solchen Genossenschaften mit beschränkter Haftpflicht, deren Statut die Beteiligung der Genossen auf mehr als einen Geschäftsanteil gestattet (Gesetz §§ 134 bis 137). Der erste Geschäftsanteil wird nicht eingetragen.

Die Eintragung erfolgt auf Grund der von dem Vorstand eingereichten Beteiligungserklärung des Genossen und der schriftlichen Versicherung des Vorstandes, daß die übrigen Geschäftsanteile des Genossen erreicht seien.

Bei der Einreichung der Urkunden ist die Nummer, unter welcher der Genosse in die Liste eingetragen ist, anzugeben.

Hinsichtlich der Prüfung der Urkunden finden die Vorschriften des § 29 Abs. 3, 4 entsprechende Anwendung.

Bei anderen, als den im Abs. 1 bezeichneten Genossenschaften ist die fünfte und sechste Spalte der Liste mit Rücksicht auf die Möglichkeit einer späteren Umwandlung der Genossenschaft offen zu lassen.

Einreichung der Urkunden im Falle des Ausscheidens von Genossen.

§ 31. Die Eintragung des Ausscheidens von Genossen erfolgt auf Grund der vom Vorstand eingereichten Urkunden. Diese sind:

1. im Falle der Aufkündigung eines Genossen (Gesetz §§ 65, 69) die Kündigungserklärung des Genossen und die schriftliche Versicherung des Vorstandes, daß die Aufkündigung rechtzeitig erfolgt sei;
2. im Falle der Aufkündigung des Gläubigers eines Genossen (Gesetz §§ 66, 69) die Kündigungserklärung des Gläubigers und die in Nr. 1 bezeichnete Versicherung des Vorstandes, außerdem beglaubigte Abschrift des rechtskräftigen Urteils oder sonstigen Schuldtitels und des Beschlusses, durch welchen das Geschäftsguthaben des Genossen für den Gläubiger gepfändet und diesem überwiesen ist, sowie des Protokolls des Gerichtsvollziehers oder der sonstigen Urkunden, aus denen sich die Fruchtlosigkeit einer innerhalb der letzten sechs Monate vor der Pfändung und Ueberweisung des Geschäftsguthabens gegen den Genossen versuchten Zwangsvollstreckung ergibt;
3. im Falle der Aufgabe des Wohnsitzes eines Genossen bei Genossenschaften, deren Statut die Mitgliedschaft an den Wohnsitz innerhalb eines bestimmten Bezirkes knüpft (Gesetz § 8 Abs. 1 Nr. 2, §§ 67, 69), die Austrittserklärung des Genossen oder Abschrift der an den Genossen gerichteten Erklärung, mit welcher die Genossenschaft das Ausscheiden des Genossen verlangt hat, sowie eine Bescheinigung der Polizei- oder Gemeindebehörde über den Wegzug aus dem Bezirke;
4. im Falle der Ausschließung eines Genossen aus der Genossenschaft (Gesetz §§ 68, 69) Abschrift des Ausschließungsbeschlusses;
5. im Falle der Uebertragung des Geschäftsguthabens (Gesetz §§ 76, 138) die zwischen dem Ausscheidenden und dem Erwerber des Guthabens wegen der Uebertragung geschlossene Uebereinkunft oder eine beglaubigte Abschrift der Uebereinkunft und,

falls der Erwerber bereits Mitglied der Genossenschaft ist, die schriftliche Versicherung des Vorstandes, daß das bisherige Geschäftsguthaben des Erwerbers mit dem ihm zuzuschreibenden Betrage den Geschäftsanteil oder — im Falle des § 138 des Gesetzes — die der höchsten Zahl der Geschäftsanteile entsprechende Gesamtsumme nicht übersteigt,

falls der Erwerber des Guthabens noch nicht Mitglied der Genossenschaft ist, seine vorschriftsmäßige Beitrittserklärung;

6. im Falle des Todes eines Genossen (Gesetz § 77) eine Anzeige des Sterbefalls; als solche genügt eine von den Angehörigen des Verstorbenen veröffentlichte oder der Genossenschaft erstattete Anzeige und mangels einer solchen die Erklärung des Genossenschaftsvorstandes, daß der Todesfall eingetreten sei.

Zeit der Einreichung.

§ 32. In den Fällen der Aufkündigung des Genossen oder des Gläubigers eines Genossen hat die Einreichung der Urkunden durch den Vorstand spätestens sechs Wochen vor dem Schlusse des Geschäftsjahrs (Gesetz § 69 Abs. 1) zu erfolgen. Die Einreichung der im Laufe des Geschäftsjahrs erfolgten Aufkündigungen kann bis zu dem bezeichneten Zeitpunkt aufgeschoben und zusammen bewirkt werden.

Dasselbe gilt in den Fällen der Austrittserklärung wegen Aufgabe des Wohnsitzes und der Ausschließung; sind jedoch diese Tatsachen erst in den letzten sechs Wochen des Geschäftsjahrs eingetreten, so ist die Einreichung unverzüglich zu bewirken.

In den Fällen der Uebertragung des Geschäftsguthabens und des Todes eines Genossen hat die Einreichung durch den Vorstand unverzüglich zu erfolgen.

Bei der Einreichung der Urkunden ist die Nummer, unter welcher der ausscheidende Genosse in die Liste eingetragen ist, anzugeben.

Hinsichtlich der Prüfung der Urkunden finden die Vorschriften des § 29 Abs. 3, 4 entsprechende Anwendung.

Eintragung des Ausscheidens.

§ 33. Das Ausscheiden von Genossen wird in den Spalten 7 bis 9 der Liste eingetragen.

Außer der das Ausscheiden begründenden Tatsache (§ 31 Nr. 1 bis 6) ist in den Fällen der Aufkündigung, des Wegzugs aus dem Bezirk und der Ausschließung in der Spalte 8 zugleich der Jahresschluß, zu welchem die Aufkündigung, Austrittserklärung oder Ausschließung erfolgt ist, zu vermerken.

Im Falle der Uebertragung des Geschäftsguthabens ist in der Spalte 8 außer der Uebertragung die Person des Erwerbers und die laufende Nummer, unter welcher er in die Liste eingetragen ist oder eingetragen wird, anzugeben. Ist der Erwerber noch nicht Genosse, so darf die Uebertragung nur gleichzeitig mit dem Beitritte des Erwerbers eingetragen werden.

Im Falle des Todes eines Genossen ist der Zeitpunkt des Todes zu vermerken.

§ 34. Der Tag des Ausscheidens wird in der Spalte 9 eingetragen. Da mit den im Gesetze bestimmten Ausnahmen das Ausscheiden nur zum Schlusse eines Geschäftsjahrs und nur nach erfolgter Eintragung wirksam wird, so kann als Zeitpunkt des Ausscheidens regelmäßig nur der letzte Tag des Geschäftsjahrs, in welchem die Eintragung stattfindet, eingetragen werden.

Soll nach den eingereichten Urkunden das Ausscheiden nicht zum Schlusse des laufenden, sondern eines späteren Geschäftsjahrs stattfinden, so ist dieser spätere Zeitpunkt einzutragen.

Wird die Einreichung der Urkunden oder die Eintragung selbst erst nach dem Jahresschlusse, mit welchem das Ausscheiden stattfinden sollte, bewirkt, so kann es erst mit dem nächsten Jahresschlusse wirksam werden; in diesem Falle ist deshalb der letztere Zeitpunkt als Tag des Ausscheidens in die Liste einzutragen. Eine Ausnahme gilt für die Eintragung des Ausscheidens bei Todesfällen, indem hier das Ausscheiden des Erben nicht von der vorgängigen Eintragung in die Liste abhängig ist (Gesetz § 77). Auch bei verspäteter Einreichung der Todesanzeige ist deshalb der letzte Tag desjenigen Geschäftsjahrs, in welchem der Todesfall eingetreten ist, als Zeitpunkt des Ausscheidens einzutragen.

Auf den Fall des Ausscheidens durch Uebertragung des Geschäftsguthabens finden die vorstehenden Bestimmungen keine Anwendung. In diesem Falle wird das Ausscheiden unmittelbar durch die Eintragung wirksam; der Tag der letzteren ist deshalb auch der Zeitpunkt des Ausscheidens und als solcher in der Liste zu vermerken.

Eintragung von Vormerkungen.

§ 35. Vormerkungen zur Sicherung des Ausscheidens (Gesetz § 71) werden in den Spalten 7 und 8 eingetragen. Die Eintragung erfolgt auf Antrag des Genossen, welcher das Ausscheiden beansprucht, im Falle des § 66 des Gesetzes auf Antrag des Gläubigers des Genossen. Die Tatsachen, auf welche der Anspruch begründet wird (rechtzeitig bewirkte Aufkündigung, Uebertragung des Geschäftsguthabens, Tod des Erblassers usw.), sind anzugeben; des Nachweises oder der Glaubhaftmachung bedarf es nicht.

Der Zeitpunkt, zu welchem das Ausscheiden beansprucht wird, ist ebenfalls in der Spalte 8 anzugeben. Er bestimmt sich nach den Grundsätzen, welche maßgebend sein würden, wenn statt der Vormerkung das Ausscheiden selbst einzutragen wäre (§ 34). In der Spalte 9 wird der hiernach vorgemerkte Zeitpunkt erst eingetragen, wenn das Ausscheiden durch Anerkenntnis des Vorstandes oder durch rechtskräftiges Urteil festgestellt ist und dies in die Liste eingetragen wird (Gesetz § 71 Abs. 2).

Unwirksame Eintragungen; Berichtigung von Schreibfehlern.

§ 36. Ist die Unwirksamkeit einer Eintragung durch eine übereinstimmende Erklärung des beteiligten Genossen und des Vorstandes der Genossenschaft in beglaubigter Form anerkannt oder durch rechtskräftiges Urteil festgestellt, so ist dies auf Antrag eines der beiden Teile in der letzten Spalte einzutragen.

Schreibfehler und ähnliche offenbare Unrichtigkeiten,

die in einer Eintragung vorkommen, sind von dem Gerichte durch einen Vermerk in der letzten Spalte zu berichtigen.

§ 37. Die Liste der Genossen ist dauernd aufzubewahren.

Auf die nach Jahrgängen gesammelten Anträge, Schriftstücke und Verfügungen (§ 27 Abs. 4) findet die Vorschrift des § 25 Abs. 2 entsprechende Anwendung.

Berlin, den 1. Juli 1899.

Der Reichskanzler.

Fürst zu Hohenlohe.

Anlage.

Liste der Genossen

für

....

Das Geschäftsjahr beginnt am ....

und endigt am ....

Laufende Nummer	Genossen			Weitere Geschäftsanteile	
	Tag der Eintragung	Name und Beruf	Wohnort	Tag der Eintragung	Zahl der weiteren Geschäftsanteile
1.	2.	3.	4.	5.	6.
1.	4. Februar 1900	Meier, Wilhelm, Schlossermeister	Merseburg		
2.	4. Februar 1900	Böttcher, Hermann, Tischlermeister	„		
3.	15. März 1900	Kraus, Philipp, Kaufmann	„	15. Dezbr. 1900 1. Juni 1901	1 1 2
4.	15. März 1900	Himmelreich, Anton, Klempnermeister	„		
5.	15. März 1900	Kannegießer, Adolf, Auslaufer	„		
6.	15. März 1900	Müller, Hans, Landwirt	Bolzhausen	1. Mai 1901	1
7.	2. April 1900	Schulz, Eduard, Gastwirt	Merseburg		
8.	1. April 1900	Becker, Matthias, Maurermeister	„		

Ausscheiden			Bemerkungen
Tag der Eintragung	Grund des Ausscheidens	Tag des Ausscheidens	
7.	8.	9.	10.
18. November 1902	Aufkündigung zum 31. Dezember 1902	31. Dezember 1902	
			Die Eintragung des Beitritts ist durch rechtskräftiges Urteil für unwirksam erklärt. Eingetragen am 6. Juli 1901.
7. August 1902	Gestorben am 30. Juli 1902	31. Dezember 1902	
5. Juni 1901	Übertragung des Guthabens an .... (Nr. .....)	5. Juni 1901	
25. Januar 1903	Ausschließung zum 31. Dezember 1903	31. Dezember 1903	
20. Dezember 1903 4. März 1904	Vorgemerkt Kündigung zum 31. Dezember 1903 Anerkannt	31. Dezember 1903	
20. Dezember 1902	Wegen Aufgabe des Wohnsitzes im Bezirk ausgetreten zum 31. Dezember 1902	31. Dezember 1902	

Sachregister.

Die fetten Ziffern bedeuten die Paragraphen des Gesetzes, die anderen Ziffern die Seiten.

A.

Abänderung (s. auch Änderung) des Statuts **16**, 46; **29**, 77; 169; **95**, 193; 230; — der Vorschußberechnung **113**, 215; — d. Haftsumme **131**, 228; — d. Beteiligung auf mehrere Anteile **134**, 231.

Abberufung der Liquidatoren **83**, 173.

Abgabe von Waren **32**, 80; 256.

Abkürzung der Firma 13.

Absatzgenossenschaften **1**, 1, 6.

Abschlagsdividende 57; 60.

Abschreibung von Verlust **19**, 56.

Abschrift des Statuts **11**, 33; **14**, 38; — des Beschlusses d. Generalversammlung **16**, 46; — Bestellungsurkunden **28**, 76; **82**, 176; — der Bilanz **48**, 120; — des Revisionsberichts **63**, 139; — b. Gläubigerkündigung **66**, 145; — b. Einreichung der Kündigung **69**, 151; — über Liquidatorenbestellg. **84**, 176; — des Statuts ꝛc. b. Vorschußberechnung **106**. 207.

Abtretung einzelner Anteile 233.

Amortisationsfond, Beiträge 142.

Amtsenthebung d. Vorstands **40**, 100; — von Beamten 100; — der Liquidatoren **83**, 173.

Aenderung des Vorstands **28**, 76; **29**, 77; — der Liquidatoren **84**, 175.

Anerkennung d. Ausscheidens **71**, 154.

Anfechtung der Eintragung **15**, **44**, **45**; — von Beschlüssen der Generalversammlung **51**, 122, 159; — unbegründete **52**, 131; — d. Ausschlußbeschlusses **149**; — im Konkurs **207**; — der Vorschußberechnung **210**; **111**, 212; **112**, 213.

Anfechtungsprozesse **51**, 122.

Angaben, falsche **147**, 240.

Angelegenheiten, öffentliche, **149**, 242.

Anhörung des Vorstandes ꝛc. 114; — vor Konkurseröffnung **100**, 200; — über Vorschußberechnung **108**, 209.

Ankündigung des Gegenstandes der Generalversammlung **45**, 113; — Voraussetzung der Beschlußfassung **46**, 116; — des Revisionsberichts **63**, 139.
Anlegung von Geldbeständen **8**, 25; — im Konkurs **110**, 211.
Anleihen der Genossenschaft **49**, 121.
Anmeldung des Statuts **11**, 33; — der Zweigniederlassung **14**, 38; — von Statutenänderung **16**, 46, 48; — Änderung d. Vorstandes **28**, 76; — keine für Aufsichtsrat 91; — der Auflösung **78**, 167; — d. Liquidatoren **84**, 175; — der Zeichnung d. Liquidatoren **85**, 177; — Aufforderung hiezu **133**, 230; — d. Herabsetzungsbeschlusses **133**, 230; — Form **157**, 246.
Ansiedelung 7.
Anteil an Schuldendeckung **73**, 157; 160.
Anteile s. Geschäftsanteile.
Anweisung 63; **31**, 80; — als Zahlungssurrogat **32**, 81; — für Revisionsverbände **64**, 141.
Anzeige s. Einreichung.
Arten der Genossenschaften **1**, 1 ff.; **2**, 10; 219 ff., 226 ff.; 228 ff.
Aufbewahrung s. Verwahrg.
Aufforderung an Gläubiger **82**, 172; **133**, 230.
Aufgabe des Wohnsitzes **67**, 147.
Aufhebung des Konkursverfahrens **116**, 218.
Aufkündigung s. Kündigung.
Aufleben der Genossenschaft 190.
Auflösung 14; **22**, 61; — Anfechtung des bezügl. Beschlusses 129; — der Genossenschaft **75**, 161; **76**, 163; 165; — der Genossenschaft 167 ff.; — durch Beschluß **78**, 167; — Zeitablauf **79**, 168; — von Amtswegen **80**, 169; — durch Verwaltungsbehörde **81**, 170; — Anmeldung ꝛc. **82**, 172; — Rechtsverhältnisse während **87**, 178; — Reinvermögen **92**, 188; — Überschuldung nach A. **98**, 197; — durch Konkurs **101**, 201; — Beschlußfassung **121**, 220; **133**, 230.
Aufnahme als Genosse **15**, 42; — Verweigerung 43; — Klage 124; — mit mehreren Anteilen **136**, 232.
Aufnahmeerklärung 22.
Aufrechnung **22**, 62; 64; — im Konkurs 159; 160; **105**, 204.
Aufsichtsrat als Organ der G. **9**, 30; — Bestellung **11**, 33; — keine Veröffentlichung 36; — Vertretung 67; **27**, 75; **36**, 88; **37**, 92. — Überwachungspflicht **38**, 94; — Vertretung der G.

39, 98; — Amtsenthebung des Vorstands 40, 100; — Sorgfalt 41, 101; — Zustimmung zu Vollmachten 103; — Stimmrecht 109; Anfechtungsrecht 51, 122; — Zuziehung zur Revision 63, 139; — Liquidatorenbestellung 83, 173; — Prüfung d. Liquidatorenbilanz 183; — Haftung 90, 184; — Klage auf Nichtigkeit 94, 191; — im Konkurs 104, 203; — Anhörung über Vorschußberechnung 108, 209; — Ersatzverpflichtung 142, 236.

Aufstellung der Bilanz 7, 23; 89, 182.

Ausdehnung des Geschäftsbetriebs 8, 24.

Auseinandersetzung, 66, 144; — Unterlagen 58; 120; 73, 157.

Ausfall bei Schlußverteilung 122, 221.

Auskunftspflicht des Vorstands 108, 139.

Auslagen des Revisors 62, 138; — d. Registergerichts 156; 159, 247.

Ausland 18.

Ausscheiden des Genossen 141 ff; 125, 224; 128, 226; — bei Umwandlung 145, 239.

Ausschließung, Anfechtung 124; 68, 148.

Austritt 65, 141; — Erschwerung 144; — Wohnsitzverlegung 67, 147.

Austrittsgeld 142.

Auswanderung 8.

Auszahlung des Gewinnes 19, 56; — d. Geschäftsguthabens 73, 157, 160; — Klage 74, 161; — unberechtigte 142, 236.

Auszug des Statuts, Veröffentlichung 12, 35; — aus Vorschußberechnung 109, 211.

B.

Bank, Bezeichnung in der Firma 13.

Beamte 37, 92; 42, 102.

Beamtenvereine 256.

Beendigung des Amts des Vorstands 69; 28, 76; 176.

Befriedigung der Konkursgläubiger 105, 204; 115, 217; 128, 226; — bei Herabsetzung der Haftsumme 133, 230.

Beglaubigung, Zeichnung des Vorstands 11, 34; — der Kündigungsunterlagen 66 144; — der Kündigungsanerkennung 71, 155; — der Zeichnung der Liquidatoren 84, 176; — des Statuts 106, 207; — der Anmeldungen 157, 246.

Behörde, Legitimation gegenüber 26, 74; — Bescheinigung 67, 147.

Beilagen der Anmeldung 11, 33, 34.

Beiträge zur Verlustdeckung 73, 157; — s. auch Nachschußpflicht.
Beitritt 15, 41; 76, 162; — nach Auflösung 168; 170.
Beitrittserklärung durch Bevollmächtigte 15; — für Erwerb der Mitgliedschaft 15, 41; — Natur der B. 43; — bei e. G. m. u. H. 120, 220; — bei e. G. m. u. N. 127, 226; bei e. G. m. b. H. 137, 232.
Beitrittsgeld 21; 43.
Beitrittsversprechen 42.
Bekanntmachung, Form der 6, 17, 19; — von Änderungen 29, 77; — der Genossenzahl 33, 81; — des Zwecks d. Generalversammlung 46, 115; — der Klage und Urteilseintragung 51, 122; 129; — der Auflösung 168; 82, 172; — der Liquidationsbilanz 89, 182; — zur Hebung von Statutenmängeln 95, 193; — keine der Konkurseröffnung 102, 202; — der Vorschußberechnung 107, 209; — des Beschlusses der Herabsetzung der Haftsumme 133, 230; — der Eintragungen überhaupt 156, 246.
Benachrichtigung d. Genossen von Eintragung 15, 42; 72. 156.
Berichtigung der Vorschußberechnung 108, 210; 113, 215; 114, 216.
Berufung s. Generalversammlung.
Bescheinigung des Registergerichts 26, 73; — des Revisors 63, 139; — über Wohnsitzverlegung 67, 147.
Beschluß d. Generalversammlung 16, 46; — Ausführung vor Eintragung 49; — Gültigkeit 107; — Voraussetzung der Gültigkeit 46, 116; — Anfechtung 51, 122; — über Ausschließung 68, 148; 69, 151; — über Auflösung 78, 167; — Fortsetzung 169; — Auflösung von Amts wegen 80, 169; über Auflösung bei e. G. m u. H. 121, 220.
Beschlußfähigkeit des Aufsichtsrats 36, 88; — der Generalversammlung 108; — Mangel 148, 241.
Beschlußfassung d. Aufsichtsrats 90.
Beschränkung des Vorstands 67; 27, 74.
Beschwerde gegen Ablehnung der Eintragung 45; — des Antrags auf Generalversammlung 115; — Recht der Genossen 127; 154; — gegen gerichtlichen Auflösungsbeschluß 80, 169; — gegen Abweisung des Konkursantrags 201; — gegen Prozeßverweisung 112, 214; — wegen Publikationsorganen 246.
Besoldung 24, 66; 69; 90.

Bestellung von Vorstand und Aufsichtsrat **11**, 33, 35; **24**, 66; **28**, 76; — d. Revisors **54**, 132; **56**, 133; **57**, 134; **60**, 136; **61**, 136.
Bestimmungen wesentliche des Statuts **6**, 17; **7**, 19; **8**, 24; **95**, 193.
Bestreitung von Forderungen **115**, 217; **122**, 222.
Beteiligung auf mehrere Geschäftsanteile **134**, 231; **136**, 232; **137**, 232.
Betrieb, gemeinschaftlicher **1**, 1, 3; — mit Nichtmitgliedern **8**, 25; — von Darlehensgen. **8**, 25; — durch Bevollmächtigte **42**, 102.
Beurkundung der Beschlüsse der Generalversammlung **6**, 17, 18; **47**, 118.
Bevollmächtigte für Beitritt 15; — für Gründung 16; nicht für Anmeldung des Statuts 34; — für Prozeßführung **39**, 88; — für Geschäftsführung **42**, 102; — für Generalversammlung **43**, 105; — zur Einsicht des Protokollbuchs 119; — für Kündigung 142; — Stimmrecht für Erben **77**, 165; — für Büchereinsicht 190.
Beweislast für Nichtunterzeichnung des Statuts 35; — für Eingehung neuer Geschäfte 181.
Bezirk des Revisionsverbands **56**, 133; **57**, 134; **59**, 135; — des Wohnsitzes **8**, 24; **67**, 147.
Bilanz 7, 20; 53; **19**, 56; **33**, 81; **38**, 94; **43**, 105; **48**, 120; **73**, 157; **89**, 182; **99**, 198; **106**, 207; **139**, 234; **140**, 235.
Bilanzverschleierung **147**, 240.
Binnenschiffahrt 8.
Blätter s. Bekanntmachungen **6**, 17, 19; **51**, 122; **82**, 172; **156**, 246.
Börsentermingeschäfte 50.
Bücher, Führung 22; **33**, 81; — Einsicht **38**, 94; 97; 101; — durch Revisor **63**, 139; — Verwahrung **93**, 189.
Buchführung, doppelte 121.
Bundesrat, Verleihung des Rechts zur Revisorenbestellung **57**, 134; — Ausführungsvorschriften **161**, 249; 257 ff.
Bürgen **39**, 98.
Bürgerrecht jur. Personen 67.

C, siehe Z.

D.

Darlehen an Genossen 5; **8**, 25; **49**, 121; — an Vorstandsmitglieder **39**, 98.
Darstellungen, unwahre **147**, 240.
Datum des Statuts **12**, 35.
Dauer s. Zeitdauer.
Decharge s. Entlastung.
Delegation **38**, 94.

Deliktsfähigkeit 50.
Dienstvertrag 69; 90; 100; 103; — im Konkurs 203.
Dispositionsfond 60.
Dividende 120.
Dividendenausgleichreserve 24.
Dividendenmarken 81.
Duldungspflicht, genossenschaftliche 47; 107; 124.

E.

Ehefrau 15; 142.
Ehrenrechte, Verlust **68**, 148; **147**, 240.
Eidesleistung 66.
Eigentumserwerb an Grundstücken **17**, 49.
Eingabe wegen Generalversammlung **45**, 113.
Einkaufbücher 80.
Einreichung der Beitrittserklärung **15**, 42, 44; — des Urteils **51**, 122; — der Anzeige der Versammlung des Revisionsverbands **59**, 135; **150**, 242; — der Revisionsbescheinigung **63**, 138; — der Kündigung 2c. **69**, 151; — der Todesanzeige **77**, 165; — der Liquidationsbilanz **89**, 182; — der Vorschußberechnung **106**, 207; — der Bekanntmachung der Herabsetzung d. Haftsumme **133**, 230; — der Erklärung auf mehrere Anteile **137**, 232; — Bekanntmachung **156**, 246.
Einrichtungen der G., Prüfung **53**, 131.
Einsicht der Liste der Genossen **12**, 36; — der Bücher **38**, 94; 101; **47**, 118; **48**, 120; **93**, 189; — durch Revisor **63**, 139; — der Vorschußberechnung **107**, 209.
Einstellung des Konkursverfahrens **116**, 218.
Eintragung, Rechtsverhältnisse vor E. des Statuts **13**, 37; — der Beitrittserklärung **15**, 41, 44; — Heilung 45; — Ablehnung 45; — von Beschlüssen d. Generalversammlung **16**, 46, 48; — v. Änderungen d. Vorstands **28**, 76; **29**, 77; — von Beschlüssen d. Generalversammlung 108; — ins Protokollbuch **47**, 118; — von Urteilen **51**, 123; — d. Ausscheiders **70**, 153; — der Übertragungsübereinkunft **76**, 162; — Benachrichtigung **72**, 156; — der Auflösung **78**, 167; — **82**, 172; — d. Liquidatoren **84**, 176; — der Nichtigkeit **97**, 196; — des Konkurses **102**, 202; — des Todes **77**, 165; **125**, 225; — der Beteiligung mit mehreren Anteilen **137**, 232.
Einwendungen gegen Vorschußberechnung **108**, 209.
Einzahlung s. Geschäftsanteil.
Einzahlungsfrist **22**, 61.

Einzelangriff **122**, 221; **123**, 223; 226.
Einziehung der Forderungen **88**, 180; — der Beiträge im Konkurs **109**, 211; — der Nachschüsse **130**, 228.
Enthebung s. Amtsenthebung.
Entlastung 85; **37**, 92, 109.
Entschädigung, Anspruch 70; — bei Auflösung **81**, 170.
Entscheidung über Vorschußberechnung **108**, 210.
Entziehung des Rechts zur Revisorenbestellung **60**, 136.
Erbe, Fortsetzung der Mitgliedschaft **77**, 165; — Haftung 225.
Erhöhung s. Geschäftsanteil, Haftsumme.
Erklärung über Vorschußberechnung **107**, 209; — über mehrere Anteile **137**, 232.
Erlaßvertrag 63.
Ermächtigung zur Berufung der Generalversammlung **45**, 113; — zur Büchereinsicht **93**, 189.
Eröffnung s. Konkursverfahren.
Eröffnungsbilanz 53.
Errichtung der Genossenschaft **1**, 1 ff.
Ersatzverpflichtung des Vorstands **34**, 84; **99**, 198; — des Aufsichtsrats **44**, 101; — der Liquidatoren **90**, 184; — bei unberechtigter Auszahlung **142**, 236.
Ersatzwahlen 68.
Erstattung v. Mehrleistungen im Konkurs **105**, 204.
Exceptio doli 76.

F.

Falsche Angaben in Bilanz ꝛc. **147**, 240.
Fehlbetrag bei Ausscheiden **73**, 157; — Deckung im Konkurs **106**, 207.
Festsetzungsgesuch **62**, 138.
Firma **3**, 12 ff; **6**, 17; — Firmenwahrheit 13; — Abkürzung 13; — Firmenrecht 14; — Bestimmung für Zweigniederlassung 67; — Veröffentlichung **12**, 36; — Zeichnung **25**, 71; **84**, 175; — der Liquidatoren **85**, 177.
Fischereiverkaufsgenossenschaften 9.
Flaggenrecht 8.
Förderung als Zweck der Genossenschaft **1**, 1 ff.
Form für Berufung der Generalversammlung ꝛc. **6**, **17**, 18; **95**, 193.
Fortbestand der Genossenschaft, Wirkung der Auflösung **88**, 180; 190, 201.
Fortsetzung der Genossenschaft **16**, 46; 169.
Frauen als Mitglieder 15; — als Vorstand 68; — in Generalversammlung **43**, 105.
Frist der Berufung der Generalversammlung **46**, 116; — der Auslegung der Bilanz **48**, 120; — der Anfech-

tung von Beschlüssen der Generalversammlung **51**, 122; — der Kündigung **65**, 141; — der Kündigungseinreichung **69**, 151; — für Nichtigkeitsklage 195.

G.

Garantie von Zinsen 61, 74.
Gebühren f. Revisorbestellung 137; — für Eintragung 156; **159**, 248.
Gefährdung f. Gemeinwohl.
Gegenstand d. Unternehmens 3; **3**, 12; **6**, 17; — Abänderung **16**, 46; — der Beschlußfassung **45**, 113; **46**, 116.
Gemeinde als Genosse 16; — Anfall des Reinvermögens **92**, 188.
Gemeinwohl, Gefährdung durch Revisionsverband **60**, 136; — durch Genossenschaft **81**, 170.
Generalversammlung, Form der Berufung **6**, 17, 18; — Zuständigkeit **16**, 46; **24**, 65; **27**, 74; — Entlastung **85**; — Wahl des Aufsichtsrats **36**, 88; — Berufung durch Aufsichtsrat **38**, 94; — Prozeßführung **39**, 98; — Entscheidung üb. Amtsenthebung **40**, 100; — allgemeine Zuständigkeit **43**, 105; — Berufung **44**, 111; **45**, 113; **46**, 116; — außerordentliche **46**, 116; — Protokollierung der Beschlüsse **47**, 118; — Bilanzgenehmigung **48**, 120; — Anleihen **49**, 121; — Festsetzung der Einzahlung auf Geschäftsanteil **50**, 122; — Anfechtung eines Beschlusses **51**, 122; — des Revisionsverbands **59**, 135; — Bericht über Revision **63**, 138; — Befugnisse b. Ausschließg. 149, 150; — Auflösungsbeschluß **78**, 167; — Bestimmung der Liquidatoren **83**, 173; — Zuständigkeit während Liquidation 180, 183; — unzulässiger Beschluß über Verteilung **90**, 184; — Bestimmung der Verwahrung d. Bücher **93**, 109; — Heilung von Statutenmängeln **95**, 193; — Berufung im Konkurs **104**, 203; — Berufung bei Überschuldung **121**, 220; **126**, 226.
Genosse, techn. Bezeichnung 11; — Zahl **4**, 14; — Fähigkeit als G. 15 ff.; **9**, 30, 65; — Veröffentlichung d. Zahl **33**, 81; — Rechte **43**, 105; **45**, 113; **47**, 118; — Anteil **48**, 120; — Kreditgewährung **49**, 121; — Anfechtungsrecht **51**, 122; — Recht der Kündigung **65**, 141; — Austritt **67**, 147; — Ausschluß **68**, 148; — Einreichung der Kündigung ꝛc. **69**, 151; — Eintragung d. Ausscheidens **70**, 153; —

Antrag auf Vormerkung des Ausscheidens **71**, 154; — Benachrichtigung **72**, 156; — Auseinandersetzung **73**, 157; — Klage **74**, 161; — Übertragung **76**, 162; — Tod **77**, 165; — Herabsinken unter Mindestzahl **80**, 169; — Antrag auf Ernennung der Liquidatoren **83**, 173; — Verwahrung der Bücher **93**, 189; — Klage auf Nichtigkeit **94**, 191; — Haftung b. Nichtigkeit **97**, 196; — Nachschußpflicht **105**, 204; — Vorschußpflicht **106**, 207; — Anfechtung der Vorschußberechnung **111**, 212; — Nachschüsse **114**, 216; — Haftung bei e. G. m. u. H. **122**, 221; — Rückgriffsrecht **124**, 224; — Haftung bei e. G. m. b. H. **135**, 231; — Beteiligung m. mehreren Anteilen **134**, 231; **136**, 232; **137**, 232; — Übertragung v. Anteilen **138**, 233.

Genossenschaft, Begriff **1**, 1 ff.; — Formen **1**, 1, 5 ff.; — öffentlich-rechtliche 9; — Art der Haftung **2**, 10 ff.; — als Kaufleute **12**, 22; **17**, 49; — Organe **9**, 30; — Rechtsverhältnisse vor Eintragung **13**, 37; — als Kaufmann **17**, 49; — juristische Person 49; — Geschäftsführung u. Vertretung **24**, 65 ff.; **26**, 73 ff.; **27**, 74; — Buchführung **33**, 81; — Vertretung durch Aufsichtsrat **39**, 98; — Zugriffsrecht 102; — Angelegenheiten d. G. **43**, 105; — Interessen **44**, 111; — Anleihen **49**, 121; — Klage gegen die G. **51**, 122; — Schadensersatz **52**, 131; — Prüfung der Einrichtungen **53**, 131; — Nichtzugehörigkeit z. Revisionsverband **61**, 136; — Vergütung des Revisors **62**, 138; — Prüfung durch Revisor **63**, 139; — Austritt aus **65**, 141; — Erklärung des Ausscheidens **67**, 147; — Auseinandersetzung **73**, 157; — Auflösung **75**, 161; — Ausscheiden durch Übertragung **76**, 162; — Auflösung und Nichtigkeit 167 ff.; — Zeitdauer 8, 24; **12**, 36; **79**, 168; — Auflösung wegen Mindestzahl **80**, 169; — durch Verwaltungsbehörde **81**, 170; — Eintragung d. Auflösung **82**, 172; — Anmeldung der Liquidatoren **84**, 176; **85**, 178; — Einreichung der Liquidationsbilanz **89**, 182; — Ersatzanspruch von Liquidatoren **90**, 184; — Reinvermögen bei Auflösung **92**, 188; — Aufbewahrung d. Bücher ꝛc. **93**, 189; — Nichtigkeitserklärung **94**, 191; — Eintragung der Nichtigkeit **97**,

196; — Zahlungsunfähigkeit **98**, 197; **99**, 198; — Ersatzansprüche **34**, 84; **41**, 101; **99**, 198; — Auflösung durch Konkurs **101**, 201; — m. u. H. 219 ff; — Haftung **122**, 221; — m. u. N. **126** ff., 226 ff. — m. b H. **131**, 228; — Ersatzansprüche der Gläubiger **142**, 236; — Umwandlung **143** ff., 237 ff.
Genossenschaftsgericht 10, 31; **80**, 169; **81**, 171; **83**, 173; **93**, 189; **137**, 232; **158**, 247; **160**, 248.
Genossenschaftsregister, Eintragung **10**, 31, 33; **13**, 37; **14**, 38; **15**, 41; **16**, 46; **28**, 76; **29**, 77; **33**, 81; **63**, 138; **69**, 151, 155; **77**, 165; **78**, 167; **82**, 172; **84**, 175; **85**, 178; **89**, 182; **97**, 196; **102**, 202; **106**, 207; **133**, 230; **156**, 246.
Genossenschaftsvermögen **22**, 61.
Gerichtsschreiber 33, 34, 114.
Gerichtsstand 17; **17**, 49, 99, 129; 87, 179.
Geschäftsanteil, Begriff 7, 20, 58; — Erhöhung **16**, 46, 124, 229; — Einzahlung 21; — Herabsetzung u. Erlaß **22**, 61; — Festsetzung d. Einzahlung **50**, 122; — rückständige 159; — Einzahlung bei Liquidation **91**, 187; — keine nach Konkurseröffnung 201; — bei e. G. m. u. H. **119**, 219; — bei e. G. m. u. N. **126**, 226; — bei e. G. m. b H. **131**, 228; — mehrere **134**, 231; — Einzahlung **136**, 232; — Erklärung auf mehrere **137**, 232; — bei Übertragung **138**, 233.
Geschäftsanteilkontobuch 45.
Geschäftsbetrieb, gemeinschaftlicher **1**, 3; — mit Nichtmitgliedern 8, 25, 27; **42**, 103; — gleichartiger **68**, 148; — durch Aufsichtsrat **37**, 92; — durch Liquidatoren **88**, 180.
Geschäftsbeziehungen der Genossenschaften **55**, 133.
Geschäftsfähigkeit 15, 42, 68; **43**, 105.
Geschäftsführung **24**, 65; **42**, 102; **43**, 105; — Prüfung **53**, 131; — Ergebnis **121**, 240.
Geschäftsguthaben, Begriff 21, 58; — Verzinsung **21**, 60, 160; — Auszahlung **22**, 61, 142; — in der Bilanz 83; — Pfändung **66**, 144; — Auszahlung **73**, 157; **74**, 161; — Übertragung **76**, 162; — Grundlagen für Verteilung **91**, 187; — maßgebend für Auflösung **121**, 220; — Übertragung **138**, 233; — Veröffentlichung **139**, 234; — unberechtigte Auszahlung **142**, 236.
Geschäftsguthabenbuch 22.

Geschäftsjahr 8, 25; **12**, 36; **19**, 56; **33**, 81; **65**, 141; **67**, 147; **69**, 151; **70**, 153; 77, 165; **139**, 234.
Geschäftslokal 48, 120; 139.
Geschäftsordnung 67; 72; **27**, 75.
Geschäftsverkehr 8, 25, 29; — mit Zweigniederlassung **29**, 78.
Geschäftsverluste 22.
Gesellschaft mit gemischten Tendenzen 3.
Gesellschaft, registrierte 10.
Gesellschaftsvertrag s. Statut.
Gewerbe 4: — Untersagung des Betriebs 172.
Gewinn-Verteilung **19**, 56; **43**, 105; **48**, 120; **91**, 187.
Gewinn- u. Verlust**rechnung** 48, 119; 183.
Giroverbindlichkeiten 121.
Glaubhaftmachung des Konkursantrags **100**, 200.
Gläubiger 112; **51**, 122; — Kündigungsrecht **66**, **144**; **69**, 151; — Aufforderung **82**, 172; **90**, 183; — Ersatzanspruch an Liquidatoren **90**, 184; — Antrag auf Konkurseröffnung **100**, 200; — Klage gegen Widerspruch des Vorstands **115**, 217; — Ausfall **122**, 221; — Klageverjährung **123**, 223; — Aufforderung zur Anmeldung **133**, 230; — Ersatzansprüche **142**, 236.
Gläubigerausschuß **103**, 202; — Anhörung **108**, 209.
Gläubigerversammlung Berufung 118; **103**, 202; — Bestimmung der Hinterlegungsstelle **110**, 211.
Grundbuch, Vollmacht 72; 104.
Gründer 63.
Grundstücke Erwerb 51; — im Konkursverfahren 201.
Güterhandel, Beschränkung 47; 107.
Guthaben s. Geschäftsguthaben.

H.

Haftpflicht unbeschränkte 2, 10 ff.; — beschränkte **2**, 11; — Bestimmung im Statut 7, 19; **120**, 220.
Haftsumme, Mangel der Bestimmung hierüber **95**, 193; — bei e. G. m. b. H. **131**, 228; — Erhöhung **132**, 229; — Herabsetzung **133**, 230; — bei mehreren Anteilen **135**, 231; — Veröffentlichung **139**, 234; — bei Liquidation 182; — Maßstab für Überschuldung **140**, 235.
Haftung 2, 10, 15; **7**, **19**, **51**, 60, 64; **23**, 64, 74; — des Vorstands **34**, 84; — des Aufsichtsrats **100**; **41**, 101; — für unbegründete Anfechtung **52**, 131; — der Revisionsverbände 133; — d. ausscheidenden Genossen 164; — des Erben 165; — bei Ausfall **122**, 221; — bei

e. G. m. u. H. **120**, 220; **122**, 221; **123**, 223; **125**, 224; — bei e. G. m. b. H. **135**, 231.
Handelsbücher 53.
Handelsgeschäfte 50.
Handelsgesellschaft 16; — Stimmrecht **48**, 105.
Handelskammer 52; — Wahlberechtigung **54**; 67.
Handelsregister 10, 31, **33**, 246; **160**, 249.
Handelsrichter 52.
Handlungsbevollmächtigte 42, 103.
Handlungsgehilfen 70.
Handlungsunfähige s. Geschäftsfähigkeit.
Hauptgenossenschaft 30.
Herabsetzung, s. Geschäftsanteil, Haftsumme.
Hinterlegung für Gläubiger **90**, 183; — im Konkurs **110**, 211.
Höchstbetrag s. Geschäftsanteil, Haftsumme, Reservefond.
Hypothek, -enbankgeschäfte 8, 28.

J.

Jahresbilanz 33, 81; **38**, 94; **48**, 120; **73**, 157; **91**, 187; **99**, 198, 182; **140**, 235.
Jahresrechnung, Prüfung **38**, 94; — Auslegung **48**, 120.
Jahresschluß, Zahl der Genossen **33**, 81; — Wirkung der Kündigung **65**, 141; **67**, 147; — Ausschließung **68**, 148; — Einreichung der Kündigung **69**, 151; — Eintragung **70**, 153, **71**, 155; Tod **77**, 165; **139**, 234.
Individualrechte 105, 106, 124.
Inland 8; — Sitz im 18.
Inventur 82.
Juristische Person 110.

K.

Kalenderjahr 8, 25; **12**, **36**, 183.
Kapitaleinlagen 65, 229.
Kartelle 9.
Kassa, Untersuchung d. Aufsichtsrat 38, 94; — Revisor **63**, 138.
Kaufmann 12; **17**, 49.
Klage der u. gegen Genossenschaft **17**, 49; — wegen Beschlüssen d. Generalversammlung **51**, 122, 129; — auf Geschäftsguthaben **74**, 161; — auf Nichtigkeitserklärung **94**, 191; — Verfahren **96**, 194; — wegen Vorschußberechnung **111**, 212; **112**, 213; — der Gläubiger **115**, 217; **123**, 223.
Kleinere Genossenschaften 156, 246.
Kommissionsgeschäfte 6.
Konkurrenzverbot 203.
Konkursgericht 202; **106**, 207.
Konkursgläubiger, Antragsberechtigung **100**, 200; — Befriedigungsanspruch **105**, 204; Genossen als K.

105, 204; — bei e. G. m. b. H. 141, 236.
Konkursmasse, unzureichende 100, 200.
Konkursverfahren, keine Eintragung in Genossenliste 45; — nach Übertragung des Geschäftsguthabens 76, 163; — Voraussetzung 98, 197; 140, 235; — Antrag 99, 198; 100, 200; — Folge der Eröffnung 101, 201; — Eintragung 102, 202; — Aufhebung 116, 318; — bei e. G. m. u. b. H. 122, 221; — 140, 235; — bei e. G. m. b. H. 140, 235; — Antrag 140, 235; — Unterlassung des Antrags 148, 242.
Konkursverwalter, Legitimation zum Prozeß 100; — Kündigungsrecht 142, 203; — Bilanzaufstellung 106, 207; — Anhörung über Vorschußberechnung 108, 209; — Einziehung der Beiträge 109, 211; — Zusatzberechnung 113, 215; — Nachschußberechnung 114, 216; — Verteilung der Nachschüsse 115, 217; — Unterstützung durch Vorstand 117, 219; — Berechnung der Beitragspflicht der Ausgeschiedenen 129, 227.
Konsulargerichtsbezirke 18, 32.
Konsumanstalten 256.
Konsumvereine 1, 1, 6; — landwirtschaftliche 5; 8, 25, 29, 30; 31, 78; 32, 80; 152, 243.
Kontrolle des Aufsichtsrats 38, 94.
Konzession 4.
Korporation, Teilnahme an Generalversammlungen 43, 105.
Kosten des Bescheids über Berufung der Generalversammlung 115; — der Bilanzabschrift 48, 120; — der Kündigung 147; — d. Konkursverfahrens 100, 200; — im Amtsgerichtsverfahren 112, 214.
Kreditgewährung an Vorstand 39, 98; — an Genossen 49, 121.
Kreditverein 1, 1, 5; 8, 75, 121, 144; — mehrfache Mitgliedschaft 68, 148.
Kündigung, Vorstand 70; — Aufsichtsrat 90; — der Mitgliedschaft 65, 141; — durch Gläubiger 66, 144; — bei Wohnsitzverlegung 67, 147; — Einreichung 69, 151.
Kündigungsfrist 65, 141.
Kündigungsrecht des Gläubigers 66, 144.

L.

Laden, offener 30; 31, 78.
Ladenschild 14.
Ladung der Genossen zur Erklärung über Vorschußberechnung 107, 209.
Landeszentralbehörde 31, 80.

Landgericht 33; **51**, 122, 129, 154, 195; **109**, 211; **112**, 214.
Landwirtschaftliche Genossenschaften 8.
Lebensversicherungsgesellschaften 9.
Legitimation des Vorstands **26**, 73; — bei Konsumvereinen **31**, 80; **152**, 243.
Leitung d. Generalversammlung 19; **46**, 116.
Liquidation, Organe der **83**, 173; — Zweck 179, 184.
Liquidatoren, Berufung der Generalversammlung 111; — Bekanntmachung d. Auflösung **82**, 172; — Anzahl und Ernennung **83**, 173; — Zeichnung **85**, 177; — Pflichten **88**, 180; **89**, 181; Haftung **90**, 184; — Zweck **88**, 180, 184; — Beendigung **93**, 189; — Klage gegen 218; — Anwendung der Bestimmungen über Vorstand **118**, 219; — Ersatzverpflichtung **142**, 236; Strafbestimmung **146** ff., 240 ff.; — Form der Anmeldungen **157**, 246; — Ordnungsstrafen **160**, 248.
Liste der Genossen 33; **11**, 33, 35; **12**, 36, 37; **30**, 78; — Einreichung d. Kündigung 2c. **69**, 151; — Eintragung **70**, 153; **71**, 154; — Anzeige des Todes **77**, 165; — Beifügung zur Vorschußberechnung **106**, 207.
Los, Entscheidung bei Abstimmung **27**, 108.
Löschung der Kündigungseintragung 143; — der Mitgliedseintragung 152; — Beschwerde 154; — einer Genossenschaft 167; — Aufhebung 191.

M.

Magazingenossenschaft 1, 1, 6.
Marken 32, 81; **154**, 244.
Markenkonsumverein 6.
Mehrleistung geschuldeter Einzahlungen **21**, 60.
Minderheitsrechte 113, 124.
Minderjährige 15, **43**, 105.
Mindestbetrag der Geschäftsanteilseinzahlung **7**, 19; — des Reservefond **7**, 19.
Mindestzahl 1, 2; **4**, 14; — des Vorstands **24**, 65; **25**, 71, 101; — Herabsinken **80**, 169; — für Liquidatorenernennung **83**, 173.
Mitgliedschaft, Erwerb vor Eintragung des Statuts **11**, 33; — nach derselben **15**, 41; — Beschränkung auf Wohnsitz **8**, **24**; **67**, 147; — doppelte **68**, 148; — des verstorbenen Genossen **77**, 165.
Mitgliedschaftsrechte 105, 106.
Moorkulturgenossenschaften 9.

N.

Nachschußberechnung 105, 204; **108**, 210; — Auf-

stellung **114**, 216; — Vollstreckbarkeit **115**, 217; — b. e. G. m. b. H. **141**, 236.
Nachschüsse bei Guthabensübertragung **76**, 163; — bei Nichtigkeit der G. 197; — im Konkurs **105**, 204; — Berechnung **114**, 216; — b. e. G. m. u. N. **127**, 226; — keine bei e. G. m. b. H. **141**, 236.
Nachschußpflicht 2, 10 ff.; **105**, 204; — keine durch Heranziehung d. Haftsumme 232.
Nachschußverfahren 65; 205.
Nachtragsverteilung **115**, 217.
Namensunterschrift **25**, 71; **84**, 175.
Nebenintervention 129.
Nichtigkeit 107; — Erklärung von Beschlüssen der Generalversammlung **51**, 122, 130; — der Genossenschaft 167 ff.; — von Statut **94**, 191; — — Eintragung 195; **97**, 196.
Nichtigkeitserklärung 167; **94**, 191; — von Amts wegen 192; — Verfahren **96**, 194.
Nichtmitglieder s. Geschäftsbetrieb.
Niederlassung s. Zweigniederlassung.
Niederlegung der Vorschußberechnung **107**, 209; **108**, 210.
Notare 69, 74.
Notfristen **111**, 212; **112**, 213.

O.

Oberstes Landesgericht **45**, 115.
Obliegenheiten s. Vorstand, Aufsichtsrat, Liquidatoren.
Öffentliche Angelegenheiten **149**, 242.
Offiziervereine 256.
Ordnungsstrafen **160**, 248.
Organe der G. **9**, 30; 24, 66, 89, 107.
Ort **3**, 12, 14; — der Berufg. d. Generalversammlung 18.

P.

Parteifähigkeit **17**, 49.
Pensionen 69; 99.
Personennamen in Firma **13**, **14**.
Pfändung des Geschäftsguthabens **22**, 61; 63; 113; **66**, 144.
Produktivgenossenschaften 1, 1, 6.
Prokuristen 53; **42**, 103.
Protokoll der Gründung **35**; — Anfechtung zu **51**, 122.
Protokollbuch **47**, 118; 154.
Prozeß gegen Vorstand, Aufsichtsrat **39**, 98; — der Genossenschaft 67.
Prozeßfähigkeit 50.
Prozeßvoraussetzung 126.
Prüfung der Bilanz **7**, **23**; — in Grundbuchsachen 72; — der Jahresrechnung **38**, 94; — der Eingabe auf Generalversammlung 114; — des Ausschlußbeschlusses

149; — der Liquidationsbilanz 183.
Prüfungsrecht des Registerrichters 32; 44; 48; 77; 84; 93; 107; 117; 118; 125; 152; 153; 168; 231.
Prüfungstermin 115, 217; 122, 222.
Publikationsorgane 6, 17; 12, 35; 83; 116; 51, 123; 82, 172.

R.

Raiffeisen'sche Genossenschaften 26; 147.
Rechnungsauszüge 28.
Rechtsgeschäfte, vor Eintragung 13, 37; — gemeinschaftlicher Abschluß 4; 26, 73; — mit dem Vorstand 99; — mit Genossen 43, 105; — bei Nichtigkeit der G. 97, 196.
Rechtshandlungen, Einfluß auf Verjährung 123, 223.
Rechtskraft des gerichtlichen Auflösungsbeschlusses 80, 169.
Rechtsmittel bei Nichteintragung 45; — bei Minderheitsrechten 115; — bei Ausschluß 149; 70, 153; — bei Auflösung 80, 169; 81, 170; 175; 190; — keines gegen Vorschußberechnung 108, 210.
Rechtsverhältnisse der Genossenschaft und Genossen 16; 17, 49; 18, 54; — Genossenschaft und Revisor 138; — zwischen G. und Vorstand 69; — bei Liquidation 87, 178.
Regierungsvertreter 59, 135.
Register s. Genossenschafts-, Handelsregister.
Registerrichter s. Prüfungsrecht; — Eintragung des Statuts 36.
Regreß s. Haftung.
Reichsanzeiger, Deutscher 156, 246.
Reichsbeamte 66.
Reichsgericht 129; 155, 245.
Reingewinn, Einstellung in Reserve 7, 20; 60.
Reinvermögen bei Auflösung 92, 188.
Reservefond, Bildung 7, 20, 23; — Dotierung aus Gewinn 20, 59; — kein Anspruch des Ausgeschiedenen 78, 157; — im Liquidationsverfahren 183; maßgebend für Auflösung 121, 220.
Revision 129; — der G. 53, 131; 55, 133; 63, 138.
Revisionsbezirk 56 ff., 134 ff.
Revisionsverband 54 ff., 132.
Revisor 53, 131; 54, 132; 61, 136; — Vergütungsanspruch 62, 138.
Rohstoffgenossenschaft 1, 1, 5.
Rückforderungsrecht 63.
Rückgriff 61; — des Genossen im Konkurs 124, 224.

S.

Sacheinlagen unzulässig 21.
Sachfirma 13.
Schadensersatz 44; 122; **52**, 131; 235.
Scheckfähigkeit 53.
Schenkungen 74.
Schlußverteilung **105**, 204; — Vollzug **114**, 216; **116**, 218.
Schlußverzeichnis 217.
Schreibgebühren 248.
Schriften der Genossenschaft **38**, 94; **63**, 139; **93**, 189.
Schuldendeckung bei Auseinandersetzung **73**, 157; — Voraussetzung für Vermögensverteilung **90**, 183.
Schuldtitel 66, 144.
Schuldverschreibungen 28.
Schutzgebiet, Deutsches 18; 32.
Separatverzichte der Genossen 143.
Sicherheitsleistung **90**, 183; **128**, 226; **130**, 228; **133**, 230.
Sitz, Bezeichnung im Statut **6**, 17; — Verlegung 18, 34, 46; — Registergericht **10**, 31; 33; — Generalversammlung 108; 114; — des Verbandsvorstands **56**, 133; **59**, 135; **92**, 188.
Solidarhaft **2**, 10 ff.
Sonderrechte der Genossen 47, 105, 106, 124.
Sorgfalt **34**, 84; **41**, 101.
Spareinlagen **49**, 121.
Speiseanstalten **153**, 244; 256.
Sperrjahr **90**, 183; **133**, 230.
Sprache, Deutsche 12, **42**, 83, 121.
Staatsbehörde, Einsicht des Protokollbuchs **47**, 118; **161**, 249.
Statut, Form 5, 16; — Inhalt **6**, 17; **7**, 19; **8**, 24; — Eintragung **10**, 31; — Anmeldung **11**, 33; — Veröffentlichung **12**, 35; — Abänderung **16**, 46; — nach Auflösung 49; — maßgebend für Rechtsverhältnisse 18, 54; — Maßstab für Verteilung **19**, 57; **73**, 157; — Festsetzung der Befugnisse des Vorstands 66 ff.; — Willenserklärung **25**, 71; **29**, 77; — Beschränkungen **27**, 74; — für Aufsichtsrat **36**, 88; **40**, 100; — Berufung der Generalversammlung **44**, 111; **45**, 113; **46**, 116; — des Revisionsverbands **56**, 133; — Änderungen desselben **57**, 134; — Einreichung **58**, 135; — Kündigungsfrist des Genossen **65**, 141; — Ausschließungsgründe **68**, 148; — Übertragung **76**, 162; — Auflösung **78**, 167; — Bestimmung der Liquidatoren **83**, 173; — über Verteilung **91**, 187; — über Verwendung des Reinvermögens **92**, 188; — über Auf-

bewahrung der Bücher **93**, 189; — Richtigkeit **94**, 191; — wesentliche Bestimmungen **95**, 193; — Bestimmung über Beitragsverhältnis im Konkurs **105**, **204**; — Bestimmung der Haftsumme **131**, 228; **132**, 229; — Beteiligung auf mehrere Anteile **134**, 231.
Stellvertreter 35, 88; **37**, 92.
Stempelabgaben, Hinterziehung 51.
Steuerpflicht 5; 28.
Stiftungsfond 24; 60.
Stimmenkauf 151, 243.
Stimmenmehrheit, einfache und qualifizierte 8, 25, 27; **16**, 46; **36**, 89; 100; — bei Auflösung 78, 167; — bei Erhöhung der Haftsumme **132**, 229; — bei Umwandlung **144**, 238.
Stimmrecht 43, 105; — Entziehung 127; — des Erben 77, 165; — bei Auflösung 78, 167; — bei mehreren Anteilen **134**, 231.
Strafen 146 ff., 240 ff.
Streitgegenstand 129; **112**, 213.
Streitige Forderungen **90**, 183.
Suspension s. Amtsenthebung.

T.

Tagesordnung 46, 116, 117; **59**, 135.
Tantiemen 36, 89.
Tatsache des Ausscheidens **71**, 154.
Teilnahme an Generalversammlungen **43**, 105; **68**, 149.
Termin zur Erklärung bei Vorschußberechnung **107**, 209; **108**, 209; — der Nachschußberechnung **122**, 221; **125**, 224; **128**, 226.
Terminhandel 50.
Tod eines Genossen **77**, 165; **125**, 225.
Todeserklärung 165.

U.

Übereinkunft s. Geschäftsguthaben.
Übergangsbestimmungen 251.
Überschuldung 160; **98**, 197; **99**, 198; — im Konkurs **115**, 217; — bei e. G. m. u. H. **121**, 220; — bei e. G. m. u. N. **126**, 226; — bei e. G. m. b. H. **140**, 235.
Überschüsse b. Liquidation **91**, 187.
Übersichten unwahre **147**, 240.
Übertragung s. Geschäftsguthaben.
Überwachungspflicht des Aufsichtsrats 38, 94; **89**, 181.
Umlageverfahren unzulässig 59.
Umwandlung v. Gen. **143** ff., 237 ff.
Unterbrechung s. Verjährung.
Unternehmen, Gegenstand desselben 3; **3**, 12.

Unterschrift, Zeichnung **11,** 34; **28,** 76; **84,** 176.
Unterzeichnung des Statuts 17; — Firma **25,** 71, 73; — der Bilanz 83.
Untreue 146, 240.
Unvermögen des ausgeschiedenen Genossen **76,** 163; — im Konkurs **105,** 204; **106,** 207; **113,** 215; **114,** 216.
Urkunden über Bestellung des Vorstands **11,** 33; **28,** 76.
Urschrift d. Beitrittserklärg. **15,** 42; — bei Nachschußpflicht **129,** 227.
Urteil in Anfechtungsklage **51,** 122; auf Anerkennung des Austritts **71,** 155; — im Nichtigkeitsverfahren **96,** 194; — über Vorschußberechnungsanfechtg. **111,** 212; **113,** 215; — über bestrittene Forderungen **122,** 222.

V.

Veräußerung des Geschäftsguthabens 163.
Verbände für Revision **54** ff., 132.
Verbandsbezirk 56, 133; **57,** 134.
Verbandsstatut 56, 133; **57,** 134; **58,** 135.
Verbandsvorstand 58, 135.
Verbindlichkeiten, Haftung **23,** 64; — streitige im Liquidationsverfahren **90,** 183; — Haftung für Richtigkeit der G. **97,** 196.
Vereine als Genossen 16.
Vereinigung 3.
Vergütung des Revisors **62,** 138.
Verjährung v. Einzahlungen 21, 22; — von Ersatzansprüchen **34,** 84; **41,** 101; **99,** 198; — Geschäftsguthaben **74,** 161.
Verleihungsurkunde für Revisionsverband **58,** 135.
Verkündigung der Entscheidung über Vorschußberechnung **108,** 210; — der Gläubigerklage **123,** 228.
Verletzung des Gesetzes oder Statuts **51,** 122, 125.
Verlust, Deckung 22, 23; — Verteilung **19,** 56, 82; **48,** 105; **73,** 157; **91,** 187.
Vermögen, Darstellung in Bilanz 120; — bei Auseinandersetzung **73,** 157; — in Liquidation **90,** 183; — Verteilungsmaßstab **91,** 187; — bei Konkurseröffnung **105,** 204; — nicht ausreichend **121,** 220.
Vermögensübersicht 147, 240.
Veröffentlichung der Bekanntmachungen rc. **6,** 17, 19; — des Statutsauszugs **12,** 35; — Kosten 37; — der Bilanz **33,** 81; — der Klagserhebung und des Verhandlungstermines **51,**

122; — der Liquidationsbilanz **89**, 182; — s. a. Bekanntmachung.
Verpfändung s. Geschäftsguthaben.
Versagung der Eintragung **15**, 42.
Versammlungs-Vereinsrecht **149**, 242.
Versammlungsleitung **46**, 116.
Versammlungslokal 18.
Versicherung rechtzeitig. Kündigung **69**, 151; — Übertragung **76**, 162; — der Befriedigung d. Gläubiger **133**, 230; — der Erreichung der Geschäftsanteile **137**, 232; — falsche **147**, 240.
Versicherungsgeschäfte 9.
Versteigerung als Form des Absatzes 6.
Verteilung s. a. Gewinn, Verlust 61; **43**, 105; 160; **87**, 179; **90**, 183; **91**, 187; **98**, 197; **105**, 204; **106**, 207; **115**, 217; **133**, 230.
Verträge mit Vorstand 69, 203.
Vertretung **24**, 65; **27**, 75; **28**, 76; **29**, 77; — Aufhören **40**, 100; — Bevollmächtigte **42**, 102; — in Klagen gegen die G. **51**, 122; — der Verwaltungsbehörde **59**, 135; — durch Liquidatoren **84**, 175; **88**, **180**.
Verwahrung der Bücher **93**, 189.
Verwaltung, Ort der 17.
Verwaltungsbehörde **31**, 80; **58**, 134; **59**, 135; **61**, 136; **81**, 170; **161**, 249.
Verwaltungsstreitverfahren bei Auflösung **81**, 170.
Verzeichnis der Genossen **30**, 78; — der Verbandsgenossenschaften **58**, 135.
Verzinsung des Geschäftsguthabens **21**, 60; 160.
Vollmacht 72, 73; **42**, 102; 111.
Vollstreckbarkeit des Schuldtitels **66**, 144; — der Vorschußberechnung **106**, 207; **108**, 210; **109**, 211; — der Nachschußberechnung **115**, 217; **128**, 226.
Vorausklage 86.
Vermerkung d. Ausscheidens 71, 154.
Vormund 15.
Vorschußberechnung **106**, 207; — Beschlußfassung darüber **108**, 210; — Vollstreckbarkeit **109**, 211; — Anfechtung **111**, 212; — Abänderung **113**, 215; **114**, 216.
Vorschuß- und Kreditvereine **1**, 1, 5; **8**, 25; 121; — Beschränkung des Austrittsrechts **144**; — Ausschließungsrecht **68**, 148.
Vorsitz, s. Generalversammlung.

Vorsitzender des Aufsichtsrats 98.

Vorstand 9, 30; — Eintragung 10, 31; — Bestellung und Zeichnung 11, 33; 12, 36; — Einreichung der Beitrittserklärung 15, 41; — Vertretung 24, 65, 69; — Abschluß v. Rechtsgeschäften 26, 73; — Beschränkungen 27, 74; — Änderung 28, 76; 29, 77; — Genossenverzeichnis 30, 78; — Buchführung 33, 81; — Sorgfalt 34, 84; — Wahl in Aufsichtsrat 37, 92; — Berichterstattung an A.-R. 38, 94; — Vertragsabschluß durch A.-R. 39, 98; — Kreditgewährung an 39, 98; — Amtsenthebung 40, 100; — Bevollmächtigte 42, 102; — Stimmrecht 109; — Berufung d. Generalversammlung 44, 111; — auf Antrag von Genossen 45, 113; — Anfechtungsrecht 51, 122; — Antrag auf Revisorbestellung 61, 136; — Gestattung der Büchereinsicht rc. d. Revisor 63, 139; — Tätigkeit bei Kündigung des Genossen 143; — Mitteilung des Ausschließungsbeschlusses 68, 148; — Einreichung der Aufkündigung 69, 151; — Benachrichtigg. 72, 156; — Einreichung der Übereinkunft 76, 162; — Anzeige des Todes 77, 165; — Anmeldung der Auflösung 78, 167; — Anhörung vor Auflösung 80, 169; — Anmeldung der Auflösung 172; — Liquidation 83, 173; — Anmeldung der Liquidatoren 84, 175; — Klage auf Nichtigkeit 94, 191; — Antrag auf Konkurseröffnung 99, 148; 100, 200; — Ersatzverpflichtung 34, 84; 99, 198; — Stellung im Konkurs 104, 203; — Anhörung über Vorschußberechnung 108, 209; — Klage gegen V. 115, 217; — Unterstützung des Konkursverwalters 117, 219; 118, 219; — Berufung der Generalversammlung bei Überschuldung 121, 220; — Anmeldung des Beschlusses der Herabsetzung der Haftsumme 133, 230; — Anmeldung der Beteiligung mit mehreren Anteilen 137, 232; — Antrag auf Konkurseröffnung 140, 235; — Ersatzverpflichtung 142, 236; — Strafbestimmungen 146 ff., 240 ff.; — Form der Anmeldungen 157, 246.

W.

Wahl des Vorstands 35; 24, 65; — des Aufsichtsrats 36,

88; 110; — von Liquidatoren 174.
Wahlkonsuln 68.
Warenkredit 122.
Warenverkauf 8, 25; 29; **153**, 244; 256.
Werkgenossenschaften 1, 2, 6, 7.
Wertzeichen als Zahlungssurrogate **32**, 80.
Widerruf der Vorstandsbestellung 70; — bei Aufsichtsrat 91.
Widerspruch gegen Beschlüsse der Generalversammlung **51**, 123; — des Vorstands geg. Forderungen im Konkurs **115**, 217.
Wiederergänzung eines Guthabens **19**, 57.
Wiederholung der Zusatzberechnung **113**, 215.
Wiederwahl 76; 91.
Willenserklärungen des Vorstands **12**, 36; **25**, 71; **29**, 77; — des Aufsichtsrats 98; — d. Liquidatoren **85**, 177.
Wirkung Eintritt f. Beschlüsse der Generalversammlung **16**, 46; — d. Ausschließung 150.
Wirtschaft Förderung **1**, 1 ff.
Wohnsitz des Mitglieds **8**, 25; **67**, 147.
Wohnungsänderung 1, 2, 7.

Z.

Zahl der Genossen **4**, 14, **33**, 81; 108; **80**, 169; — des Vorstands **24**, 65; — des Aufsichtsrats **36**, 88; — der Verbandsgenossenschaften **56**, 133; — d. Liquidatoren **83**, 173.
Zahlungssurrogate **32**, 80.
Zahlungsunfähigkeit **98**, 197; **140**, 235.
Zeichnung des Vorstands ꝛc. **12**, 36; **25**, 71; **28**, 76; — der Bevollmächtigten 104; — d. Liquidatoren **84**, 176.
Zeitdauer 8, 24, 26; **12**, 36; — Auflösung **79**, 168; — der Bestellung des Vorstands **24**, 65; — des Aufsichtsrats **36**, 88
Zentralbehörde, Verleihung des Rechts zur Revisorenbestellung **57**, 134.
Zentral-Genossenschaften 9, 31.
Zeugen 99.
Zinsen für Geschäftsguthaben **21**, 60.
Zulassung s. Aufnahme.
Zurückbehaltungsrecht 63; im Nachschußverfahren **115**, 217.
Zurücknahme der Kündigung 143.
Zusatz zur Firma **3**, 12; **85**, 178.
Zusatzberechnung 205; **113**, 215.
Zuschreibung v. Gewinn **19**, 56; — in Liquidation **91**, 187.
Zuständigkeit d. Generalversammlung **16**, 46; **43**, 105; — für Klagen aus Beschlüssen der Generalver-

sammlung **51**, 122; — für behördliche Auflösung **81**, 170; — für Liquidatorenernennung 175; — für Nichtigkeitsklage 195.

Zustellung 66; — der Klage 128; — d. Kündigung 142; — des gerichtlichen Auflösungsbeschlusses **80**, 169.

Zustimmung d. Konkursgläubiger zur Einstellung **116**, 218; — Verweigerung **133**, 230.

Zuwiderhandlung **90**, 184.

Zwangsvergleich **116**, 218.

Zwangsvollstreckung fruchtlose **66**, 144; — aus Vorschußberechnung **109**, 211, — Einstellung **112**, 214.

Zweck **1**, 3; **8**, 25, 28; — der Generalversammlung **46**, 115; — des Revisionsverbands **55**, 133; **56**, 133; **60**, 136; — Verfolgung anderer Z. **81**, 170; **149**, 242; — gemeinnütziger **92**, 88.

Zweigniederlassung **14**, 38; 49, 66, 67, 76; — **29**, 78, 130, 155, 168, 173, 202; **157**, 246; **158**, 247.

FSC
www.fsc.org
MIX
Papier | Fördert gute Waldnutzung
FSC® C083411

Kolibri 360 GmbH
Ferdinand-Jühlke-Straße 7
99095 Erfurt, Deutschland
produktsicherheit@kolibri360.de